裁判智慧丛书 · 像法官一样思考
THINKING AS A JUDGE

蔡小雪 著

审判业务专家是怎样炼成的

HOW TO BE AN EXCELLENT JUDGE

法律出版社
LAW PRESS · CHINA

善于讲述案例法治故事

2017年的春天时节，蔡小雪法官在饱览了南美大陆的空旷风景之后，有一天突然给我打来电话，说他的新著《审判业务专家是怎样炼成的》就要出版了，要我为他写几句话助兴。我没有客气就答应了，因为我与小雪法官有不少链接。

一是乡校之情。我与小雪法官年龄相仿，我们都是1979年从安徽农村考上大学，他上了当时令人羡慕的安徽大学法律系，我的考分虽然比他多几十分，上的却是安徽师范大学政教系。在古时候，同期考上的学生称作“同年”，不过同年的我们却无缘相识。1986年我从西南政法学院研究生毕业到安徽大学法律系任教后，系里的老师和同事有时会提到小雪法官及其高祖沈家本先生，加上我当时想当然地以为他是一位美女校友，所以留下了深刻印象，从此也就产生了找机会见一见面的想法。

二是同事之谊。2002年我从中国社会科学院法学研究所调到最高人民法院研究室工作后，与小雪法官成了同事，此时才知道他是男人，见面之后发现他不仅是男人，而且是一个很粗犷的男人！不过令我高兴的是，小雪法官原来也是搞刑事审判的，后来由于人民法院要开拓行政审判业务，他才转身去当了行政审判法官，从此便矢志不渝、卓然有成。他是最高人民法院最早从事行政审判的几名法官之一，也是最高人民法院行政审判的开拓者之一，曾经被评为全国优秀法官和最高人民法院首批审判业务专家，退休前被评为一级高级法官，为我国行政审判的发展进步作出了重要贡献。尤其要说的是，小雪法官曾经在最高人民法院研究室待过一段时间，可以说是经过研究室培养的专家型法官。我在最高人民法院研究室待了十多年，对在研究室工作过的同事都格外关注，为他们取得的成就而感到自豪。

三是学术之友。我和小雪法官都有工作之余搞点学术研究的爱好，尤其都比较重视对案例的分析研究。我至今还记得 2004 年我兼任最高人民法院中国应用法学研究所所长时，开始主编《人民法院案例选》这本系列出版物，当时民事案例的编审是著名的杨洪奎法官，刑事案例的编审是年近 90 岁的张懋法官，而行政案例的编审就是风华正茂的蔡小雪法官。小雪法官虽然没有行政职务，但其对行政诉讼法学的学养和对行政案例的精深研究则为理论界和实务界所公认。一个行政案例有无指导价值，经他一审就可以识别。这也说明在十多年前，他在行政审判理论和实务方面就具有丰富经验和精深造诣。

正因为小雪法官是一位对审判和案例情有独钟的法官，与我又有诸多链接，所以 2015 年第二巡回法庭成立后，面对海量的行政诉讼案件且只有一名主审法官办理的严峻现实，我们便产生了聘请已经享受美好退休生活的小雪法官来二巡帮助办案的想法。小雪法官在做好夫人的思想工作后，放下身段来到第二巡回法庭直接办理案件，他为巡回法庭所做的工作主要有：一是直接参与行政审判团队巡回办案，二是经常列席法庭的主审法官会议发表司法见解，三是到巡回区有关法院和高校传播司法经验，四是带领年轻人增长司法能力水平，五是总结行政审判经验，反刍当年审过的案例。人虽然从工作岗位上退休了，但仍在江湖行走。正是巡回法庭事业，既使他迎来了人生的第二个春天，又走到了人生的第二个收获季节。

呈现给各位读者的这本案例研究心得，就是小雪法官对近年来自己承办的 12 个典型行政案例进行加工、整理、提炼而形成的司法智慧。他通过回顾、总结和解析这些案例的办案过程、办案心得和办案结果，从不同侧面向我们展示了法官如何办理案件、如何发现问题、如何认定事实、如何适用法律以及如何有效化解矛盾等至关重要的问题，总结出了许多富有启发的办案思路和办案经验。

“‘蹊跷’的背后”通过香港K饭店有限公司诉咸阳市人民政府土地登记行为案的分析，对法官如何发现隐藏在案件背后的事实，进而发现当事人争议的真正原因，提供了思路。法官要成功化解争议，首先要善于发现问题，发现问题是解决问题的前提条件。只有了解当事人双方争议背后的真实原因，才有可能客观、公正地处理好争议，避免做出错误判断。

“隐藏的争议”关注到民行交叉案件的处理规则。民行交叉案件审理是当前行政审判的一个难点。一些法官错误解读民行交叉案件审理规则，要么一律排斥民事问题的审查，要么不分青红皂白，将民事纠纷统统纳入行政案件的审理范围。蔡小雪法官通过对周某等11人诉榆林市工商行政管理局工商变更登记案的分析，告诫各位法官，在当事人未对民事纠纷申请一并审理的情况下，人民法院只能紧紧围绕被诉行政行为的合法性开展审理活动，对于与被诉行政行为合法性无关联的民事纠纷，不宜审查表态，要严守行政审判的职责权限。

“利益的平衡”则从白露村第二村民小组诉柳州市柳北区人民政府土地确权申诉案件的审理，总结出对历史遗留案件事实的认定规则。在各方证据都不充分、案件事实难以认定的情况下，法官应当根据举证责任、证明标准，结合利益平衡原则，实事求是地做出客观、公正的认定。

“受伤职工的权益保护”结合刘某诉酒泉市劳动人事社会保障局工伤认定抗诉案，对社会保障类案件审理中，坚持对劳动者一方合法权益的倾斜性保护原则做出阐释。

“细节与真相”揭示了在行政案件审理过程中，法官要注重从细微处着眼，发现当事人陈述事实的虚假之处。在审理公某诉吉林市烟草专卖局登记保存行为并附带行政赔偿抗诉案中，作者通过对庭审中询问房屋面积与当事人陈述房屋中存放烟草的数据对比，生动再现以细节辨真伪规则的要义。

“心结的解开”通过对钟某诉海南省工商局行政处罚决定案的分析，揭示了法官运用社会心理学，解开当事人心结，化干戈为玉帛，从而实质化解争议的重要作用。

“因起名引起的立法解释”则再现了“北雁云依”诉济南市公安局历下区分局燕山派出所户籍行政登记请示案的争议过程。“北雁云依”案主要是一个法律适用问题。通过对这个著名案例的剖析，让读者对诸如“公序良俗”之类的模糊法律概念应当如何理解和适用，提供了可资借鉴的思路。

总之，这是一本以案说法的案例之书，作者通过讲案例故事，揭示了许多行政审判的理论和道理；这是一本凝结法官审判心得的经验之书，从中可以见识法官在审判行政案件时如何运用司法智慧；这是一本阐述裁判技巧的方法之书，不乏对执法办案有重要价值的高招儿或技巧；这也是一本畅叙法官追求法治进步的情怀之书，从中可以看出一位资深法官对司法公正的追求，对保障行政诉讼相对人合法权益的追求，对支持和规范政府依法行政的追求，以及对国家行政法治发展进步的追求，等等。小雪法官以案说法，现身说法，深入浅出，娓娓道来，也为我们讲述了 12 个精彩的案例故事，他所阐述的法理、学理、情理和常理等，不仅是他个人的司法感悟，也是办理这些案件的法官们集体智慧的结晶，因而对于教法、学法、用法和对法律有兴趣的同志而言，具有重要的参考价值。连我这个行政审判的外行，也从中获得了很多有益的启迪，故很乐意向大家推荐。

是为序。

最高人民法院大法官　胡云腾

二〇一七年五月于沈阳

代序 Preface

审判业务专家是怎样炼成的

审判业务专家，顾名思义，一定是审理案件的高手。他（她）无论接手多么复杂的案件之后，很快就能发现争议的焦点、审理的重点及隐藏的问题，通过庭审辨析出证据的真伪，准确认定案件的事实，熟练地运用法律，作出公正的裁判。他（她）所作出的裁判一定是叙述案件事实简洁清楚，抓住问题的要害，通过层层逻辑分析，得出的结论令人信服，彰显公平正义。罗马城不是一天建成的，年轻的法官也不是在短时间内就能成为审判业务专家的。他（她）需要通过办理大量的案件，从案件中发现问题、研究问题、解决问题，并不断地总结，在长期积累和历练后，才有可能成为真正的审判业务专家。年轻的法官应当通过何种努力才能练就成为审判业务专家呢？

一、需要锤炼发现问题的能力

发现“问题”是审理案件首先需要解决的问题。如果你不知道当事人争议的焦点问题，不知道审理的重点问题，你接手案件后，会觉得无从下手，审理案件的方向不明，审理起来就会寸步难行。因此说，发现问题的能力对于一个法官来说是至关重要的。

案件的问题有不同的划分方法。从程序与实体上来划分，可以分为程序问题和实体问题两部分。程序问题是有关审理案件中的受理、中止、终结、回避等诉讼程序的问题。有关程序问题在案件处于不同的阶段所遇到的程序问题有所不同，发现问题的方式亦不相同。在立案阶段，主要是通过起诉人提供诉状及相关材料，对照法律规定的起诉条件，判断起诉人的起诉是否符合起诉条件，从而决定起诉人的起诉可以立案，还是不可以立案。民事诉讼的立案条件相对简单，比较容易判断起诉人的起诉是否符合起诉条件。《行政诉讼法》规定的起诉条件较为复杂，需要审查的证据材料较多，判断起来相对复杂，加之我国公民总体上法律素质不高，难以说清其起诉的对象、起诉期限、行民一并审理、附带行政赔偿诉讼、附带对规范性文件的审查等问题。因此，法官在立案阶段，在现有材料看不清楚的情况下，对起诉人应当进行询问，从中发现问题，通过释明后的询问确定起诉的对象、起诉期限等问题。如果简单地作出不予立案或立案决定，有可能将起诉人的正当诉权给剥夺，或将不应立案的案件予以立案，或将应当一并审理、附带审理或附带审查的问题遗漏，增加当事人的诉累，浪费司法资源。

对在诉讼阶段的程序性问题，主要通过当事人的诉称和辩称中发现。一些当事人往往没有直接将问题点出来，法官要在当事人诉称、辩称中发现有无程序性问题。

例如，人社机关认定李某在从甲企业回家的路上发生交通事故受伤，李某与甲企业之间有劳动关系，构成工伤。甲企业诉称，李某在乙企业也兼有职务，那天是给乙企业干完活回家的路上，发生交通事故，应认定李某与乙企业之间具有劳动关系。

根据《行政诉讼法》的规定，与被诉行政行为或判决结果有利害关系的人，应当作为诉讼的第三人参加诉讼。乙企业虽然与被诉行政行为之间不具有利害关系，但与判决结果之间具有利害关系，故应追加乙企业为案件的第三人。如果对当事人的诉称、辩称的忽视，有可能将有关程序性问题遗漏，以致剥夺了乙企业在诉讼中的辩解机会，不利于其合法权益的保护。

实体问题是有关当事人权利义务的确认、划分等方面的实质问题。一般从当事人的诉称与辩称中就可以发现争议的焦点问题。行政诉讼还须注意当事人未提出争议但与合法性有关的问题。因此，法官在接手案件进入实体审查前，首先应阅读双方当事人的起诉状和答辩状，从中找出各方当事人在被诉行政行为中都有哪些实体方面的权利义务，对这些权利义务问题有哪些争议，有争议的问题一般就是案件实体方面的争议焦点。对于行政案件，还要将起诉状与答辩状的内容与合法性审查的要件进行比对，确定有关合法性审查的要件中，当事人已对哪些要件提出争议。哪些要件未提出争议。未提出争议的部分哪些已有证据证明，不会影响到合法性审查；哪些并不清楚有可能影响到合法性审查。对这部分问题，应当列入审理的重点问题。

从事实与法律上划分，又可分为事实问题与法律问题。事实问题是指有关案件中当事人有争议或让法官怀疑真伪的问题。事实问题有可能是程序方面的问题，也有可能是实体方面的问题。**当事人争议的事实问题，一般在起诉状和答辩状中有所反映，但实践中，一些当事人或律师会运用诉讼技巧，往往在起诉状、答辩和庭前证据交换的各自陈述中有所反映，但较为原则。只知道哪些事实、证据有争议，但不知各方当事人争议的具体理由**。因此，在庭审中需要对有争议的事实、证据进行细致审查，发现各自争议的理由及依据。

在一些特殊案件中，有些事实及证据对诉讼双方当事人均不利，有可能损害国家利益、公共利益或他人的合法权益，诉讼当事人有意回避这些事实及证据，因此，法官应对有可能涉及这些事实及证据作为庭审、听证或询问中的一个问题，进行审查。

法律问题是有关对法律条文的含义，适用的范围、条件等问题的理解与适用存在分歧或不明确的问题。法律问题在有些案件的诉状或答辩状及诉称、辩称中就可以发现。相对而言，当事人争议的法律问题较为容易发现。也有不少是在法官审理案件或合议庭合议或审委会讨论案件中，因每个法官的学识、经历、背景、考虑问题的角度等不同，在探讨、合议、讨论中发生碰撞而发现。这些法律问题，往往是由于法律条文规定较为原则，造成理解的不同，或者法条规定的适用条件不明确或条文中存在漏洞等问题造成的。发现法律适用问题的途径主要有三种：

一是通过办案发现法律问题。它包括自己办理的案件、参加合议的案件、下级法院请示的案件、同事询问的案件等。

二是通过调查研究发现法律问题。

三是在阅读的相关文章和调研报告中发现法律问题。

作为法官要做有心人，处处留意现实生活中的法律问题，随时将这些问题记录下来并解决，日积月累就会具有丰富的审判经验和过硬的办案能力。

在案件中事实问题与法律问题中往往既存在程序问题，又存在实体问题，或者两种问题同时存在。程序问题与实体问题同时存在时，程序问题是解决实体问题不可绕过去的前提，只有程序问题解决后，才能推进实体问题的解决。因此，应当先解决程序问题，后解决实体问题。在程序问题与实体问题中，也是如此，既存在事实问题，也存在法律问题，或两者同时存在。因事实问题是解决法律问题的前提条件，事实不清，适用法律就无从谈起。因此，应当先解决事实问题，后解决法律问题。

发现问题时需要注意：

1. 发现蹊跷的问题，一定要查清问题背后的原因

在诉讼中，常常会发现一些蹊跷的问题，也就是违背常理的行为。例如，原告在土地登记部门作出土地使用权转移登记 10 年以后，才提起行政诉讼。根据当时的行政诉讼法及相关的司法解释规定，对这类行为不服，起诉期限一般为3个月；知道内容但未告知诉权或起诉期限的，从实际知道诉权或起诉期限之日起计算，最长不得超过两年；不知道内容的，从知道内容之日起开始计算，涉及不动产的行政行为，最长期限为20年，其他行政行为最长期限为5年。这里所说的知道包括两种情况：一是知道被诉行政行为的全部内容；二是知道被诉行政行为侵害其权利的事实。因此，发现蹊跷问题时，一定要查清蹊跷背后的原因。这些蹊跷问题，往往与影响裁判的事实有着紧密联系，如果法官忽略了它们，就有可能作出错误的裁判，有损司法的公正。

2. 发现隐藏的争议，应当查清隐藏的目的

法官在审理案件中，时常会遇到行民交叉的问题，有些原告只单独提起行政诉讼或者民事诉讼，不对另一争议提起诉讼。其主要原因有四：**一是原告想利用其中一种诉讼，使其在另一诉讼中抢占有利位置；二是原告明知其中一种诉讼难以胜诉，试图通过另一种诉讼达到原本难以达到的目的；三是因法院收取行政诉讼收费低于民事诉讼，原告为少交诉讼费用，只提起行政诉讼，不提起民事诉讼；四是原告缺乏法律知识，不懂如何诉讼**。因此，法官在办案时，发现行政与民事争议同时存在的，应当尽可能摸清原告的真实意图，查清其中隐藏的争议。

二、需要锤炼解决问题的能力

发现问题是为了解决问题，解决问题就需要对问题进行分析后，提出处理的办法。由于问题的不同，分析及处理的方式就有所不同。

（一）对事实及证据的分析及处理

法院是依据当事人提供的证据及法院收集的证据来认定案件事实。有关证据的相关性、合法性、真实性应当按照证据规则进行审查与认定。但有以下几种特殊情况，法院在审查时，应特别注意以下四个问题：

1. 对相互矛盾、真伪难辨的证据，应当注意审查细节，通过审查细节接近真相

在诉讼案件中，双方当事人提供的证据往往真伪难辨或关键情节缺乏相应的证据，使案件事实难以认定。为了接近案件事实的真相，在庭审、听证或询问中，法官对双方当事人叙述矛盾的事实或提供相反证据的，应向各方当事人或者证人进行详细询问，询问中要特别注意细节。从他们各自叙述中，找到哪些符合事物发展的规律，哪些不符合事物发展的规律，去伪存真，使法官认定的事实更接近真相。

看到的，一般情况下都容易确认为真实的。但是，看见的，若不全面了解，也会出现错误。例如，笔者在审理马某真的案件中，他父亲带他见笔者时，笔者与他对话后，感觉他除了不能走路，其他与正常的孩子没有太大差异。当笔者与他父亲谈话谈到 30 分钟时，他突然全身抽搐，口吐白沫。他父母掐了五六分钟人中才稍有缓解。笔者从中悟出，看见的，并不一定就是真实的。审理案件亦不能只看表象，还需要倾听各方当事人所叙述的细节问题，只有全面了解后，才能接近真相。

在诉强制拆除建筑物的案件中，常常遇到行政机关未作证据保全，对原告房屋采取野蛮手段强制拆除，给原告的合法权益造成损失。但损失究竟多大，原告与被告均难以举证证明，为了防止程序空转，应当根据案件的实际情况，遵循法官的职业道德，运用逻辑推理和生活经验，合理酌情确定原告的损失。判决行政机关因违法行政行为承担的行政赔偿责任范围和数额，绝不得小于合法情况下应给予原告补偿的范围和数额。

2. 审查鉴定、评估意见等涉及专业技术性问题的，应当注意相关程序和专家辅助人的意见

在诉讼中经常会遇到当事人对鉴定意见、评估报告等涉及专业技术性问题的证据提出异议。审理此类问题时，应在庭审、听证或者询问前，就有关程序性规定进行细致研究，按照规定的方式、步骤、顺序及期限逐项进行审查，发现严重违反程序有可能影响到意见的真实性、公正性的不能作为定案的依据。涉及专业技术的问题，则应要求当事人说明其理由及依据，若涉及有关文献的，应当让当事人提供相关文献，或聘请专家辅助人，对各方提供的依据进行比较后，才能得出结论。

3. 在审理土地、林地确权等自然资源裁决案件时，常常遇到争议的土地、林地的权属在政治运动中多次发生变化

因时间久远以及历史原因，导致情况变迁、证据灭失，原告、被告及第三人均无法收集到相关证据，在此类案件的事实认定上，应当适用优势证据的标准。因采取优势证明标准，难免与真实事实之间存在一定程度的偏差，故处理时采取“从实际出发，尊重历史，面对现实”的原则。在适用法律、法规上，应结合当时的法律、法规和政策的规定以及本着有利于社会稳定、有利于生产和发展、有利于促进团结的方向，进行综合判断。只要原则上符合的，就应当予以支持。解决这类案件要对各方当事人的利益进行平衡，不仅限于本案事实，还要对涉案的相关处理决定、判决进行综合考虑，确定各方当事人的利益才不会发生大的偏差。

4. 利益平衡的判断方式问题

在民事、行政案件中，不少是双方当事人均有过错，造成其中一方或双方当事人的利益受到损失。因此在处理这类案件中，要分清各自的责任，平衡各方的利益，促使各方在都能接受的情况下，依法达成和解协议；达不成协议的，亦应在利益平衡的基础上作出判决。利益平衡应注意两个方面的问题：**一是不能仅考量双方当事人的利益，还需考量国家利益、公共利益和他人的合法权益；二是不能仅用经济利益进行衡量，还要从政治、环境、对社会影响等多方面综合衡量，从中选出相对合理的方案进行处理，减少社会的经济、政治等风险。**

（二）对法律适用问题的分析处理

分析适用法律问题时，一定要结合案件事实进行，将法律条文规定的要件，与案件事实进行对照，查看两者是否相符。但在现实案件中，往往会出现法律规定的要件与案件事实方面基本一致，但有些地方与规定的要件又不完全一致的情况。对此种情况，不能仅看一两条法律条文，应当根据适用法律的目的、原则以及上下文进行全面分析，若符合宗旨，不违反原则，与上下文之间不存在冲突，则这类法律条文可以适用。反之，则不能适用。

在适用法律时，有时也存在案件中某部分事实符合相关法条的规定，同时发现某一部分事实又符合其他法条的规定，或者对同一条款的规定，部分符合，部分又不完全符合，或者法条只规定应当如何做，对未按规定做的应如何处理没有明确的规定。在处理此类问题时，一定要把握法条规定的精神实质，再结合本案的具体案情，妥善适用法律条文，不能机械地适用法条。例如，李某生前有平房三间（有房屋产权证），每间 20 平方米，在平房旁边搭有两间简易房屋。2015 年 6 月，某市甲区人民政府决定对李某生前房屋进行征收，有关房屋补偿问题协商未果，区政府遂作出征收补偿决定：将三间平房中的两间补偿款发给李某第二任妻子，一间发给李某的儿子。李某的儿子对该决定不服，认为三间房屋的补偿款均应发给自己，同时认为，两间简易房屋不属违法建筑，区政府应当予以补偿。李某的儿子在提起行政诉讼的同时也提起了遗产继承诉讼。在李某的儿子提起诉讼时，法官向李某的儿子释明，可以一并提起行政诉讼与民事诉讼。李某的儿子坚持分案起诉。2014 年《行政诉讼法》第 61 条规定："在涉及行政许可、登记、征收、征用和行政机关对民事争议所作的裁决的行政诉讼中，当事人申请一并解决相关民事争议的，人民法院可以一并审理。在行政诉讼中，人民法院认为行政案件的审理需以民事诉讼的裁判为依据的，可以裁定中止行政诉讼。"根据该条的规定，如果当事人申请一并审理的，法院应当一并审理；如果当事人在法院释明后，坚持不申请一并审理的，法院不得一并审理，应当分别审理。当事人未申请一并审理的，如果行政案件以民事案件为基础事实，应当先审理民事案件，裁定中止行政诉讼；如果民事案件以行政案件为基础事实的，应当先审理行政案件，裁定中止民事诉讼。本案有关补偿对象问题，与继承案件的判决有着密切的关系，因继承人所占有的继承份额多少，决定李某第二任妻子与李某的儿子继承行政补偿款的份额。因此，在征收补偿问题上，继承案件的事实是征收补偿案件的基础事实。征收补偿范围的大小决定可继承财产的数额，因此在继承范围问题上，征收补偿案件是继承案件的基础事实。在本案中，实际上是行政案件与民事案件互为基础事实，如果当事人未申请一并审理的，无论中止民事案件，还是中止行政案件的审理，另一案件都难作出裁判。第 61 条的立法本意是减少当事人的诉累，提高审判效率，防止相同事实案件作出不同裁判结果等。因本案当事人不申请民事案件与行政案件一并审理，根据相关法律规定，必须分案审理。同时第 61 条规定，在行政诉讼中，人民法院认为行政案件的审理需以民事诉讼的裁判为依据的，可以裁定中止行政诉讼，并未规定应当裁定中止，这就为民事案件与行政案件互为交叉的，采取其他方式处理留有一定的空间。将民事案件与行政案件同时审理，在民事法官与行政法官分别查清相关事实并进行沟通后，再分别作出判决的方式，可以减少当事人的诉累，提高审判效率，避免出现相互矛盾的裁判，这种做法最符合立法的本意。

在适用法律条文存在不同观点或者实践中有不同做法的，一般以通说、权威机关的观点或意见为依据。需要注意的是，因每个人所处的环境、经历、涉及的领域等众多不同，对法律条文的解读会出现比较大的差异。作为法官，不能仅仅停留在法律条文的一般文字表述上，还应从立法的原意、对社会的导向以及可能产生的影响等因素进行综合考虑，才能作出结论。必要时，应报请上级法院，由最高人民法院提请立法机关作出立法解释。

法律制定于现在而适用于未来，其间政治、经济和社会情况可能会发生很大的变化。社会状况和价值观念的改变，必然产生旧法律规范如何适应新现实的问题，这就需要用目的解释的方法对法律进行解释。目的解释是一种能够使过去制定的法律跟上时代步伐的适应式解释。

按照这种解释方法解释法律规范时，首先要按照社会的需要，确定法律规范的合理目的，然后以该目的为指导，确定法律规范的含义。如果条文有缺陷、漏洞或情势变更，需要通过法律解释给予修正或者填补，确保实现立法背后的目的。确定立法目的时，必须考虑政治、经济、社会、公共政策、公共利益等因素。此外，在适用法律问题上，还应适用《立法法》规定的“上位法优于下位法”“同一机关制定的法律规范特别规定优于一般规定、后法优于前法”等原则。

（三）研究问题要有一颗公正的心

法院审理案件就是调整具体的不同利益间的冲突，这些利益冲突，往往与自己所处的群体的利益、部门的利益、单位的利益相关联。作为法官，就应当站在裁判者的角度，公平对待这些利益冲突，依法作出裁判，而不能站在自己所处的群体的利益、单位的利益、部门的利益上考虑问题。法官要有公正对待问题的心，特别对于涉及不同规则之间发生冲突的问题，必须了解每种规则所基于的理论及保护的对象等问题。例如，甲建筑公司违反法律、法规规定，将其承包业务转包给不具备用工主体资格的乙工程队或者包工头，乙工程队或者包工头聘用的职工从事承包业务时发生事故造成伤亡的，倘若简单地从民事对等关系上看，受伤职工与乙工程队或者包工头之间具有劳动关系，而与甲建筑公司之间不具有劳动关系，工伤保险责任就应当由乙工程队或者包工头承担。但《社会保险法》属于社会法的范畴，他与民事上的对价关系有很大的区别，就是要充分保障弱势者的生存权。如果判决工伤保险责任由乙工程队或者包工头承担，因乙工程队或者包工头不具备用工主体资格，一般情况下，无力承担受伤职工的工伤保险责任，这将会使受伤职工的生存权受到危害。正因为社会保险法属于社会法的范畴，强调的是保护弱势者的生存权，所以判断社会公正就不能仅从民事角度考虑问题，还需要从社会法的角度考虑问题。因此甲建筑公司违法转包给不具有用工主体资格的组织或者个人，他就要为其违法行为所造成的后果承担责任，故从公正角度看，法院应当判决甲建筑公司承担工伤保险责任。

此外，法官要想裁判后不留隐患，就需要各方当事人的配合。要做到这一点，法官就要取得当事人的信任。若当事人不信任，审判工作很难顺利进行下去。法官要取得当事人信任，就要从小事上关心或者理解他们，了解他们的困难，对他们的困难给予力所能及的帮助，并设身处地地站在他们的角度考虑问题，使他们体会到法官确实是在为他们的利益考虑，法官提出的建议或者意见，才有可能被他们接受，审判工作才能顺利进行。

（四）注意相关领域的知识的学习研究

社会是复杂的，法院审理的案件就是社会中复杂的社会问题所形成的案件，因此，在审理案件时，不能仅关注自己领域中的法律问题，还需注意案件中所涉及的相关领域知识的学习及研究。

1. 注意相关领域的法律知识的学习研究

随着市场经济的发展，民事案件、行政案件及刑事犯罪案件，往往都会涉及自己领域以外的问题，不少案件都涉及三大诉讼案件的交叉问题。有些争议虽与其他诉讼案件不发生交叉，但有关法律问题却涉及其他领域的法律。例如，笔者担任审判长审理的香港 K 公司诉咸阳市人民政府土地登记行为案中，就涉及《公司法》《合同法》《物权法》《土地管理法》《行政诉讼法》等法律，这些法律中，除了《土地管理法》和《行政诉讼法》外，其他的均属于民商事法律规范的范畴，如果没有民商事法律规范的相关学习研究，就无法判断土地变更登记行为的合法性，也就很有可能作出错误的判决。因此，法官在遇到涉及其他领域中的法律知识问题时，不能停留在“泛泛知道，不求甚解”上，而应对相关的法律问题研究透彻，这样才能避免造成错案。

2. 须了解不同阶段的历史和中国文化传统

在办理土地确权、房屋征收案件时，常常涉及不同阶段的土地、房屋制度，如果没有当时的“土改”、合作化、人民公社、工商业改造等历史及政策的了解，直接引用现在的相关法律规定进行处理，一是会造成已稳定的社会秩序，重新回到冲突之中；二是不利于社会的稳定、生产的发展，不利于公民、组织之间的团结；三是不能对历史上为国家做出贡献的人或应当享有的福利待遇被损害后的合法权益，给予充分的补偿。因此，在办案中，遇到由于不同历史阶段而产生的纠纷问题，一定要对当时的历史及政策进行充分了解、研究之后再下结论。此外，我们在审理案件中，还会遇到与中国的文化传统有着密切关系的问题。例如，“北雁云依”诉济南市公安局历下区分局燕山派出所户籍行政登记请示案中，就涉及我国姓氏的演变、姓氏的功能、对姓氏管理等多方面的问题，如果不学习这些知识，研究这些问题，就无法对姓名自由权问题做出评价，更无法写出令人信服的判决。

3. 须了解有关技术问题的原理

在审理案件中，经常会遇到一些技术问题，不少法官主要依靠鉴定意见、评估报告等来认定案件的事实。最高人民法院有关民事、行政证据方面的规定中，为避免单纯依靠鉴定意见、评估报告等认定案件事实，引进了专家辅助人制度，使法官可以听取多方意见，从中找到接近真相的证据。但是，如果法官不了解有关技术的一般原理，就很难对各方当事人聘请的专家辅助人的意见做出接近真相的判断。因此，法官在遇到有关技术方面的问题，一定要了解其原理，从而使自己判断接近案件事实的真相。例如，我们在审理青岛市 W 热电有限公司诉青岛市李沧区人民政府应急预案行为上诉案时，涉及很专业的供热权的归属问题，就此，我们到当时的建设部咨询供热专家及制定相关政策的工作人员。在法庭上，我们清楚地阐述了确定供热的原则及现行政策，根据 W 公司与 H 公司的供热能力、技术水平以及有关环境保护政策，最终确定了供热归属权的问题，双方当事人均信服。

4. 须懂得诉讼心理学

诉讼心理学是专门研究诉讼参加人在诉讼的不同环境下的心理反应和变化，通过了解这些来判断他们各自在法庭上的陈述、辩称的真伪，以及各自在诉讼中的真实意图。这对法官判断证据、认定事实、进行调解、息诉等都是非常有用的。

在调解中，法官必须掌握好各方当事人的心理状态，单独与一方当事人谈话时，应当指出其存在的问题，说服其做出一定让步。但要掌握好分寸，对不同类型的人，说话的“度”应有所区别，对敏感的人说话要婉转，点到即可，让其能够接受，但绝不能只说好的，不说问题。没有问题，当事人一般是不会做出让步的，调解很难成功。说问题一定要有依据，没有依据就不能说。对什么都无所谓的人，可以严肃一点，点出其问题的严重性，否则，当事人不会认识到自己的过错，也不会认为自己应当承担责任。

从以上五点看，要想成为审判专家，作出公正的判决，就必须有一颗公正的心。但仅凭一颗公正的心也是不行的。他（她）还必须要有广博的学问、丰富的社会经验及各方面的人文、社会科学和自然科学的知识。这就需要我们不断地学习和积累，否则，将会跟不上社会前进的步伐，无法胜任审判工作。

三、系统化与理论化

在个案中发现的法律问题，一定要认真研究，要多看几本相关的法学大家的专著，特别是对该问题或者类似问题的论述，从中找到解决问题的路径，结合案件中的问题进行研究，并从中总结出该案问题所体现出来的原则或者规则，用心写好每一份裁判文书。对有典型意义的案件最好写成案例分析或者研究性文章。只有这样认真研究每一个新遇到的法律问题，才能使自己的法律积淀更加深厚。

研究的每一个法律问题，仅解决个案中的问题，如果不系统化、不上升到理论的高度，就有可能“见木不见林”，或成了狗熊掰棒子——掰一个扔一个。只有在系统化的同时上升到理论的高度，才能将自己所掌握的审判理论融会贯通，使自己提升到一个新的高度。

系统化的方法主要有以下几个步骤：

一是对问题进行归类。法官应当定期将自己审理案件中发现的问题，以及在调研、讨论、阅读中发现的问题进行梳理，将不同类别问题按照法律体系以类型化的方式分为不同的类别，为以后系统研究打下基础。

二是对问题进行筛查。平时记录的问题往往是零散的，特别是在不同的调研中收集的问题，常常存在重复。因此，就很有必要对某段时间收集的问题进行分类，并将相同或者近似的问题合并，或重新进行文字表述，使所提出的问题更加准确，把不具有规则意义的问题剔除。

三是列出研究的提纲。完成对问题的归类和筛选后，应当按照法律体系的顺序列出提纲，以便下一步有计划地研究。

四是做好标注。列完提纲后，对已经定论的问题与有争议的问题，分别标注起来。对有定论的问题，简要注明结论及理由；对有争论的问题，列出不同观点及理由。然后将每个问题相关的案例名称也标注出来，以便写作时引用。

五是定期调整与标注。对已列入提纲内的问题，定期进行调整与标注，便于以后的研究。

我国台湾地区著名民法学家王泽鉴说过，写作是最好的学习。也就是说，要通过写作来学习，而不仅仅限于阅读。当我们发现问题后，应当及时进行研究并写出文章。写文章的过程，实际上就是一个学习的过程，会逼着自己有目的地读很多相关书籍，发现各种不同观点及理由，经过进一步地全面思考后，所得出的结论便会更加成熟。不要怕问题小，小问题也会体现规则的意义。写文章可以先从小问题写起，不要一开始就想着写长篇巨著。在小文章写好的基础上，再写大块文章或者专著。如果问题实在太小，可以将若干个相关的问题合并在一起写成一篇文章。为了使自己的观点更加成熟、全面，还需与其他法官、学者等经常进行讨论研究，从中获得启迪，修正过去的不全面或不成熟的观点，而后再对已写好或正在写的文章进行修改，在不断地写作过程中，将会发现自己的审判水平有很大的提升。

在写文章中，应当注意以下几个问题：

一是写文章应当文字简洁，逻辑清楚，观点明确。避免为了充篇幅，无病呻吟，原可一句话说清楚的问题，却写了十句话或更多。不要只摆出问题，却没有结论，或给人一种模棱两可的结论。

二是要运用法律术语，不要创造新名词，以显示自己的水平。乱造法律名词，会造成法律名词的混乱，也不利于读者的理解。语言应当通俗易懂，尽量不要使用晦涩、偏僻的词汇。

三是借鉴域外法律，解决法律漏洞问题。此种方法对拓宽思路、找到更好的处理路径是很有帮助的。但是，每个国家的国情不同，法律体系也不同，因此在介绍外国法律时，一定要介绍清楚制定相关规定时的社会背景，该规定的含义、适用范围及条件，适用的社会效果等背景情况。否则，将难以进行比较，难以避免将外国的法律规定移植到中国存在水土不服等问题。

四是用国外发生的类似案件的处理方式与该争议案件进行比较。使用此种方法时，一定要将外国的类似案件的案情介绍清楚，是否真的与争议案件相类似，此外，还应将该国的国情及风俗习惯等问题介绍清楚，如果国情、风俗习惯等不同，国外的处理方法就很难借鉴。

五是将国内其他法院类似的案件处理情况中的利弊进行比较，从中找出争议案件处理的最佳方式。在这里需要注意的是，中国幅员辽阔，各地方的经济、文化、宗教信仰、风俗习惯等多有不同，分析时不能忽略上述因素，否则将会出现

“南橘北枳”的尴尬。

为了使自己的法律知识系统化、理论化，应当按照法律的体系，分别写成专著，特别是将审判实践中发现的问题系统地在书中全面阐述，也就是说，全面梳理审判中所遇到的各种问题及解决方法，真正使它们系统化、理论化。写作的方式可以多种多样，可以对某个领域的问题写成专著，也可以将某一类问题写成案例分析，也可以对审判方法等写成专著。为了实现这些设想，就必须对自己作出规划，规定实现每一步规划的期限，按时完成规划。因一些特殊原因可以对自己的规划做些调整，但必须按照规划安排的时间进行，不应无理由地将规划向后推延。

要想成为真正的审判业务专家，就必须要有对法律的信仰，对所从事的审判事业充满热爱，将别人喝咖啡、逛商场、游玩的时间都用在学习与研究上。“一分耕耘，一分收获”，为自己所热爱的事业做出贡献，就会在审判工作中感受到无上荣光。

目录 Contents

“蹊跷”的背后

——香港 K 饭店有限公司诉咸阳市人民政府土地登记行为案

法官在办案过程中，发现蹊跷问题时，一定要查清蹊跷背后的原因。这些蹊跷问题，往往与影响裁判的事实有着紧密联系，如果办案人员忽略它们，就有可能作出错误的裁判，只有查清这些蹊跷背后的问题，才能找到隐藏的原因，避免作出错误的裁判。

章文英是刚从武汉一个基层人民法院考入最高人民法院的法官助理，庭里最初让他协助办理一个较为复杂的案件——香港 K 饭店有限公司诉陕西省咸阳市人民政府土地登记案。他梳理完案情，送笔者审阅。笔者看完他的审查报告后，总觉得这个案件有些蹊跷，于是笔者决定合议庭先审议再定。

一、案情的梳理

章文英法官梳理案情的情况：

申诉人（一审第三人、二审上诉人）：B 皮革制品有限公司。

被申诉人（一审被告、二审被上诉人）：咸阳市人民政府。

一审原告二审上诉人：香港 K 饭店有限公司。

第三人：咸阳 W 能源有限公司。

咸阳市中级人民法院一审判决认定：

1998 年 11 月 10 日，本案第三人 B 皮革制品有限公司（以下简称

B公司）与咸阳市秦都区土地管理局签订《国有土地使用权出让合同》，1998年12月，咸阳市秦都区人民政府向B公司颁发秦国用（98）字第015号国有土地使用权证。2000年8月20日，原告香港K饭店有限公司（以下简称K公司）与B公司签订资产有偿转让协议书，该协议约定："第一条：甲方（B公司）同意将自己公司的部分资产包括厂房、水、电设施、场地使用权有偿转让给乙方（K公司）所有。第二条：资产的转让价值参照注册会计师事务所的资产评估报告书所评总价值为1460万元人民币……第四条：资产转让的有关变更手续由甲方负责按照规定办理，并将转让后的所有权属证明交给乙方……"2001年3月1日，第三人咸阳W能源有限公司（以下简称W公司）经陕西省人民政府外经贸陕省厅合字（2001）0002号批准成立，2001年4月，B公司向咸阳市工商局提交同意使用土地及厂房证明。2001年4月23日W公司领取了企业法人营业执照。K公司作为股东之一出资1460万元人民币。2001年5月18日，B公司向咸阳市土地局提交土地过户申请，申请将土地证过户到W公司。2001年5月21日，因B公司将土地作为投资转户到W公司使用，B公司与W公司签订代扣代缴土地出让金协议书。2001年5月28日，W公司与咸阳市土地管理局签订土地使用权出让金代扣代缴协议书。2001年5月31日，咸阳市人民政府向W公司颁发了咸国用（2001）字第055号国有土地使用权证。2003年12月21日，陕西省对外贸易经济合作厅作出陕外经贸发〔2003〕586号《关于咸阳W能源有限公司减少注册资本和股权变更的批复》，该批复同意第三人W公司关于股权变更和减少投资总额和注册资本的申请。K公司以其买断B公司的土地使用权及部分房屋建筑物、设备作为投入资本出资的1460万元人民币未发生变更。K公司以其买断B公司的土地使用权及部分房屋建筑物、设备作为投入资本出资的1460万元人民币未发生变更。2011年3月23日，K公司以咸阳市人民政府向W公司颁证违法为由，诉至法院。

咸阳市中级人民法院认为，在行政案件诉讼中，被告认为原告起诉超过法定期限的，由被告承担举证责任。本案中，被告咸阳市人民政府虽主张原告K公司的起诉超过法定期限，但其未提交充分证据予以证明，故被告该项主张的理由不能成立，该项主张法院不予支持。原告K公司以其买断第三人B公司的土地使用权及部分房屋建筑物、设备作价1460万元作为投入资本，成为第三人W公司的股东，而第三人B公司亦向咸阳市土地局提交土地过户申请，将土地过户到第三人W公司，故依B公司申请，咸阳市人民政府将土地过户到W公司，原告K公司借此享有第三人W公司的股东权益，故被告咸阳市人民政府的颁证行为并未侵害原告K公司的合法权益，原告K公司要求确认颁证行为无效的诉讼理由不能成立，其诉讼请求法院不予支持。原告要求被告承担823，330.20元及同期银行资款利息的损失亦无事实和法律依据，法院不予支持。故**判决驳回原告K公司的诉讼请求**。

K公司与B公司均不服一审判决，向陕西省高级人民法院提起上诉。该院经过审理，认定事实、判决的理由与一审判决基本相同，判决**驳回上诉，维持原判**。B公司对二审判决不服，向陕西省高级人民法院申请再审。该院审查后**驳回了B公司的再审申请**。B公司仍不服，向最高人民法院提出申诉。

二、发现蹊跷问题

在第一次合议中，章文英根据初步审查的情况认为，《土地登记规则》第35条规定：“企业将通过出让或者国家入股等形式取得的国有土地使用权，再以入股方式转让的，转让双方当事人应当在入股合同签订之日起三十日内，持以出让或者国家入股等方式取得土地使用权的合法凭证、入股合同和原企业的《国有土地使用证》申请变更登记。”根据该条规定，本案的被诉登记行为存在三个问题：一是在本案中被诉登记行为中所涉及土地的原使用权属于B公司，尽管B公司与K公司之间签订了土地使用权转让合同，但由B公司直接过户给W公司不符合规定。二是B公司与W公司之间没有直接签订土地使用权转让合同，K公司以股份的形式将购买B公司的资产入股W公司，因此申请转让土地使用权，应当由K公司、B公司和W公司同时申请。三是应当由转让双方当事人在入股合同签订后30日内，共同提出申请并提交相关材料要求，即合法凭证、入股合同和原企业的《国有土地使用证》等证据材料等。但是，被告并未提交相关证据，且在申请主体、时间等方面也与规定不相符。因此，被诉登记行为存在违反法定程序的问题。建议指令二审法院对此案进行复查。

在这次合议中，合议庭成员认为，章文英所提问题，根据申诉人所提供的材料，可以成立。

HOW JUDGES THINK

但该案存在三个蹊跷的问题，难以解释。

一是咸阳市人民政府于2001年5月31日向W公司颁发了咸国用（2001）字第055号国有土地使用权证。K公司2011年3月23日以咸阳市人民政府向W公司颁证违法为由诉至法院。K公司是W公司的持股人，在通常情况下应当知道该公司的重大情况，即使发生W公司向其隐瞒登记的情况，也只有在该土地上未进行建设的情况下，才有可能发生。为什么10年后K公司才提起诉讼?

二是K公司已将该土地的使用权作为资本入股W公司，转让登记行为未给其造成任何损失，只有股权计算或分红等民事权益可能对其造成损失，K公司为什么要对登记行为提起行政诉讼，而不对股权权益问题提起民事诉讼?

三是B公司已将土地使用权转让给K公司，如果转让后反悔，应当对转让合同效力问题提起民事诉讼或对登记行为提起行政诉讼。但B公司不仅未提起行政诉讼，也未提起民事诉讼，却在二审判决之后，提出申诉，

HOW
JUDGES
THINK

让人不解。

根据以往审理案件的经验，我感觉这些蹊跷问题的后面，申诉人肯定有意向法庭隐瞒了一些问题。这些问题往往与影响裁判的事实有着紧密联系，如果忽略它们，很有可能作出错误的裁判，有损于司法的公正。只有查清这些蹊跷背后的问题，才能找到隐藏的原因，避免作出错误的裁判。正因为该案存在三个蹊跷的问题，合议庭决定到当地阅卷，并组织当事人进行听证。

三、发现原审判决未写明的证据

起初我们想听听陕西省高院和咸阳市中院对此案所涉及的问题是如何认识的。当我们到达西安后，才了解到陕西省高院和咸阳市中院具体承办此案的法官不是已调离法院，就是已退休，高院和中院的庭长也都是在该案判决后上任的，大家对此案均不甚了解。

第二天，我们只好将一、二审中整理的十几本卷宗一本一本地审阅，通过审阅，原审判决认定的事实均可找到相应的证据予以印证，同时**发现原判决中未写明的证据材料有以下四个方面的内容：**

一是 K 公司在 2000 年 11 月与其他两家公司签订《合资建立咸阳 W 能源有限公司合同》后，成立 W 公司。K 公司、B 公司与 W 公司签订了《代扣代缴土地出让金协议书》和 B 公司在 2000 年出具的《同意使用土地及厂房证明》《土地过户申请》《股东（发起人）对出资认可证明》、咸新会验字［2001］068 号《验资报告》、咸阳 W 能源有限公司《实收资本明细表》。2001 年 8 月，W 公司已开始在涉案土地上建造建筑物。卷宗中没有 K 公司、B 公司对 W 公司提出过侵占其土地使用权的民事诉讼的证据材料。

二是 1999 年，B 公司因环境污染问题被咸阳市政府责令停止经营，根据《B 公司章程》《关于 B 公司申请终止经营活动的函》、B 公司与咸阳市政府签订的《职工安置协议》等证据可以证明，B 公司负责下岗职工的安置问题。

三是申诉人在申诉状中提及咸阳市秦都区法院执行的问题，在卷宗中发现咸阳市秦都区法院作出的（2004）咸秦仲执字第 0006 号民事裁定书、000-9 号民事裁定书和评估机构作出的资产评估报告等证据材料，从而证明相关案外人就职工安置问题提起过劳动仲裁，而且 B 公司和 K 公司之间签订协议，约定 K 公司承接 B 公司的所有债权债务，因而劳动仲裁裁决生效之后，法院决定执行 K 公司的财产用以职工安置。直到 2011 年 1 月秦都区法院发现 K 公司在 W 公司具有 11.58% 股份，决定将其股份拍卖所得款项用以职工安置，剩余数额则仍归还给 K 公司。

四是根据卷宗中的其他证据，可以证明各方都已实际认定涉案土地资产最初权属归于 B 公司，之后转移至 K 公司，再由 K 公司作为资本入股 W 公司，且 K 公司与 B 公司的股东均注明为李某。如果不是同名同姓，为同一人，K 公司与 B 公司就存在关联交易。

HOW JUDGES THINK

这些证据材料仅从表面上看，均属当事人之间有关民事法律的问题，与土地转移登记的合法性似乎关系不大，而被一、二审判决所忽略。但是这些证据间接地关系本案两个方面的问题：第一，原告若知道申请土地转移登记的相关材料、其取得 W 公司股权以及 W 公司建房等证据，将关系到原告起诉时是否超过起诉期限的问题。第二，B 公司与 K 公司签订的土地使用权转让合同是否存在关联交易、恶意串通，W 公司是否善意取得等问题，虽然属于他们之间的民事法律问题，但因土地转移登记是以民事行为为基础事实的，如果这些基础事实中存在法律禁止的行为，也就关系到被诉土地转移登记行为的合法性问题。正因为一、二审判决忽略了这两个方面的证据及证明的事实，才使我们申诉审查中，提出那么多的疑问。据此，我们亦将这些证据材料的审查作为听证中重点审查的问题。

四、听证中的对质

在这次听证会上，B 公司代理人和 K 董事长李某及代理人，咸阳市人民政府代理人，咸阳 W 能源有限公司代理人出席了听证会。

在听证中，我们主要对阅卷中新发现的问题进行听证。

第一步是对原告是否知道被诉土地登记行为内容的问题进行询问。

各方当事人均对作出被诉登记行为的时间及原告提起诉讼的时间无异议。

当笔者问 K 公司代理人："K 公司为什么到 2011 年 1 月才起诉？"

K 公司代理人答："开始是因为劳动仲裁裁决生效后，法院决定执行我们公司的财产。"

笔者接着问 B 公司代理人："原产权证是 B 公司的，B 公司为什么不起诉？"

B 公司代理人答："在颁证之前的年初，B 公司曾将土地出租给 W 公司使用。"

笔者又问 B 公司代理人："你们什么时候知道权属变更的？"

B 公司代理人答："K 公司起诉的时候我们才知道？"

笔者问 B 公司代理人："K 公司为什么 2011 年 1 月才起诉？"

B 公司代理人答："2011 年 1 月法院拍卖了全部股权才发现的。2000 年时 B 公司已把全部产权卖给了 K 公司，只是产权过户没有办理。K 公司已支付对价，转让合同完成。"

HOW JUDGES THINK

根据上述对话，B 公司和 K 公司坚持他们直到 2011 年 1 月才知道咸阳市人民政府给 W 公司颁发了土地使用权证。与阅卷中我们发现的相关证据材料明显不一致，B 公司和 K 公司的代理人在法庭上的这段陈述均未说实话。

笔者问 W 公司代理人："你们取得土地使用权证后，在涉案土地上进行建设了么？"

W 公司代理人答："我们在取得土地证后不久，大约 2001 年 8 月就以 W 公司名义开始建办公楼、食堂、锅炉房，都是永久性建筑，规划局批了。从 2001 年开始一直在 W 公司名下使用。"

B 公司、K 公司对此说法和《代扣代缴土地出让金协议书》《同意使用土地及厂房证明》《土地过户申请》、X 新会验字［2001］068 号《验资报告》、咸阳 W 能源有限公司《实收资本明细表》等证据未表示异议。

HOW JUDGES THINK

由此，进一步印证了笔者对 B 公司和 K 公司的代理人刚刚在法庭上的陈述均未说实话的感觉。

第二步是对 B 公司负责下岗职工的安置问题进行听证。

各方当事人对《B 公司章程》《关于 B 公司申请终止经营活动的函》《职工安置协议》和相关案外人就职工安置问题提起过劳动仲裁的证据材料及秦都区法

院作出的（2004）咸秦仲执字第0006号民事裁定书、000-9号民事裁定书和评估机构作出的资产评估报告等证据材料均予以认可。

但对于B公司将资产全部转让给K公司这个问题，B公司在听证中辩称，一开始是Z公司兼并了咸阳某国有企业，职员安置协议是Z公司与Y公司签订的。Y公司撤资的时候把职工的补偿金给了，B公司董事长接手的时候没有安置职工的问题。B公司自1999年后一直在停业，没有注销也没有吊销，也没有年检，原因是2004年B公司已向政府报备，政府以职工安置问题未解决为由而一直搁置我们的报备。政府和我们签的合同没有职工安置的问题。虽然这个案子涉及劳动仲裁、职工安置的问题，但有一个事实是劳动仲裁生效后，法院在执行B公司的资产过程中，对B公司的资产也进行了评估，部分房产价值600多万元，产权至今仍在B公司名下。在B公司的资产没有执行完毕的情况下，怎么能执行K公司在W公司的股份呢？

B公司承认，其与劳动者之间所存在的劳动争议就是职工安置责任的问题。

尽管上述事实不在本案审查范围之内，但其与K公司起诉的原因有直接关系，即B公司、K公司存在转移资产、逃避安置职工问题之嫌。

第二步是对李某是否是B公司和K公司的股东问题进行听证。

咸阳市人民政府代理人称：B公司原来是咸阳某国有企业，后来被香港Y公司兼并后改名为B公司，**1999年9月9日K公司与Y公司法人代表是同一人——李某，其购买300万美元股权，成为B公司的唯一股东。**2000年K公司出资1460万元买断了B公司的国有土地使用权及地面建筑物。2001年年初，K公司与其他两个公司共同成立W公司，K公司将上述土地使用权与建筑物折价1460万元作为投资注入W公司，手续齐全，K公司占W公司全部股份的11.58%，**其实就是B公司把土地过户到W公司名下。K公司的工商注册资本**

就是B公司转让的其土地使用权、建筑物的折价资产。在这种情况下，法院将11.58%的股权进行拍卖来安置职工。2000年办理土地证可能有一些瑕疵，但没有违法。

B公司代理人称：B公司1992年经陕西省外经贸厅批复成立，当时的股东是西安Z公司，外方是香港Y公司，Z公司出资120万美元，香港Y公司出资180万美元，1999年9月9日香港Y公司受让全部股份，成为B公司的全资股东。当时投资是到位的，中方是以土地使用权作为投资，当时的土地证在银行抵押，后来没有发生变化。B公司的董事长最开始是李某，但其不是法定代表人。李某还是K公司的法人代表，而K公司是Y公司的股东之一。1999年因为政府认定B公司存在环境污染问题，责令其停业，所以外方撤资，李某称如果Y公司撤资，就由K公司承受。外方是现汇出资，中方是以在银行抵押的土地证出资。1999年Y公司受让全部股份后，替Z公司归还银行债务1200万元赎出土地证，B公司欠了K公司很多钱，所以才把地和资产全部卖给了K公司。土地是经过评估后卖的，有评估报告。B公司法定代表人于2001年3月变更为刘某，K公司法人代表一直是李某。

HOW JUDGES THINK

此段对话，证明了B公司原董事长与K公司法人代表均是李某一人。李某在不担任B公司董事长后，仍是B公司的股东。B公司与K公司签订的不动产转让合同就有可能存在关联交易及恶意串通的问题。这两个问题也应在合议中，作为重点问题进行分析。

第四步是对土地登记行为的合法性问题进行听证。

咸阳市人民政府代理人坚持2000年办理土地证可能有一些瑕疵，但没有违法。

B公司代理人称：1999年李董事长接了股份后，替Z公司还了1200万元银行债务赎出土地证，B公司欠了K公司很多钱，所以才把土地使用权和资产全部卖给了K公司。土地是经过评估后卖的，W公司后来用这个评估报告申请了土地变更。B公司没有申请转让土地使用权，也不知道申请土地变更等事项。

K公司代理人称：2000年8月20日K公司跟B公司签订了资产转让协议，但B公司按照协议办理相关资产转让手续。W公司称一开始是B公司跟其他公司合作，但没有提供任何证据、意向书等予以证明。政府的批文、股权转让合同相关主体都是W公司与K公司。

据此，B公司和K公司认为，被告咸阳市人民政府土地登记行为违反《土地登记规则》第35条的规定，属于违法行政行为。法院应当予以撤销。

咸阳市人民政府代理人辩称：土地登记是**K公司和W公司申请的**。W公司成立的章程中可明确看出，B公司给W公司过户土地属于第二次过户转让。从政府角度来讲，既然原土地使用人申请给别人过户，我们认为不存在逃避国家税收的问题。对于B公司认为其不知道这事，认为申请报告是伪造的主张，我们认为不能成立。有两个证据可以说明：**一是1998年土地使用证原件已收回（B公司与K公司对此说法未提异议）。二是李某当时既是B公司董事长，同时又是K公司的法人代表。他在申请书上签字，意味着B公司知道K公司和W公司申请转让土地一事。**

从这段对话中，笔者已基本确信B公司与K公司早就知道变更土地登记行为的内容。

五、疑团的解开

阅卷和听证后，合议庭对本案的证据材料和听证情况重新进行了梳理，发现原审判决存在以下几个方面的问题：

1. 有关原告 K 公司是否知道或者应当知道被诉土地登记行为的内容问题

根据 1989 年《行政诉讼法》第 39 条和《最高人民法院关于执行〈中华人民共和国行政诉讼法〉若干问题的解释》（以下简称《若干解释》）第 41 条第 1 款、第 42 条[1]的规定，如果原告知道被诉行政行为内容，但**被告未告知其诉权或者起诉期限的，最长起诉期限为两年；**如果原告**不知道被诉行政行为内容的，涉及不动产行政行为的，最长起诉期限为 20 年。这里所说的知道包括两种情况：一是知道被诉行政行为的内容；二是知道被诉行政行为侵害其权利的事实。**本案被告咸阳市人民政府于 2001 年 5 月 31 日向 W 公司颁发了咸国用字（2001）第 055 号国有土地使用权证。原告 K 公司 2011 年 3 月 23 日不服土地登记行为提起诉讼。因此，只有原告不知道土地登记行为内容的情形下才具有诉权，反之则丧失了诉权。因此，原告一直坚持其不知道被诉土地登记行为的事实。一审卷宗中有 K 公司、B 公司与 W 公司签订的《代扣代缴土地出让金协议书》和 B 公司在 2000 年出具的《同意使用土地及厂房证明》《土地过户申请》、咸新会验字［2001］068 号《验资报告》。2001 年 8 月，W 公司已开始在涉案土地上建造建筑物等证据材料。卷宗中没有 K 公司、B 公司对 W 公司提出过侵占其土地使用权的民事诉讼的证据材料，听证中 K 公司、B 公司也未提出过，他们曾提起过涉案土地相关的行政、

---

1 1989 年《行政诉讼法》第 39 条规定："公民、法人或者其他组织直接向人民法院提起诉讼的，应当在知道作出具体行政行为之日起三个月内提出。法律另有规定的除外。"现行《行政诉讼法》对应法条为第 46 条，将"三个月"修改为"六个月"，增加一款作为第 2 款："因不动产提起诉讼的案件自行政行为作出之日起超过二十二年，其他案件自行政行为作出之日起超过五年提起诉讼的，人民法院不予受理。"《若干解释》第 41 条第 1 款规定："行政机关作出具体行政行为时，未告知公民、法人或者其他组织诉权或者起诉期限的，起诉期限从公民、法人或者其他组织知道或者应当知道诉权或者起诉期限之日起计算，但从知道或者应当知道具体行政行为内容之日起最长不得超过 2 年。"第 42 条规定："公民、法人或者其他组织不知道行政机关作出的具体行政行为内容的，其起诉期限从知道或者应当知道该具体行政行为内容之日起计算。对涉及不动产的具体行政行为从作出之日起超过 20 年、其他具体行政行为从作出之日起超过 5 年提起诉讼的，人民法院不予受理。"

民事诉讼。

HOW JUDGES THINK

从上述证据和听证的情况看，K 公司作为 W 公司三大成立股东之一，上述文件及在涉案土地上建设永久建筑，其均应知晓。因此可以认定 B 公司和 K 公司在 2001 年 8 月前后就应已知晓被诉土地登记行为的事实。起诉期限应当从其知晓被诉土地登记行为之日起开始计算，最长为两年。显然本案原告 K 公司起诉时，已经超过起诉期限，丧失了诉权。法院受理此案确有不当。

2. 有关 K 公司起诉的动因问题

以时间为轴，我们重新梳理一下案件事实：

1999 年，B 公司因环境污染问题被咸阳市政府责令停止经营。2000 年 8 月 20 日，K 公司与 B 公司签订资产有偿转让协议书，该协议约定，B 公司同意将自己公司的全部资产包括厂房、水、电设施、场地使用权有偿转让给 K 公司所有。2001 年年初，K 公司与其他两个公司共同成立 W 公司，K 公司将上述土地使用权与建筑物折价 1460 万元作为投资注入 W 公司，占 W 公司全部股份的 11.58%。2001 年 3 月 1 日，W 公司经陕西省人民政府外经贸陕省厅合字（2001）0002 号批准成立，2001 年 4 月，B 公司向咸阳市工商局提交同意使用土地及厂房证明。2001 年 4 月 23 日 W 公司领取了企业法人营业执照。2001 年 5 月 18 日，B 公司向咸阳市土地局提交土地过户申请，申请将土地证过户到 W 公司。咸阳市人民政府于 2001 年 5 月 31 日向 W 公司颁发了咸国用（2001）字第 055 号国有土地使用权证。

HOW JUDGES THINK

从时间顺序上看，当政府责令B公司停业整顿后，B公司发现其难以为继，于是将其土地使用权、建筑物等财产转让给其关联公司——K公司，而后又将这部分资产作为股份投入W公司。这一系列转移资产行为，难以排除逃避债务之嫌。此后，B公司与其职工发生的安置争议恰恰又印证了这一点。法院未将K公司在W公司的股权拍卖之前，K公司的利益未受到损失，所以其未提起民事和行政诉讼。当K公司在W公司的股权被拍卖后，其利益才真正受到损失。K公司在10年后才提起行政诉讼的原因也就不难理解了。

3. 有关B公司与K公司是否属于关联交易的问题

所谓关联公司，是指相互之间存在关联关系的公司。关联关系，则是指公司控股股东、实际控制人、董事、监事、高级管理人员与其直接或者间接控制的企业之间的关系，以及可能导致公司利益转移的其他关系。西安Z公司与香港Y公司共同投资建立B公司。李某在2001年3月前是B公司的董事长，之后变更为刘某。李某是K公司的法人代表，K公司又是Y公司的股东之一。K公司与B公司的资产有偿转让行为是在李某担任B公司的董事长期间进行的。此外，K公司是B公司的控股公司——Y公司的股东之一。

HOW JUDGES THINK

据此，应当认定B公司与K公司存在关联利益，他们之间的交易应当属于关联交易。涉案土地的使用权原属于第三人B公司，K公司提起行政诉讼，必然会涉及B公司的权益，其不提出诉讼不会影响其权益实现的目的，当二审判决作出后，K公司不提出申诉，B公司的权益就无法实现，因此，B公司申诉的原因也就十分清楚了。

4. 关于是否存在恶意串通和善意取得的问题

《合同法》第52条第2项规定，恶意串通，损害国家、集体或者第三人利益的，合同无效。所谓恶意串通行为，是指在买卖活动中，双方以损害他人利益为目的，弄虚作假的违法行为。其构成要件有二：第一，需要有双方损害第三人的恶意。即明知或应知某种行为会造成国家、集体或第三人的损害，而故意为之。如果双方当事人或一方当事人不知或不应知道其行为的损害后果，不构成恶意。第二，双方事先存在恶意串通的通谋。即串通的双方都希望通过实施某种行为而损害国家、集体或第三者的利益，共同的目的可以表现为当事人事先达成一致的协议，也可以是一方作出意思表示，而对方或其他当事人明知实施该行为所达到的非法目的，而用默示的方式表示接受。然后，当事人互相配合或共同实施该非法行为。

HOW JUDGES THINK

B公司与K公司属于关联公司，在政府决定责令B公司停业整顿后，这两家公司都清楚B公司将难以为继，一旦停止经营将会面临安置职工等问题。他们签订将B公司的土地使用权、建筑物等财产转让给K公司的合同有逃避安置职工之嫌。在此问题未查清楚之前，不能认定该转让合同有效。

《物权法》第106条第1、2款规定，无处分权人将不动产或者动产转让给受让人的，所有权人有权追回；除法律另有规定外，符合下列情形的，受让人取得该不动产或者动产的所有权：（1）受让人受让该不动产或者动产时是善意的；（2）以合理的价格转让；（3）转让的不动产或者动产依照法律规定应当登记的已经登记，不需要登记的已经交付给受让人。受让人依照前款规定取得不动产或者动产的所有权的，原所有权人有权向无处分权人请求赔偿损失。根据上述规定，无处分权人将不动产转让受让人，如果受让人受让该不动产是善意的，并以合理的价格转让，依照法律规定进行了登记的，受让人取得该不动产的所有权。反之，受让人受让该不动产是恶意的，其取得的财产不受法律保护，属于无效行为。本案K公司将B公司转让给其的土地使用权、建筑物等财产作为投资，转入W公司。因K公司向W公司提供了K公司与B公司签订资产有偿转让协议书、B公司在2000年出具的《同意使用土地及厂房证明》、咸新会验字［2001］068号《验资报告》、咸阳W能源有限公司《实收资本明细表》等材料，在案卷中，没有有关W公司知晓作为入股的资产是为了逃避安置职工资产的证据，这也就意味着，W公司没有与K公司、B公司串通损害第三人的恶意。注册会计师事务所出具的资产评估报告中明确，B公司转让给K公司所有的厂房、水、电设施、场地使用权等资产总价值为1460万元人民币。K公司以其买断B公司的土地使用权及部分房屋建筑物、设备作为投入资本出资也是1460万元人民币。因此，转让资产的价格是合理的，并且已取得咸阳市人民政府颁发的土地使用权证。

HOW JUDGES THINK

综上，W公司取得K公司购买B公司的土地使用权及部分房屋建筑物、设备的行为属于善意取得，即使K公司与B公司签订资产有偿转让协议属于无效，W公司善意取得的土地使用权亦应得到法律保护。

5. 关于土地登记行为的合法性问题

章文英提出被诉土地登记行为违反《土地登记规则》第35条的规定，构成程序违法，但其忽视了K公司与B公司签订的资产有偿转让协议的有效性问题。被告咸阳市人民政府是批准B公司成立的机关，也是其责令B公司停止经营的，有关该公司存在职工安置问题亦应是清楚的。因此在土地登记前，咸阳市人民政府应当预计到B公司可能存在转移资产、逃避解决职工安置的责任问题，应对该协议是否存在恶意串通进行审查，在该协议的有效性问题未解决之前，根据《土地登记规则》第 67 条[1]第 4 项的规定，应当暂缓登记。

根据《若干解释》第 57 条第 2 款第 2 项的规定，被诉具体行政行为违法，但不具有可撤销内容的，人民法院应当作出确认被诉具体行政行为违法或者无效的判决，参照《最高人民法院关于审理房屋登记案件若干问题的规定》第 11 条第 3 款规定，被诉房屋登记行为违法，但判决撤销将给公共利益造成重大损失或者房屋已为第三人善意取得的，判决确认被诉行为违法，不撤销登记行为。

HOW JUDGES THINK

尽管被诉土地登记行为存在程序违法的问题，但土地使用权已为第三人善意取得，故该案应判决确认被诉行政行为违法，而不应判决驳回原告的诉讼请求。

六、最终的处理结果

合议庭认为，本案一、二审判决尽管存在不应受理、对实体问题应当判决确认被诉行政行为违法、不应判决驳回原告的诉讼请求等问题，但是，该案已经进入申诉阶段，根据 B 公司与香港 K 公司签订的《资产有偿转让协议书》《清偿债务协议书》等材料，B 公司已于 2000 年 8 月将包括本案所涉土地在内的全部资产转让与 K 公司。根据《代扣代缴土地出让金协议书》《同意使用土地及厂房证明》《土地过户申请》《股东（发起人）对出资认可证明》、咸新会验字［2001］068 号《验资报告》、咸阳 W 能源有限公司《实收资本明细表》等证据材料，K 公司将 B 公司于 2000 年 8 月转让的全部资产作为入股资本，成为成立咸阳 W 能源有限公司的三个股东之一，其所拥有的股权及其收益仍归属于 K 公司。

1 《土地登记规则》第 67 条规定：“有下列情形之一的，土地管理部门可以作出暂缓登记的决定：（一）土地权属争议尚未解决的；（二）土地违法行为尚未处理或者正在处理的；（三）依法限制土地权利或者依法查封地上建筑物、其他附着物而限制土地权利的；（四）法律、法规规定暂缓登记的其他事项。”

HOW JUDGES THINK

由于上述资产转让及资本入股等民事行为均为真实意思表示，因而本案所涉土地登记行为对 B 公司的实体权益不会造成侵害。

B 公司的申请不符合 1989 年《行政诉讼法》第 63 条第 2 款[1]的规定，**决定不对该案立案再审。**

1　1989 年《行政诉讼法》第 63 条规定："人民法院院长对本院已经发生法律效力的判决、裁定，发现违反法律、法规规定认为需要再审的，应当提交审判委员会决定是否再审。上级人民法院对下级人民法院已经发生法律效力的判决、裁定，发现违反法律、法规规定的，有权提审或者指令下级人民法院再审。"2014 年《行政诉讼法》修改后，在第 92 条第 2 款中规定："最高人民法院对地方各级人民法院已经发生法律效力的判决、裁定，上级人民法院对下级人民法院已经发生法律效力的判决、裁定，发现有本法第九十一条规定情形之一，或者发现调解违反自愿原则或者调解书内容违法的，有权提审或者指令下级人民法院再审。"

隐藏的争议

——周某等 11 人诉榆林市工商行政管理局工商变更登记案

法官在审理行政案件中，时常遇到涉及民事争议的问题，有些原告只对行政行为提起诉讼，而未对民事争议提起诉讼。其主要原因有四：一是原告想利用行政诉讼，使其在民事诉讼中抢占有利位置；二是原告明知民事诉讼难以胜诉，试图通过行政诉讼达到民事诉讼难以达到的目的；三是因法院的行政诉讼收费低于民事诉讼收费，原告为少交诉讼费用；四是原告缺乏法律知识，不懂如何诉讼。因此，法官在办案时，发现行政、民事争议同时存在的，尽可能摸清原告的真实意图，查清其中隐藏的争议。法官不要跟着原告及其代理人的思路走，而是要紧紧围绕被诉行政行为的合法性进行审查，对与合法性审查无关的民事争议问题，一般不宜表态。若原告坚持不提起民事诉讼请求，在各方当事人愿意接受调解的情况下，可以就民事纠纷进行调解。调解达不成协议的，应对被诉行政行为的合法性作出判决，同时释明民事争议应通过其他途径解决。

周某等 11 人诉榆林市工商行政管理局变更登记申诉一案，最高人民法院于 2013 年 6 月立案，指定笔者担任本案的审判长，合议庭成员有李德申和耿宝建两位法官，法官助理金诚轩协助办理。笔者让法官助理金诚轩梳理案情时，特意嘱咐她，**要特别细致地梳理申诉人提交的全部材料，若有看不清楚的问题，需要调卷或者听证，并要及时向合议庭汇报。**

一、案情的梳理

金诚轩对本案梳理后，在第一次合议时，介绍了本案梳理后的基本情况：

申诉人（一审原告、二审上诉人）：周某、张某等 11 人。
被申诉人（一审被告、二审被上诉人）：榆林市工商行政管理局。
第三人（原审第三人、二审上诉人）：榆林市兴华林业开发有限公司。

1. 法院审理情况

陕西省榆林市榆阳区法院作出的一审行政判决认定：

1995 年 6 月 15 日，陕西省榆林林业学校（以下简称榆林林业学校）作出陕榆林校字（1995）11 号文件，拟设立名称为“榆林林校生态经济型林业研究中心”（以下简称林研中心）的实体，并向原榆林地区主管部门进行报批。同年 6 月 28 日，原榆林地区林业局作出榆地林便发（1995）28 号文件批复，同意该中心成立，并载明：“林研中心为林校内部民办公助股份科级事业性科研实体，由学校办理其他有关手续。”同年 7 月 15 日，原榆林地区科委亦作出榆地科发（1995）36 号文件批复，同意成立。至 1995 年 8 月间，林研中心拟出章程，载明：“本中心经济性质为全体股东集体所有制。”另外，约定由榆林林校向林研中心永久性划拨荒沙用地 200 亩，以及股东人数、股东权利与义务等内容。根据该中心最初的各股东报名表上来看，现参与本案诉讼的周某、赵某、刘某、王某、万某、张某、孟某等 11 人及林校其他干部职工共计 150 余人均报名入股。同年 8 月 28 日，榆林林校在该章程上签字盖章表示同意。其间，榆林林校曾发文任命周某为该中心主任。至 1995 年 9 月 4 日，经林研中心申报取得了由原榆林地区工商局核准颁布的 22393759 注册号企业法人营业执照，后经原榆林地区计委审批了该中心可行性研究报告后，原榆林市（现榆阳区）人民政府同时颁发了（1995）41 号、106 号国有土地使用权文件。41 号文件内容为将原由榆林林校使用的 200 亩国有土地收回；106 号文件内容是将收回的沙地划拨给林研中心使用。随后，林研中心取得了该地（95）第 20725 号国有土地使用证。2001 年 3 月 23 日，榆林林校与林研中心致函榆林市人民政府“贯彻两个决定领导小组办公室”（以下简称榆林市“两贯办”），便函中载明“林研中心应为民营科研实体，与榆林林校不存在挂靠和经济权属关系，将林研中心经济性质恢复为民营有限责任公司”内容的申报意见。同日，市政府“两贯办”作出榆市贯办字（2001）4号文件批复，该批复第2条载明：“同意林研中心转变性质，取消科级待遇，变集体所有为民有。”第3条载明：“该中心核准规范名称的同时组建新的有限责任公司，成为自我出资、自负盈亏、自我经营、自我发展的独立承担民事责任法人实体。”此间，榆林林校与林研中心之间以及林研中心内部各股东之间，曾因转型方式、股东利益、股权转让、收购以及印鉴办公场所设备管理使用等问题多次发生争执；本市纪检部门也曾因该中心存在土地利用、资金管理等问题进行查处；榆林市国土资源局也曾致函林研中心，商榷收回该中心现有125亩土地使用权等。2006年7月28日，通过收购拥有多数股权份额的林研中心股东王某在榆林金龙宾馆主持召开股东大会，讨论了该中心董事会、监事会人选，更换和确认股权等事项。但周某、赵某、刘某等并未参加该会，并对该会产生的讨论结果持有异议。2007年11月9日，王某持个人制作的内容为“免去周某林研中心主任，任命王某为林研中心主任”，并冠以“榆林林校发（2007）外法01号”文号的文件，于同年12月25日向榆林市工商局申报将林研中心法定代表人变更为其本人。2008年4月29日，王某持新组建公司的章程、公司改制审批手续、验资报告、股东名册、股东会议决议等相关材料文件，向市工商局申报，将林研中心变更登记为榆林市兴华林业开发有限公司（以下简称兴华公司）。2009年2月23日，周某等11人认为该变更登记侵犯了其财产权，向法院提起行政诉讼。

一审法院认为，根据《行政诉讼法》第32条（现行《行政诉讼法》第34条第1款）[1]和最高人民法院《关于执行〈中华人民共和国行政诉讼法〉若干问题的解释》（以下简称《若干解释》）第26条第1款以

1 因本案发生在行政诉讼法尚未修改之时，故本文中的行政诉讼法均指1989年《行政诉讼法》。

及最高人民法院《关于行政诉讼证据若干问题的规定》(以下简称《行政证据规定》第1条第1款[1]的规定，被告榆林市工商局于2009年3月9日收到本院送达原告的起诉状副本及应诉通知书后，应当在10日内向法院提供作出行政行为的证据及依据。但被告无任何正当理由于2009年5月31日才向法院逾期提供本案证据。因此，应视为被告榆林市工商局于2008年4月29日核准将榆林林校生态经济型林业开发研究中心企业名称变更登记为榆林市兴华林业开发有限公司的行政行为没有证据、依据。据此，原告周某等11人要求撤销被告榆林市工商局核准企业名称变更登记的行为，依法应予支持，但考虑到撤销该行政行为，将造成该企业无法主张其法律上的权益，故不宜撤销，依法确认违法为宜。依照《若干解释》第57条第2款第2项的规定，**判决如下：确认被告榆林市工商局于2008年4月29日将榆林林校生态经济型林业开发研究中心企业名称变更登记为榆林市兴华林业开发有限公司的行政行为违法。**

原告周某等11人和第三人兴华公司、万某等14人均不服一审判决，提起上诉。

榆林市中级人民法院作出的二审行政判决**认定的事实与一审判决相同**。该院认为，本案缘起榆林林校在创办实体过程中，因林研中心实体性质、结构转型以及股东内部意见分歧而产生的纠葛，后又因宏观政策调控和该实体在自身发展中需要整合规范经营，引起经营单位名称变更登记这一被诉行政行为的发生。上诉人周某等11人提出一审判决部分事实认定错误、适用法律有误、被告逾期举证和只认定被诉行政行为违法而不撤销变更登记的判决方式更属错误等上诉理由。经查，除了关于被诉行政机关举证超过期限的意见成立外，其他均无法律依据，不予采纳，至于维护人身财产权益之诉请，应另寻途径解决。

1 《行政证据规定》第1条第1款规定，被告对作出的具体行政行为负有举证责任，应当在收到起诉状副本之日起10日内向人民法院提供据以作出被诉具体行政行为的全部证据和所依据的规范性文件，并提出答辩状。被告不提供或者无正当理由逾期提供的，视为被诉具体行政行为没有相应的证据。

上诉人榆林市工商局提出，周某等人不享有诉讼主体资格、超过起诉期限并曾撤回起诉又以同一事实理由再提起诉讼属违法等上诉理由。经查，因其上述理由无确切法律为依据，不能成立。

上诉人兴华公司、万某等14人提出周某等人不是本案被诉行政行为的相对人，该案不属于人民法院受案范围和一审法院判决工商变更登记违法等上诉理由。经查亦无法律依据，不予采纳，其涉及股东内部权益纠纷方面之诉请，亦另行寻求解决途径。原审法院鉴于本案具体情况，作出较为适当的处理是正确的，故依法应予维持。**二审法院判决驳回上诉，维持原判。**

周某等11人仍不服，向陕西省高级人民法院申请再审。

陕西省高级人民法院对此案复查后，确认以下事实：1995年6月15日，榆林林校作出陕榆林校字（1995）11号文件，拟设立林研中心实体；同年6月28日、7月15日原榆林地区林业局、原榆林地区科委分别作出榆地林便发（1995）28号、榆地科发（1995）36号文件批复，同意成立林研中心。同年6月9日，榆林林校党总支作出陕榆林校字（1995）第8号决定，任命周某为林研中心主任。同年9月4日，经林研中心申报取得了由原榆林地区工商局核准颁发的22393759注册号企业法人营业执照，法定代表人为周某，经济性质为集体所有制，注册资金90万元。1995年11月9日，原榆林市（现榆阳区）政府以（1995）106号文件将200亩国有土地划拨给林研中心使用，林研中心依此取得（95）第20725号国有土地证。2006年7月28日，通过收购转让拥有多数股权份额的林研中心股东王某主持召开股东大会，讨论了林研中心董事会、监事会人选、更换和确认股权等事项，罢免了周某董事长职务，选举王某为董事长。2007年12月25日，王某向榆林市工商局申报将林研中心法定代表人变更为其本人时，出具了其个人制作的内容为“免去周某林研中心主任，任命王某为林研中心主任”，并冠以“榆林林校发（2007）外发01号”文号的文件。2008年4月29日，榆林市工商局依据变更后的林研中心法定代表人王某所提供的公司改制审批表、榆林市“两贯办”文件等，将林研中心变更登记为兴华公司，换发了注册号为612700000000021的企业法人营业执照，公司类型为有限责任公司。2009年2月23日，周某等11人以榆林市工商局将林研中心改制变更登记为兴华公司的行为违法，侵犯了自己的人身权和财产权为由，向人民法院提起行政诉讼，请求撤销被诉行政行为。诉讼中，被申请人榆林市工商局逾期向法院提供作出被诉行政行为的证据，根据《行政诉讼法》第32条和《若干解释》第26条第1款及《行政证据规定》第1条第1款的规定，被视为被诉行政行为没有证据和依据而确认违法。本案中，林研中心是榆林林校职工个人出资兴办，挂靠在榆林林校名下的名为集体实为民营的经济实体。2001年3月23日，榆林林校与林研中心分别向“两贯办”出具便函和《关于申请恢复林研中心民营有限责任公司性质的报告》，载明林研中心应为民营科研实体，与榆林林校不存在经济权属关系，要求将林研中心经济性质恢复为民营有限责任公司。同日，“两贯办”作出榆市贯办发字（2001）4号文件批复。该批复第2条载明：“同意林研中心转变所有性质，取消科级级别，摘掉红帽子，变集体所有为民有。”第3条载明：“同意林研中心在清理债权债务，核准规范名称的同时组建新的有限责任公司，成为自我出资、自负盈亏、自我经营、自我发展的独立承担民事责任的法人实体。”根据本案实际，不宜对被诉行政行为予以撤销，因为摘除企业红帽子是当时的国家政策，如将该公司恢复到原“假集体真民营”状态，显然与国家政策及省、市的贯彻决定相悖。再者，撤销该被诉行政行为，将使具有有限责任公司性质的兴华公司不复存在，企业又不能返回到已被纠正的“假集体真民营”企业性质的林研中心，从而造成该企业无法进行正常的生产经营和民事活动，无法主张其法律权益，这将极大地损害企业及广大股东的利益，引发更大的矛盾冲突。该被诉行政行为并未改变周某等11人作为企业股东的权利和义务，周某等11人诉称被诉行政行为侵犯了自己的人身权和财产权没有证据支持。故周某等11人要求撤销该被诉行政行为的理由，既损害企业和股东的权益，亦违反国家相关政策规定，也不符合法律规定的本意，陕西省高院依法不予支持。周某等11人所称企业改制中有关国有资产流失、股东内部权益纠纷等问题，应向有关部门反映，寻求解决。一、二审鉴于本案具体情况作出的适当处理并无不妥，依法应予维持。你们的申请再审理由缺乏事实和法律依据，陕西省高院不予支持。周某等11人的再审申请不符合《行政诉讼法》第63条（现行《行政诉讼法》第92条，具体措辞有变）及《若干解释》第72条规定的再审条件，根据该解释第74条的规定，**决定不予再审**。

2. 申诉人申诉理由

周某等11人仍不服，向最高人民法院申诉。

申诉主要理由如下：（1）市工商局的改制变更登记行为违法。①林研中心申请改制变更登记所提交材料，所盖印章已经作废，申请应无效。②王某是以伪造的林校党总支任免文件而取得林研中心法定代表人身份。申请书上所盖的公章是已被废止的公章。③工商局在与原挂靠单位签订的脱离经济关系协议书、国有资产管理部门或者清产核资机构出具的产权界定文件、具有法定资格的会计师事务所出具的审计报告等5类法定文件等申请材料缺失情况下给予的改制变更登记。④王某收购了其他股东的116股股份，但是并未依据林研中心的备案章程第40条所载的，股权变更需经“董事、监事联席会议三分之二通过”的规定，即王某的所收购股份并未依章程获得林研中心确认，侵犯了申诉人周某等股东的人身、财产权利。⑤根据《公司法》及其《公司登记管理条例》的规定，工商登记机关登记有限公司的情形只有两种：一种是初始设立登记，另一种是由股份公司变更登记为有限公司，不包括直接将集体企业变更登记为有限公司的情形，因此被诉的变更登记缺乏法律依据。（2）原审判决回应诉请片面，判决方式与法相悖。（3）遗漏诉请问题。周某等11人诉讼请求中撤销的是工商局违法将林研中心改制变更登记为兴华公司，既包括了对林研中心名称的变更，还包括了对林研中心经济性质、住所、经营范围、组织形式、股东等内容的变更登记。然而，二审判决仅确认名称变更登记违法，遗漏其他诉请。（4）判决方式错误。①被告逾期提供证据、依据，依法应撤销。一、二审判决认定市工商局无正当理由逾期提供证据的事实，但未依法判决撤销被诉的改制变更登记行为。②根据《若干解释》第57条第2款和第58条的规定，行政行为违法，但是因为“不具有可撤销的内容”和“撤销该行政行为将会给国家利益或者公共利益造成重大损失的”情形下，人民法院应当判决确认违法。一、二审判决认为，原告周某等11人诉请撤销被告榆林市工商局核准企业名称变更登记行为，依法应予支持，但因该行政行为的撤销将造成该企业无法主张其法律上的权益，不宜撤销，故判决确认违法，于法无据。因原审法院将违法改制变更登记应撤销而不撤销，仅仅予以确认违法的做法，使争议没有彻底解决，造成林研中心125亩的划拨土地出现了严重对峙的两家“主人”，导致价值几千万的苗圃，至今未卖出，面临枯死；苗圃数次不明火灾，损失惨重，出现双方械斗冲突，公安机关不得不出警平息；因补偿款给谁难以确定，市政道路建设被搁置。考虑到股东权益被严重侵害，国有资产被不法商人侵吞流失。**请求最高人民法院撤销被诉的改制变更登记行为。**

3. 合议庭初步合议情况

合议庭合议认为，因仅看了申诉人提供的证据材料，未看到其他证据材料，具体有以下问题不甚清楚：

一是争议的焦点问题。该案诉的是变更登记，原告究竟认为被诉变更登记侵犯了他们的股权提起诉讼，还是因股东之间存在股权争议，借变更登记之名影响到原告的股权利益，在没有阅卷的情况下，现在不好下结论。

二是被告逾期举证的问题。被告榆林市工商局逾期提供证据，根据《行政证据规定》第 1 条和第 9 条[1]的规定，被告无正当理由逾期提供证据的，一般应当以“主要证据不足”为由，判决撤销其作出的被诉行政登记行为。但是，被告有正当理由的，可以申请法院延期提供证据。本案被诉行政登记行为涉及第三人合法权益，第三人有权提供证据，法院也可以依职权要求当事人提供证据，也可依职权调取有关证据。后三种情况是否存在，现有材料未反映出来。

三是不清楚陕西省、榆林市有关部门对企业转制问题有何具体规定。

四是周某等 11 人的股权是否因变更登记被剥夺不甚明确。

五是不清楚被诉变更登记与国有资产流失有无关系。

基于上述原因，合议庭合议决定，出于慎重起见，在调卷审查后再决定如何处理。

---

1 《行政证据规定》第 1 条规定：“根据行政诉讼法第三十二条和第四十三条的规定，被告对作出的具体行政行为负有举证责任，应当在收到起诉状副本之日起十日内，提供据以作出被诉具体行政行为的全部证据和所依据的规范性文件。被告不提供或者无正当理由逾期提供证据的，视为被诉具体行政行为没有相应的证据。被告因不可抗力或者客观上不能控制的其他正当事由，不能在前款规定的期限内提供证据的，应当在收到起诉状副本之日起十日内向人民法院提出延期提供证据的书面申请。人民法院准许延期提供的，被告应当在正当事由消除后十日内提供证据。逾期提供的，视为被诉具体行政行为没有相应的证据。”第 9 条规定：“根据行政诉讼法第三十四条第一款的规定，人民法院有权要求当事人提供或者补充证据。对当事人无争议，但涉及国家利益、公共利益或者他人合法权益的事实，人民法院可以责令当事人提供或者补充有关证据。”

二、合法性的判断

调卷审查后，合议庭对当事人提出的程序和被诉变更登记的合法性等问题进行了全面审查。具体主要涉及以下几个方面的内容：

（一）是否符合起诉条件

在一审中，被告榆林市工商局和本案第三人兴华公司认为，周某等11人不具有原告资格。

> 其理由如下：（1）周某等人不是改制变更登记行为的行政相对人，股东无权起诉法人的变更登记行为。有关股权争议问题应当通过民事诉讼程序予以解决。（2）周某等人不是国有资产被“不法商人”侵吞的被侵害人，也未经这些国有部门授权追回国有资产，因此不具有代为主张权利的资格。（3）周某等人的股份数额在股东名册上清楚记载，不存在股份被7人侵吞的事实，因此周某等人的股东权利未受到实际影响。（4）被告榆林市工商局认为，原告存在自愿撤诉后又以同一事实和理由再次起诉的情形，依据《若干解释》第36条的规定，人民法院应不予受理。（5）依据1989年《行政诉讼法》第39条[1]的规定，公民、法人或者其他组织直接向人民法院提起诉讼的，应当在知道作出行政行为之日起3个月内提出。本案变更登记作出时间为2008年4月29日，周某等人未提起复议，直到同年8月才提起变更登记诉讼，已过3个月，法院应依法驳回起诉。

根据案卷材料中的证据，合议庭合议后认为，周某等11人的起诉符合起诉条件，被告榆林市工商局和第三人兴华公司的质疑不能成立。其理由如下：

（1）周某等人是否具有原告资格的问题。**起诉属于主观诉讼，即起诉人只要与被诉行政行为之间具有利害关系，认为其权利受到侵害，就具有原告资格。无须证明被诉行政行为是否真的侵害其权利**。原告周某等人称，他们在得知林研

---

1 对应条款为现行《行政诉讼法》第46条第1款，将原来的“三个月”修改为“六个月”。

中心名称变更后，向工商局查询档案时，仅发现申请材料中的股东名录以及章程记录7名股东股份情况，未发现立案后被告逾期提交的记载54名股东情况的股东名册。因此，周某等人起诉时认为，其股东权利具有受到实际影响的可能性。据此，周某等人与被诉变更登记之间具有利害关系，也就意味着，他们具有原告资格。

（2）关于是否重复起诉的问题。2012年8月9日，陕西省高院承办法官与原一、二审法院的座谈会记录中载明“本案是第二次起诉，第一次把人告错了，他们发现后自己撤诉，更改诉状后又进行了这次诉讼。”《若干解释》第23条第1款规定：“原告所起诉的被告不适格，人民法院应当告知原告变更被告；原告不同意变更的，裁定驳回起诉。”参照该款的规定，对原告起诉列错第三人的，法院应当告知原告变更第三人，而不应准许撤诉。在第二次起诉时，法院发现原裁定错误的，应当通过审判监督程序撤销原裁定，而后受理本案件。一审法院未按照有关程序规定处理，这一错误是由一审法院造成的，其后果不应让原告承担，加之现已进入申诉阶段，故不应当在此问题上纠缠。

（3）关于是否超过起诉期限的问题。《若干解释》第41条第1款规定：“行政机关作出具体行政行为时，未告知公民、法人或者其他组织诉权或者起诉期限的，起诉期限从公民、法人或者其他组织知道或者应当知道诉权或者起诉期限之日起计算，但从知道或者应当知道具体行政行为内容之日起最长不得超过2年。”周某等人不是变更登记的申请人，榆林市工商局作出变更登记行为后，未告知周某等人变更登记的内容及起诉期限，因此，起诉期限应当从应当知道起诉期限之日起计算。最长期限不得超过作出被诉行政行为之日起2年。周某等人称，他们到榆林市工商局查询档案时，才知道被诉变更登记行为的内容，且被告未告知起诉期限，当他们知道可以向法院提起行政诉讼后，很快就向法院提起诉讼。被告榆林市工商局和第三人兴华公司，对此说法没有反驳。据此，被告和第三人称，周某等人超过起诉期限起诉的理由不能成立。

（二）事实中的争议

当事人对原审法院判决认定的事实中，有以下三个问题存在争议：

1. 关于公章问题

申诉人申诉中称，变更登记申请书上所盖的公章是已被废止的公章。被告榆林市工商局答辩认为，尽管林研中心的名称已于 2001 年 3 月 23 日摘掉“陕西省”字样，但是在之后的年检中都是用带“陕西省”字样的公章且有周某签章认可；包括王某申请变更登记，申请企业名称和公章都是带“陕西省”字样的，说明林研中心一直在用“陕西省榆林林校生态经济型林业研究中心”的名称和公章，并出示了 2000~2004 年的年检报告中的印鉴式样证明。

合议庭认为，虽然林研中心在 2001 年已经摘掉“陕西省”字样，企业名称变更为“榆林林校生态经济型林业开发公司”，但是，2000~2004 年的企业法人年检报告书（2001 年名称变更前后），两个名称一直在混用，比如 2000 年以及 2001 年名称变更之后，年检报告书上的企业名称一直填为“榆林林校生态经济型林业开发公司”，而旁边的公章一直为“陕西省榆林林校生态经济型林业开发公司”，并都得到周某的签章认可，说明原章一直在用。两个名称混用的情况是由于林研中心管理不善、榆林市工商局年检审查不严造成的，从而影响到本案变更登记的形式审查。从这一点上讲，林研中心和榆林市工商局均具有一定的责任。

2. 关于法定代表人身份问题

申诉人称王某不是原林研中心法人代表。经查，王某变更登记为法定代表人身份的日期是 2007 年 12 月 25 日，榆林市工商局作出变更登记的日期是 2008 年 4 月 29 日，而周某等人提起法定代表人变更之诉的时间为 2008 年 8 月 5 日。从时间上推算，榆林市工商局作出变更登记之时，法定代表人之诉尚未发生，其审查已尽形式审查的审慎职责。

3. 关于股东权利是否受到侵害问题

被告提交的变更登记材料的股东名册及原审庭审笔录中均反映出，王某方为了规避《公司法》中“有限公司股东不得超过50人”的规定，提交由7人代表股东，每个代表股东后面附有其所代表股东的名单。附后的名册与原林研中心股东名单一致，周某等11人都附在7个代表股东的名册之中。这也就意味着，周某等人的股权并未变更。根据上述证据，王某等7人通过改制变更吞并他人股份的事实不成立。

（三）变更登记的法律适用

林研中心是由榆林林校内部职工入股组建的经济实体。其章程中规定了股东人数、股东权利与义务等内容。周某、赵某、刘某、王某、万某、张某、孟某等人及榆林林校其他干部职工150余人为股东。政府划拨荒沙用地200亩由林研中心使用，原榆林地区林业局批复同意该中心成立，并明确林研中心为榆林林校内部民办公助股份科级事业性科研实体，由学校办理其他有关手续。企业性质应属于榆林林校内部民办公助的股份制企业。也就是我们常说的“红帽子”企业。由于历史原因，林研中心成立不符合现行法律、法规规定的要求，为规范企业登记，陕西省人民政府办公厅转发了《陕西省工商行政管理局关于企业转制中私营企业登记注册有关问题意见的通知》（以下简称《转制意见》）。该通知第6条规定，名为全民、集体企业，实为个人全额投资的企业，可按自愿的原则，明晰产权关系，恢复私营性质。“两贯办”作出批复，同意林研中心转变所有性质，取消科级级别，摘掉“红帽子”，变集体所有为民有；同意林研中心在清理债权债务、核准规范名称的同时组建新的有限责任公司，成为自我出资、自负盈亏、自我经营、自我发展的独立承担民事责任的法人实体。

本案的被诉变更登记行为是依据《转制意见》，落实“两贯办”批复作出的。

《转制意见》第6条规定，名为全民、集体企业，实为个人全额投资的企业，可按自愿的原则，明晰产权关系，恢复私营性质。申请恢复为私营性质企业的，应向登记注册机关提供以下文件：企业办理重新登记注册或变更登记申请书，与原挂靠单位签订的脱离经济关系协议书（协议书应明确资产的归属，债权债务和税收的清算与承担的责任），国有资产管理部门或清产核资机构出具的产权界定文件，具有法定资格的会计师事务所出具的审计报告，企业注销登记证明和登记注册机关需要提供的其他文件。周某等人认为，申请人申请变更登记时，未提供与原挂靠单位签订的脱离经济关系协议书（协议书应明确资产归属，债权债务和税收的清算与承担的责任），国有资产管理部门或者清产核资机构出具的产权界定文件、具有法定资格的会计师事务所出具的审计报告等5类文件，故被诉变更登记明显违法。

榆林林校向榆林市"两贯办"提供的便函载明："陕西省榆林林业学校生态经济型林业开发研究中心属1995年设立的由我校部分职工全额集资的，具有独立法人资格的民营科研实体，榆林林校仅为有关部门要求的挂靠单位，没有经济权属联系。"榆林市工商局等据此认为，被诉变更登记，无须依据陕西省工商局《转制意见》第6条的规定，另行提交脱离经济关系协议书和产权界定文件等材料；只需按照《企业法人登记管理条例》（以下简称《条例》）第17条，《企业法人登记管理条例施行细则》（以下简称《细则》）第38条和《公司登记管理条例》（以下简称《公司条例》）第20条的规定提交申请材料即可。

本案被诉变更登记行为直接适用规章以下的规范性文件——《转制意见》，因此就要审查《转制意见》与其上位法的规定是否存在抵触的问题。

《转制意见》的上位法有《条例》《细则》《公司条例》。《条例》第17条规定："企业法人改变名称、住所、经营场所、法定代表人、经济性质、经营范围、经营方式、注册资金、经营期限，以及增设或者撤销分支机构，应当申请办理变更登记。"《细则》第38条规定："企业法人根据规定，申请变更登记时，应提交下列文件、证件：（一）法定代表人签署的变更登记申请书；（二）原主管部门审查同意的文件；（三）其他有关文件、证件。”《公司条例》第 20 条第 2 款规定：“申请设立有限责任公司，应当向公司登记机关提交下列文件：……（九）国家工商管理总局规定要求提交的其他文件。”

《细则》是对《条例》的细化，《细则》第 38 条第 3 项的规定，又给了陕西省工商局根据实际情况，细化的空间。根据《公司条例》第 20 条第 2 款第 9 项的规定，国家工商行政管理总局可以规定要求公司登记提交的其他文件。《国家工商行政管理局关于私营企业登记管理工作中有关问题的通知》（以下简称《通知》）第 4 条规定，国有小企业出售后，办理变更登记或重新登记时，申请人除了应提交登记管理法规要求的文件外，还必须提交下列文件：（1）有审批权限的人民政府或其授权部门的批准文件和企业改制方案，以及企业职工代表大会或者职工大会同意改制方案的意见；（2）具有法定资格的评估机构出具的企业资产（包括无形资产）、土地使用权的评估报告和国有资产管理部门出具的产权界定、转让的确认文件；（3）企业转让协议书和按照协议办理资产交割及付款手续的证明文件；中国人民银行或其派出机构认可的债权金融机构出具的金融债权保全证明文件。第 5 条规定，变更登记或重新登记的企业要求使用原企业名称，按企业名称登记管理的有关规定办理。原企业名称中有与原主管部门隶属关系的字样，不得继续使用，应办理原企业名称的变更登记或者新企业名称的核准登记。改为合伙企业、个人独资企业的名称中，不得使用“有限”、“有限责任”或者“公司”字样。第 9 条规定，集体企业改为私营企业的登记管理，参照本意见的有关规定执行。《转制意见》第 6 条是对《条例》《细则》的相关规定的细化，符合企业转制变更登记提交材料的要求，亦符合《公司条例》第 20 条第 2 款第 9 项及《通知》的相关规定。

榆林市两贯办（2001）第 4 号文件认定，林研中心属“红帽子”企业，同意转制变集体为民有，同时要求林研中心在理清债权债务，核准规范名称的同时组建新的有限公司。本案的变更登记申请涉及改制，即由集体变民有，且原集体性质的股份企业转制为民有股份制有限公司。因此，该案变更登记提供材料的问题，应适用《公司条例》和《转制意见》及《通知》的相关规定。榆林市工商局等认为只需适用上位法的原则规定，无须适用《转制意见》的规定是不正确的。

（四）原审裁判是否有误

1. 二审判决是否遗漏诉讼请求

周某等人的诉讼请求是撤销工商局违法将林研中心变更登记为兴华公司的行政行为，既包括了对林研中心名称的变更，还包括了对林研中心经济性质、住所、经营范围、组织形式、股东等内容的变更登记。被诉变更登记中，仅变更了林研中心的名称，其他事项基本与原企业登记相同。前面已查清被诉变更登记不存在侵犯周某等人的股权问题。二审判决仅确认名称变更登记违法，不存在遗漏其他诉请问题。周某等人提出二审判决的遗漏诉讼请求的问题不存在。

2. 确认违法判决是否有误

申诉人认为，本案应判决撤销而不应确认违法。此问题涉及是否逾期提供证据和判决确认违法是否有误两个方面的问题。

（1）逾期举证应否视为无证据判决撤销

在与陕西省高级人民法院承办本案的同志沟通中，他告诉我们，一审被告称，当时他们接到起诉书副本后，与一审承办法官进行了联系。该法官说他在北京学习，等他回来时向法院提交证据材料。所以被告提交证据时超过了起诉期限。该法官却说，他当时告诉榆林市工商局的同志，直接向法院提交证据。从双方的陈述来看，都承认有关提交证据的时间问题是通过电话沟通。但内容大相径庭，因无法取得通话内容，所以难以辨别真假，同时也可能存在误解。因问题出在法院通知行为不规范，故不应过于追究被告逾期提供证据的责任。此外，《最高人民法院关于审理行政许可案件若干问题的规定》第8条规定，被告不提供或者无正当理由逾期提供证据的，与被诉行政许可行为有利害关系的第三人可以向人民法院提供；第三人对无法提供的证据，可以申请人民法院调取；人民法院在当事人无争议，但涉及国家利益、公共利益或者他人合法权益的情况下，也可以依职权调取证据。第三人提供或者人民法院调取的证据能够证明行政许可行为合法的，人民法院应当判决驳回原告的诉讼请求。本案被诉变更登记属于行政许可中的一种类型，涉及第三人的利益，第三人可以提供证据，也可以要求法院调取证据。本案在交换证据时，被告已提交了相关证据，再让第三人提供同样的相关证据或请求法院调取证据已无必要。案卷中这两个问题的相关材料都存在，并是在变更登记之前取得的，原告在一、二审中对这些证据未提出异议。**合议庭认为，此种情况不宜在被告逾期提供证据问题上纠缠，也不宜视为被诉行政行为没有证据和依据，故不能以主要证据不足为由，判决撤销被诉变更登记。**

（2）判决确认违法是否适当

《若干解释》第58条规定："被诉具体行政行为违法，但撤销该具体行政行为将会给国家利益或者公共利益造成重大损失的，人民法院应当作出确认被诉具体行政行为违法的判决，并责令被诉行政机关采取相应的补救措施；造成损害的，依法判决承担赔偿责任。"申诉人周某等人称，"不宜撤销"不属于该条中"不具有撤销的内容"，也不属于"社会公益或者国家利益造成重大损失"的情形，应作出撤销判决，而不应判决确认违法。撤销判决就意味着，恢复到变更登记之前的状态，即恢复到原"红帽子"企业的状态，恢复原林业中心名称、周某担任法定代表人和170个股东的责、权、利按照原章程记载的原始状态。但**合议庭认为，撤销判决存在以下问题：第一，周某等人股东权益未受损，王某等7人通过设立公司吞并他人股权的起诉理由与事实不符。第二，周某等人只占有12%的股份，若撤销兴华公司，按照国家政策又不能恢复到"红帽子"企业，企业的正常经营就难以为继，将会使少数股东主张损害大多数股东的利益，判决撤销会导致负面影响太大。第三，**根据《公司法》第37条、第38条、第39条、第43条的规定，有限责任公司股东会由全体股东组成。股东会是公司的权力机构，股东会具有选举和更换非由职工代表担任的董事、监事，决定有关董事、监事的报酬等事项的职权。首次股东会会议由出资最多的股东召集和主持。股东会会议由股东按照出资比例行使表决权。周某不是由股东选举产生的董事长，而是由榆林林校任命为林研中心董事长，不符合《公司法》的相关规定，改制后变为有限公司，应当通过股东会选举产生董事、董事长。目前，**在股权争议尚未解决、股东身份以及股东出资比例难以确定的情况下，恢复周某董事长职务与《公司法》相关规定不符。第四，**《公务员法》第 106 条规定："法律、法规授权的具有公共事务管理职能的事业单位中除工勤人员以外的工作人员，经批准参照本法进行管理。"《公务员法实施细则》第 53 条第 14 项规定，公务员不得从事或者参与营利性活动，在企业或者其他营利性组织中兼任职务。**榆林林校属于法律、法规授权的具有公共事务管理职能的事业单位，周某当时还担任榆林林校党委副书记，应当参照《公务员法》的规定进行管理，周某若继续在企业兼职有悖上述规定。**第二、三、四点说明，此种情况确实属于不宜撤销的情形。**第五，判决撤销后将会导致企业内部股东纠纷不断，企业陷入瘫痪。**现在企业因股份收购导致股权纠纷重重，如果再撤销，恢复原始状态，只会让股权归属问题乱上加乱。榆林市政府已拟定收回林研中心所使用的土地，进行公共设施建设。如果企业内部纠纷长期无法解决，将会影响公共设施建设的进度。从这个角度看，判决撤销会给公共利益造成重大的损失。综上，**二审判决确认被诉变更登记违法并无不当。**

三、隐藏的争议

从卷宗中的证据可以证实，1995 年林研中心刚成立时，注册资本 90 万元，吸收股金 34.44 万元。榆林市政府划拨林研中心 200 亩荒沙地供研究、教学使用，该中心未缴纳土地出让金。周某任法人代表时（2000 年），经当时区行政公署批准，转让其中 75 亩土地使用权，获得收入 225 万元和补偿土地植被款 153.75 万元。林研中心将这两笔钱转增实收资本，弥补注册资金不足，缓解发展资金困乏的问题。此后，周某提起过引入社会资本或出售股份的动议。王某得知后，未经林研中心董事会批准，借机以每股 9 万元的价格收购了 116 股，收购后转让给尤某。

王某本身拥有 1 股，所以王某方共有 117 股。当时林研中心董事中没有人出面制止，也未公开提出反对意见。林研中心原本就是带“红帽子”的股份企业，原股共计 170 股，虽未经董事会或股东大会批准，有 116 股持有人将自己的股权自愿转让给王，加上王某自身 1 股，合计 117 股，占总股份中的 68.82%，也就意味半数以上股东认可转让股权，此转让虽与章程有悖，但属多数股权持有人的意愿，不宜认定无效。后因传闻，政府将以每股 10 万元价格收购，关于转让股权出现三种情况：一是已出售股权中有 45 股持有人反悔，但未将转股款退还王某。二是周某等人的诉讼代理人武律师收购已出售股权中的 26 股（即一股二卖）。三是 30 股持有人既未出售股份，也未表示支持周某方诉请，处在观望中。

榆林市中级人民法院和陕西省高级人民法院两次调解笔录反映出，各方有关股权争议主要有三个方面：**一是各方对各自持股数额认识不一**。王某方认为，本方持有 117 股；周某方认为，支持自己方的 23 股、反悔的 45 股以及武律师二次收购的 26 股，合计 94 股均属于自己方；观望者持有 30 股无争议。**二是转制后的公司由任何一方出任法人代表都会引起较大争议**。王某方坚持由本方人士出任转制后公司的法人代表；周某方坚持让周某或本方人士担任法人代表。**三是若转让股权，在每股的收购价格上分歧会很大。**

HOW JUDGES THINK

综上，本案争议的实质是股权纠纷问题，原告仅提出撤销被诉变更登记的诉请，未对股权确权问题提出诉请，是原告有意隐藏股权确权的诉请。股权争议属于民事争议的性质，根据有关民事诉讼法的规定，可以提起民事诉讼，而行政诉讼无法解决股权纠纷。根据以往的审判中反映出这类问题的原因，主要有四种：一是原告想利用行政诉讼，使其在民事诉讼中抢占有利位置；二是原告明知民事诉讼难以胜诉，试图通过行政诉讼达到民事诉讼难以达到的目的；三是因法院的行政诉讼收费低于民事诉讼，原告为少交诉讼费用；

四是原告缺乏法律知识，不懂如何诉讼。因此，法官在办案时，发现行政、民事争议同时存在的，应尽可能摸清原告的真实意图，查清其中隐藏的争议。法官不要跟着原告及其代理人的思路走，而要紧紧围绕被诉行政行为的合法性进行审查，对与合法性审查无关的民事争议问题，一般不宜表态。若原告坚持不提起民事诉讼请求，在各方当事人愿意接受调解的情况下，可以就民事纠纷进行调解。调解达不成协议的，应对被诉行政行为的合法性作出判决，同时释明民事争议应通过其他途径解决。

有关国有资产流失问题，根据卷宗证据分析有可能存在，此问题应当由榆林市国资委或审计局查处。原告提出转制企业性质存在国有资产流失问题，是以此作为否定被诉变更登记合法性的一个噱头。周某代理人武律师从事民事诉讼代理活动 20 余年，对股权纠纷应当通过何种程序解决心知肚明。周某方不提起民事诉讼，坚持只进行行政诉讼。这是因为从卷宗中的证据反映出来的情况看，周某方若提起民事诉讼，最终难以达到他们预期的目标，所以另辟蹊径提起行政诉讼。榆林市中级人民法院和陕西省高级人民法院对本案的股权纠纷进行过两次调解，但因各方分歧太大，未达成协议。榆林市中级人民法院作出的二审判决和陕西省高级人民法院作出的驳回申请再审通知书中都明确指出，周某等人所称企业改制中有关国有资产流失、股东内部权益纠纷等问题，应向有关部门反映寻求解决。

合议庭认为，申诉人的申诉请求及理由不能成立，二审判决和驳回申请再审通知书并无不妥。为实质性化解纠纷，尽快平息争议，有利于企业的发展，如果股权争议各方当事人同意调解，榆林市政府、工商局、国资委等单位愿意配合，可以由最高人民法院就相关股权纠纷进行调解。

后经询问，各方当事人同意由最高人民法院就股权纠纷问题调解，榆林市政府、工商局、国资委表示愿意配合。

四、艰难的调解

（一）调解前的准备工作

HOW JUDGES THINK

调解实际上就是通过指出各方当事人存在的问题，让各方当事人在不违反法律的规定，不损害国家利益、公共利益和他人合法权益的前提下，做出让步或者妥协达成调解协议。因此理出各方股权争议当事人存在的问题，以便在调解过程中适时向当事人指出，有利于促使各方当事人达成和解协议，即使调解不成也为之后相关机关处理股权争议铺平道路。因此，合议庭在制定调解方案时，专门找出各方当事人存在的问题。

1. 周某方存在的问题

周某方存在的问题主要有：（1）林研中心在变更登记前，就已经营困难，出售 75 亩土地缓解财政危机。此后提出过吸引社会资本或出售股份的动议。（2）林研中心取得 75 亩的土地使用权，是政府相关部门无偿划拨的，其出售土地使用权转让的转让费应当属于国有资产，不属于林研中心股权人的资产。（3）周某的诉讼代理人武律师收购已出售股权中的 26 股，武律师认为王某未经董事批准收购股权违法，其收购行为也未经董事会批准亦属违法。（4）已出售股权中事后反悔的 45 股持有人，当时是在自愿的情况下转让给王某，领取了全部股权转让费并将股权证书交给了王某，至今也未提出将已领取的股权收购款返还王某。

其行为有悖于民法中的诚实守信原则。（5）股权纠纷应通过民事诉讼途径解决，在行政诉讼中难以解决，二审判决和驳回申请再审通知书中均明确告知应当通过民事诉讼寻求解决，但其至今未提起民事诉讼。

2. 王某方存在的问题

王某方存在的问题主要有:（1)王某未经林研中心董事会批准，擅自收购股权，有违林研中心章程。（2）王某出具了其个人制作的内容为“免去周某林研中心主任，任命王某为林研中心主任”，并冠以“榆林林校发（2007）外发 01 号”文号的文件属违纪行为，榆林市纪委为此给予王某党内严重警告处分。（3）通过收购转让股权，从而拥有多数股权份额的林研中心股东王某主持召开股东大会，讨论了林研中心董事会、监事会人员选举、更换和确认股权等事项，罢免了周某董事长职务，选举王某为董事长的做法不妥。（4）林研中心的资产转制前后均未进行审计评估，资产总值、每股价值均不明晰。（5）改制后的公司是否存在侵占国有资产问题有待查清。

从榆林市中级人民法院和陕西省高级人民法院的调解笔录中，可以反映出观望者渴望提高股权的价值，但无明确的请求。也就是说，他们会根据各方提出的方案进行权衡，选择对他们最有利的方案。

股权争议与该企业资产总值有着密切的关系，但因此事实与被诉变更登记的合法性不具关联关系，故榆林市中级人民法院和陕西省高级人民法院对此问题未进行审查，对此问题的具体情况，他们也清楚。最高人民法院若进行调解必须将该企业的资产数量搞清楚。

合议后，合议庭通过电话告知榆林市中级人民法院，让该院代最高人民法院通知股权争议的各方当事人尽快拟好各自的调解方案，然后告知最高人民法院。

（二）一波三折的调解

笔者一行人到达榆林市后，当天下午与陕西省高级人民法院行政庭庭长、二审承办人及榆林市中级人民法院行政庭庭长进行了沟通。笔者将合议庭的审理情况作了介绍，他们基本同意合议庭的意见。他们建议，转制后的公司最好由尤某收购，因尤某是房地产商人、资本雄厚，有能力收购，且具有一定经营企业的能力，对企业的发展有益。周某方虽也提出过收购，但周某是属于公务员管理的事业单位干部，其工资收入不高，林研中心经营状况不佳，也不会在林研中心领取较高的薪水，他本人不可能提供巨额资金收购该公司。武律师经济收入较高，但在短时间内也难以拿出这么多的钱，其他人都是榆林林校职工亦不可能拿出很多线，因此由周某方收购的可能性不大。由于王某方与周某方闹得不可开交，联合经营可能性也不大。关键的问题是，有关股权份额的计算和收购每股价格能否协商一致。第二天调解前，榆林市政府工作人员给我们送交了榆林市人民政府 2013 年 10 月 12 日作出的 Y 政发［2013］80 号《关于收回国有土地使用权决定的公告》。该公告决定将登记在林研中心名下的两宗共计 125.16 亩国有划拨土地使用权依法收回。

各方当事人对这次调解非常重视，参加人中有：申诉人周某、张某及其代理律师，被申诉人榆林市工商局注册局局长刘秋某及其代理律师，第三人尤某、王某及其代理律师，第三人股东代表万某，第三人刘某及其代理律师；第三人榆林林校正县级研究员白某、党办主任孟某。调解开始前，我们首先再次询问股权争议的各方当事人愿意不愿意接受调解。他们一致表示愿意通过调解的方式解决这场争议。榆林市工商局表态愿意配合，并转达榆林市政府将会积极配合最高人民法院解决这场纠纷的意愿。

1. 核实相关事实

正式调解开始后，首先核实二审判决认定的事实。各方当事人基本认可。我们又对申诉状中提出的有争议的事实，进行了质证，质证结果印证了审查报告中认定的事实。此后，我们便开始核查股权份额和林研中心在改制前及现在总资产情况。股权争议各方对股权份额的说法与前两次调解时的说法完全一致，未形成共识。对企业总资产情况各方反映的情况相去甚远。

周某称：资产统计共有九项：（1）账内现金 232 万元；（2）125 亩苗圃土地及相关设施的补偿费不低于 2200 万元；（3）2008 年住建局的苗木补偿费 109 万元；（4）2013 年政府收回全部土地后的苗木补偿约 4900 万元；（5）2012 年调整给林校土地上林木 3.58 亩，1.5 米以上 6451 株，2 米以上 15052 株，每株 150 元，合计 296.74 万元；（6）为林校治理荒沙 14.98 亩，与林校议定 191.74 万元；（7）王某卖苗 4.5 万元。以上七项合计 7931.5699 万元。具有财产价值但不确定的有两项：（1）在昌汗界代征自备用地 317.4 亩，政府承诺办理用地手续 317.4 亩乘以 20 万元，计 6438 万元；（2）2006 年收地方案公布后，林研中心曾提出补批办公经营用地 15 亩，每亩净值 240 万元。债务方面 725 万元。

笔者问周某，具有财产价值但不确定的两项，有无榆林市政府的书面承诺，有何证据能够证明政府承诺已定。周某表示没有书面决定，未提交任何能够证明承诺存在的证据。

王某称：他们找过会计师和林业专家，有形资产不超过 1000 万元。尤某补充说，225 万元卖地款从来都没有见过，现在到底流失到哪里，其并不知道。账面上，改制前补偿苗木价值多少钱也不知道。他们现在一直都是负债经营。王某和尤某均表示代征自备用地好像有这回事。

其他股权争议人对企业总资产问题不发表意见。

HOW JUDGES THINK

我们对周某所说的资产项目和总数，总觉得不靠谱。从林研中心的注册资金、实际集资情况和经营状况，能看得见的资产也就是苗木。于是，我们就到120多亩苗圃实地核查，发现绝大多数的苗木在2米以上，少部分在1.5米以下。在核实资产中，周某说过，苗木越高越大价格越高。但走进一看，在一平方米见方范围内，有4~5棵松树苗。笔者在插队时种过松树，当时公社技术员告诉我们，松树必须带根才能成活，选树苗时，要选树冠与带土根部相当的，才容易活，小于带土根部太多的，很难活。如果树大苗密，移栽肯定要伤害树苗的根系，成活率不会高。

为了减少干扰，笔者有意甩开跟来的人，一个人在苗圃内仔细观察和拍照，无意中发现看苗圃的工人。

笔者问他："松树苗子大的价格高，还是小的价格高。"

他说："超过1.5米松树苗不好活，卖不上价格，1.2米左右的松树苗好活，价格也高。"

笔者又问："这一片松树苗能卖多少钱？"

他说："如果都在1.2米左右的，可以卖到2000万元左右。现在要在市场上卖顶多卖到800万元。"

回去后，有关120多亩松树苗价值的问题，笔者也问了转股反悔和观望者中的一些还在林校工作的职工。

开始他们都说能卖到3000万元左右。

笔者又问："树苗都2米多高，移栽后好活吗？"

他们都说："不好活。"

笔者接着说："不好活，价格能高么？在市场上能究竟卖多少钱？"

他们不好意思地说："也就 800 万元吧。"

有关企业资产数量的问题，在与陕西省高级人民法院和榆林市中级人民法院的沟通中，他们告诉我，该企业的资产主要由树苗和土地植被补偿款两部分构成。他们转让 75 亩土地时，政府给了土地植被补偿款 153.75 万元，每亩 2 万多元。按照这个标准计算，125 亩土地植被补偿款应在 250 万 ~300 万元之间。现在已过去近 13 年，补偿标准应当有所提高，加上修建的灌溉渠道等，大约在 1500 万元左右。至于树苗价值，他们就说不准了。现在主要是因为房地产热，股权争议的各方当事人都是想在征收中获得更多的利益。尤某是房地产开发商，其家族在榆林地区房地产业很有实力。他的主要目的是想以此获得更多的土地开发资源。通过摸底，我们对该企业的总资产大约有了个底。

HOW JUDGES THINK

案件要办得扎实，要让当事人心服口服，就必须摸清涉及有关当事人权益事实的细节，只有摸清具体的细节，掌握有力的证据，才能对当事人信口开河的言论予以驳斥，让他们无话可说，他们才能对法官信服。有些人尽管嘴上不说，但心里是服气的。办案最怕大而化之，一谈到具体问题说不出要点。当事人不可能信服这样的法官，甚至觉得好糊弄。因此，办案中涉及当事人权益问题，一定要想办法弄清楚，特别是有关细节的问题。对当事人所说的不符合实际的话，一定要拿出有力的证据来，或者用当事人所说的漏洞予以戳穿。把握准的法官，有时只需要点出一两句话，就可以让当事人不敢再继续胡编。

2. 第一轮协调

周某方第一次提出的方案是：对林研中心进行清产核资，等产权界定出来后，对属于国家资产的 225 万元进行剥离，再与榆林林校签订脱离关系协议书，而后林研中心一分为二，保留兴华公司，再设一个公司。

王某方不同意分立为两个公司的意见。理由是，现在各方所占股权比例和企业总资产还处于不完全确定的状态，等政府的补偿款和后续政策到位，股东会作出决定后，一分为二才有可能。但现在股权比例没有确定，总资产还不确定就无法一分为二。他们提出的方案如下：周某提出总资产可计算的近 8000 万元，王某方 117 股，占股份的 68.8%，仅以此计算股值为 5458 万元。周某方出 5000 万元，可将王某方的 117 股全部拿走，或我方出 1000 万元，将周某方的股份一次性买断。

观望者们不同意周某方第一次提出的方案，对王某方提出的方案未表态。周某方也不接受王某方提出的方案。

因主要争议的两方提出的方案都不能接受，我们又分别与股权争议的各方代表单独进行了谈话。

我们在与周某方谈话中，该方又提出两个方案：第一方案，周某方出售价为 3700 万元，收购价为 3500 万元。第二方案，按照净资产的百分之百来计算，如果双方在这上面达不成协议，可以按照净资产的 90% 或者 85% 的进行计算，周某方可按 94 股（94 股包括：23 人在开会意见上签了字，45 人有谈话记录，26 人拿过钱）计算。两个方案均可在 10% 的幅度内浮动。

金法官问："还有 30 股未表示支持你们的，他们这 30 股如何处置？"

周某说："我们买断的出价中不包括未表态的 30 股。"

武律师补充："如果第一种方案能够解决，我们就不考虑第二种方案了。

我们就是打包解决。”

我们与王某方谈话中，尤某提出两个方案：一是给王某方 4000 万元，王某方便退出。二是已出售要求退股的一律补 9 万元。未出售的如果愿意转给王某方的，一律按照每股 18 万元收购。

我们与观望者代表谈话时，他们不同意周某方提出的两个方案，对尤某提出的第一个方案未直接否定，只是说周某方没有能力经营，跟他们走不放心。赞同尤某提出的第二个方案。

HOW JUDGES THINK

诉讼当事人在对待自己的利益上，多数都愿意追求利益的最大化。因此，在第一次协调中，各方当事人互探对方虚实，以便在下一步抢占有利地位。法官也只是摸摸各自的底牌，通过各方当事人所报的方案，从中了解对方的最大期望值及可以回旋的余地，以便确定下一轮调解的方案。

因此，在第一轮谈话后，我们分别指出各方存在的问题，将各方提出的方案，向各方通告，并让他们回去后仔细研究，最好各自都作出让步，明天能够提出新的方案。

3. 第二轮协调

第二天我们还是先与周某谈话。周某方提出，给尤某 2500 万元，其他 30 股给 1200 万元。这个方案实际上就是之前提出的方案的细化，与之前方案基本相同，实质上并未作出任何让步。

尤某提出，他所持有的 117 股，转让给周某 25 股，这样周某总计持有 48 股

（周某原持有 23 股，加上尤某出让的 25 股，共计 48 股），按每股 38 万元计算，合计 1824 万元，尤某以总价 2000 万元的价格收购。或者给王某方 3500 万元，王某方便退出。

观望者方从谈话中流露出倾向选择尤某提出的第一种方案，但他们未明确表态。同时，他们认为周某不具有收购能力。我们再次指出他们各自存在的问题，希望大家再考虑考虑。

当三方再次坐在一起时，周某与尤某均不接受对方提出的方案。我们让他们回去后再冷静考虑一下，看是否能够找到一个折中的方案。

笔者以为这次调解即将破裂之时，当晚周某却找到我们称，他与尤某单独进行了磋商，初步达成协议，明天让笔者主持他们签订转让协议，但未向笔者透露协议的内容。

HOW JUDGES THINK

当时笔者似乎有一种柳暗花明的感觉，但从周某神秘的话语中又有一些不安的感觉。总觉得这里有些玄机。这一晚上，笔者基本未睡好，脑海里不断考虑着明天会有什么样的变化及对策。

4. 第三轮协调

第三天上午，笔者还以为双方很快就会签约，但实际并未出现双方准备签署调解协议的局面，当股权争议各方到场后，他们又为股权的比例问题发生争议。在此种情况下，我们让双方不要再争吵，笔者提出昨晚反复考虑、有可能让各方都能接受且符合公平原则的方案：先计算出可确定资产的总数。减去买地的 225 万元（可能属于国有资产）和尤某买苗等所有的生产性投资，剩下的资产除以 170 股，计算出每股的股值。对于反悔的 45 股和武律师“一股二卖”购买的 26 股，如果他们坚持退股，先返还其领取的转股款、违约金和利息，而后按照每股的股值计算转股金。其他人愿意退股的，按照每股的股值计算转股金。对不确定的财产，等到这部分财产价值最终确定后，按照最终确定的财产数除以 170 股，加上先前计算的每股股值，计算出最终每股股值。对已转让的，按照最后确定的股值，其所占股份数额的比例予以补足。

股权争议的各方当事人均认为，这个方案比较合理、公平，明确表示同意此方案。因我们当日下午要返回北京。故留给他们两周的时间计算可确定的资产，讨论协议的具体细节。

两周后，榆林市中级人民法院行政庭庭长打来电话称，股权争议的各方当事人已达成协议，近两天将把协议和撤回申诉书寄过来。但是，过了一个月榆林市中级人民法院还未将协议和撤回申诉书寄过来。笔者再次询问，他们不知何原因未签订协议。榆林市中级人民法院行政庭庭长反馈，榆林市政府希望最高人民法院尽快作出决定，有关国有资产是否流失的问题，将由有关部门查处，有关股权争议问题，他们将继续协调有关部门依法处理。

HOW JUDGES THINK

选择调解的结果，只有达成调解协议与交接失败两种，其中原因是多种的，再优秀的法官也不可能做到百分之百的调解成功率。但是，法官所提出的调解方案必须符合法律规定，不侵害国家利益、公共利益和他人的合法权益，并尽可能做到相对公平，即使当事人不接受，作为法官也问心无愧。因此，作为法院的领导，不要把调解成功率作为考核法官的标准，如果作为考核的标准，有可能使法官为了调解率，逼迫当事人和解，甚至牺牲国家利益、公共利益来满足当事人的不合理要求。

五、最终的处理结果

合议庭最终合议认为，申诉人周某等 11 人的股东身份、股份数额在变更登记前后保持一致，因此申诉人提出的王某等 7 人通过改制变更吞并其股份的申诉理由没有事实依据。有关是否存在国有资产流失问题，最高人民法院应当建议榆林市人民政府，请其责成有关部门依法审查处理。本案的起因在于企业内部存在股权纠纷，在基础民事法律关系不确定的情况下，难以凭审查变更登记的合法性解决纠纷。因此，建议申诉人通过其他途径解决有关企业内部股权纠纷问题。综上，申诉人周某等 11 人的申诉不符合《行政诉讼法》第 63 条第 2 款（现行《行政诉讼法》第 92 条第 2 款）的规定，**决定不对该案提起再审。**

疑团的辨析

——小里坊组、刘某等四人诉宜春市袁州区政府山林确权申诉案

> 法官在审理诉人民政府土地、林地确权裁决案件时，常常遇到争议的土地、林地的权属在政治运动中多次发生变化。因时间久远以及历史原因，导致情况变迁、证据灭失、原告、被告及第三人均无法收集到相关证据。人民法院在对此类案件事实认定时，应当适用优势证据的标准进行确认；在适用法律、法规上，应结合当时的法律、法规及政策的规定和本着有利于社会稳定、有利于生产和发展、有利于促进团结的方向，进行综合判断。只要原则上符合的，法院应当予以支持。

2013 年 3 月庭里将江西省宜春市袁州区新坊乡路口村小里坊组、刘某等四人诉宜春市袁州区人民政府山林确权申诉一案交笔者承办。接到该案后，发现此案最高人民法院 2010 年 11 月 22 日曾发函请江西省高级人民法院进行复查，该院作出（2011）G 行监字第 9 号驳回申诉通知。江西省宜春市袁州区新坊乡路口村小里坊组、刘某等四人仍不服再次向我院进行申诉。于是笔者仔细审阅一、二审判决及申诉人提交的相关材料。

一、案情的梳理

1. 当事人的基本情况

> 申诉人（一审原告、二审上诉人）：宜春市袁州区新坊乡路口村小里坊村民小组（以下简称小里坊组），刘某、易启某、易某明、周某四人。

申诉人（一审第三人、二审上诉人）：宜春市袁州区新坊乡H村C村民小组（以下简称C组）。

被申诉人（一审被告、二审被上诉人）：宜春市袁州区人民政府（以下简称袁州区政府）。

被申诉人（一审第三人、二审被上诉人）：宜春市袁州区新坊乡H村X村民小组（以下简称X组）。

2. 法院审理情况

江西宜春市中级人民法院作出的一审判决认定如下事实：

本案争议山场“丫山屋背”的四至为：南至山顶与国营新坊林场的国有林交界，北至山脚丫山屋背的社仔、横路、荒田、小水塘，东至水坑与大山里（原王冬炳山）相邻，西至山窝与C组集体山和小里坊组王健的山（原王照炳山）相邻。争议山以毛竹为主，有少量天然杂树，面积约235亩。

2004年年底，新坊乡人民政府引进外商在丫山进行高岭土开发，外商与小里坊组及持有该山“林权使用证”的村民刘某等四人达成每亩5500元的租山协议。2005年3月，X组向新坊乡人民政府申请调处山林权属纠纷，称开挖高岭土地方的丫山屋背竹山，土地改革前是归王元德所有，土地改革又分给了王元德和王牙长父子，有《土地证》为凭，记载该面积一分五厘，东至王冬炳山，南至王冬炳（《土地证》没有写明所至的地物标），西至王照炳山，北至王冬炳的山或田或其他地物标（因登记的地物标被涂改不能直接确认）。“林业三定”时[1]，由于该山距离X组太远，未办理《林权使用证》，将该山留归X

1 “林业三定”时期是1981年至1983年间，开展稳定山权林权、划定自留山、确定林业生产责任制工作的阶段。“林业三定”是稳定山林权、划定自留山和确定林业生产责任制的简称。

组集体所有。C组也提出了该块山林的权属要求，称“四固定”[1]时该山林定给了C生产队，“林业三定”时《林权使用证》登记的山名叫“也人冲”，是王元德丫山屋背竹山的一部分。小里坊组认为1984年“林业三定”时，宜春市政府为小里坊组刘某等四人分别颁发了《林权使用证》，该争议山林应属小里坊组。

2005年6月2日新坊乡人民政府作出《关于刘某等6人与X组山林权属纠纷的调处意见书》，认定“丫山屋背”的山林权属归小里坊组刘某、易启某、周某、易某明、甘章礼、甘梅传6人所有。X组不服，于2005年7月2日向袁州区法院提起诉讼。2005年9月8日，袁州区法院判决维持了该调处意见书。X组提起上诉，2005年宜春市中级法院判决撤销了袁州区法院的判决，撤销了新坊乡政府的调处意见，由袁州区政府处理。

2009年4月27日，袁州区政府作出袁府决字［2009］2号《关于新坊乡路口村小里坊组以及刘某、易启某、周某、易某明四农户与H村X组、C组争议“丫山屋背竹山”山林权属的处理决定书》，认定小里坊组刘某、周某、易启某、易某明四人的《林权使用证》登记的“丫山屋背”、“野牛冲”、“干锯头”、“野银冲”、“鸦山后背”五宗山林，土地改革时分配给王元德和王牙长父子，有《土地证》为凭，该山林实地四至与土地证记载的四至即东至王冬炳山、南至王冬炳、西至王照炳山、北至王冬炳田基本相符，面积1分五厘。1984年“林业三定”时给小里坊组刘某等四人发放的林权证书属于错误发放，撤销四人的林权证书中关于“丫山屋背”（1亩）、“野牛冲”（2亩）、“干锯头”（3亩）、“野银冲”（3亩）、“鸦山后背”（1亩）五宗山林共10亩山林林权使用证，确定该争议山林权属归X组所有。小里坊组以及刘某等四人不服，向一审法院提起诉讼。

1　四固定是我国20世纪60年代初国家重要的农业政策之一，以土地改革确权和农业合作化为基础，根据实际情况对农村集体所有的土地、牲畜、农具、劳动力进行统一调整和固定，本着属地原则，兼顾有利生产、方便管理、将土地等生产资料划归就近的生产队集体所有。

宜春市中级法院经审理认为：本案争议地块最早土改时是登记在王元德名下，但其土地证上记“丫山屋背”竹山北至地物标王冬炳“山”或“田”字被他人改动，但袁州区政府在《处理决定书》中查明了《土地证》上登记的北至地标物是“田”。不管是“山”还是“田”，都不影响北向界址。争议山只有X组能提供《土地证》，上诉人不能提供争议山权属来源，其所取得的林权证又被撤销，争议山场应是王元德《土地证》上登记的“丫山屋背”竹山。C组主张的“丫山屋背”竹山“四固定”时给了C生产队，证据不足。2009年袁州区政府作出了袁府决定［2009］2号《处理决定书》，决定撤销刘某“丫山屋背”和“野牛冲”，易启某“干锯头”、周某“野银冲”、易某明“鸦山屋背”山林的《林权使用证》。小里坊组及刘某等人不服向宜春市人民政府申请复议，宜春市人民政府复议维持了区政府的处理决定。

根据各方当事人提供的证据材料所作的陈述以及庭审查明的事实，本案争议山场应是王元德的“丫山屋背”竹山。由于小里坊组及刘某等四人取得的有关争议山林以使用证的权属依据来源于购买王冬炳山的收据，而王元德与王冬炳隶属两个不同的行政村，历史上他们所属的行政村从未发生过合并等事项。C组提供林权证存根登载的山名和四至与争议山场的山名与四至不符，不能作为争议山场的权属证明。因此，区政府认为小里坊组及刘某等人所取得的争议山《林权使用证》属发放错误，应予纠正。原告的诉请与事实不符，应不予支持。依照《行政诉讼法》（此处应为1989年《行政诉讼法》，对应条款为现行《行政诉讼法》第69条）第54条第1项的规定，**判决维持宜春市袁州区政府（2009）2号处理决定书**。

小里坊组以及刘某等四人不服一审判决，向江西省高级人民法院提起上诉。

江西省高级人民法院作出的二审判决认定的事实与一审判决认定的事实基本一致。

该院认为，“大山里”、“丫山屋背”、“也山冲”是三个不同的山场，依次排列，分别属于小里坊组、X组、C组。根据小里坊组及刘某等四人、C组、X组、袁州区政府提供的证据材料以及原审现场调查和庭审笔录证实，本案争议山场是王元德的“丫山屋背”竹山。由于小里坊组及刘某等四人取得的争议山场权使用证的权属来源于购买王冬炳山场的付款凭证，而王冬炳“大山里”与王元德“丫山屋背”是两座相邻的山场，王冬炳与王元德隶属两个不同的行政村，历史上他们所属的行政村也从未发生过合并，王元德的“丫山屋背”历史上也未发生过划拨、赠送、转让、租山、买卖关系。由于“丫山屋背”山高林密，只有一条羊肠小道，交通非常困难，各方当事人均不能提供经营管理的证据，属天然林。因此，区政府认为上诉人小里坊组及刘某等四人所取得的林权证属错发并予以纠正，依据《江西省森林条例》第52条第3项之规定决定撤销，并无不当。C组以一份山名不同、四至无一符合的林权证存根主张争议山场的权属证据不足。小里坊组及刘某等四人和C组的上诉因无事实和法律依据，应予驳回。袁州区政府作出的袁府决字（2009）2号处理决定书，认定事实基本清楚，适用法律法规正确，应予支持，原审判决认定事实清楚，适用法律正确，审判程序合法，应予维持。据此，依照《行政诉讼法》第61条第1项（现行《行政诉讼法》第89条）之规定，**判决驳回上诉，维持原判**。

江西省高级人民法院接到我院复查函后，对此案进行了复查，于2011年10月15日作出（2011）G立行监字第9号驳回申诉通知。

该通知认为，原判确认争议山林历史上归属王元德，其依据有王元德的土地房产证，有王元德、王牙长父子的证言和与争议山相邻山林原所有人王庭梓、王朝梓兄弟的证言及王健的证言证实，相关人员到现场亲自指认了各自历史上所属山林的具体位置和四邻地界，上述证人证明的情况与王元德的土地房产证记载的四至情况基本相同，可相互印证。上述证据共同证明，王冬炳位于“大山里”的竹山和王元德位于“丫山屋背”竹山相邻，中间以水坑为界，水坑左边（面向山）是“大山里”王冬炳的竹山，水坑右边是“丫山屋背”王元德的竹山。申诉人五宗林地的权属来源不管是以1006.69元购买的或是王冬炳带入社的，其山林权的渊源均来之于土改时王冬炳的竹山，也就是说，申诉人相关权利的设置只能在王冬炳的竹山范围之内。但刘某等四人林权证上的五宗林地标明的方位和四至地界却在王元德“土改”时的竹山内，这足以证明五宗地的林权证确属错误发放。袁州区政府《处理决定书》撤销错误发放给申诉人刘某等人的五宗林权证的行为并未违背法律、法规规定，适用法律没有错误。作为一种行政行为，政府机关处理本争议不适用20年诉讼时效的规定。**原一、二审判决基本事实清楚，基本证据确实，适用法律正确，判决并无不当，决定驳回申诉。**

3 申诉人的申诉理由

申诉人小里坊组以及刘某等四人仍不服，再次向最高人民法院申诉，请求撤销一、二审行政判决及宜春市人民政府袁府决字［2009］2号《关于新坊乡路口村小里坊组以及刘某、易启某、周某、易某明四农户与H村X组、C组争议“丫山屋背某竹山”山林权属的处理决定书》。

其理由如下:（1）证据证明袁州区政府撤销1984年《林权证》的行政行为错误，该证权属源于1962年“四固定”时期的《林权证》。（2）两审判决及《处理决定》认定争议山场的面积和《土地证》中记载的面积相差惊人。（3）X组用涂改变造的《土地证》诉争涉案山林权。（4）袁州区政府《处理决定》依据争议山场的勾图错误，方向错位。（5）两审判决及《处理决定》认定王庭梓、王朝梓的“收条”和“笔录”和证人证言错误。（6）本案认定争议山场地名错误。（7）王元德《土地证》上登记的“丫山屋背”竹山，就是现在C组的“也人冲”竹山。（8）处理本案应当适用《江西省山林权属争议调解处理办法》。（9）袁州区政府的《处理决定》违反了江西省政府规章的规定亦属错误。

二、疑问重重

经过审阅上述材料，我对此案判决认定的事实产生以下几点疑问：

HOW JUDGES THINK

1. 争议林地面积为235亩，王元德和王牙长父子持有的《土地证》记载的面积仅有1分5厘，小里坊组的林权证记载的面积为10亩，两个产权证记载的面积与争议山林面积相去甚远。是否存在小里坊组与X组均在争议林地之中的问题？
2. 原判决书中认定，“大山里”、“丫山屋背”、“也山冲”是三个不同的山场，依次排列，分别属于小里坊组、X组、C组。这里是否存在地名错误的问题不清。
3. 申诉人诉称，1984年“林业三定”时将其确定给小里坊组刘某、易启某、易某明、周某四人，颁发了林权使用证。至2005年外商开发山林之前二十多年一直没有争议。

原国家土地管理局于1995年3月11日发布的《确定土地所有权和使用权的若干规定》第21条规定：“农民集体连续使用其他农民集体所有的土地已满二十年的，应视为现使用者所有；连续使用不满二十年，或者虽满二十年但在二十年期满之前所有者曾向现使用者或有关部门提出归还的，由县级以上人民政府根据具体情况确定土地所有权。”《江西省山林权属争议调解处理办法》第21条规定：“县内的山林权属争议，以林业三定时期确定的权属为依据。林业三定时期未确定权属的，参照农业合作化、四固定时期确定的权属处理；农业合作化、四固定时期未确定权属的，可参照土地改革时期确定的权属，凭当时人民政府颁发的土地证或其存根处理；双方都无证据的，人工林的山权、林权均归造林一方所有，天然林或荒山荒地，按山权、林权各半的原则并结合自然地形处理。”

HOW JUDGES THINK

按照上述规定，在确定林权争议方面应当尊重实际使用的历史现状以及林业三定对山林使用权的确权处理。如果申诉人诉称成立，该林地应当确认给小里坊组，而不是X组。这里究竟存在何种缘故？

合议庭在合议中，对我提出的疑问亦有同感，于是决定到当地阅卷并进行听证及勘察现场。

三、证据的辨析

我们到宜春后，先提出勘查现场。宜春的法官告诉我们，因开采高岭土，现场已不是原样，无法与原图纸进行对比。我们只好放弃勘查现场。于是我们将一、二审及申诉卷20余本悉数调出，对萦绕我们的疑团问题进行阅卷、与原承办人交换意见、组织当事人进行听证。

（一）关于地名是否存在错误的问题

X组村民王元德、王牙长父子《土地证》上记载的丫山屋背竹山四至与争议山场四至基本吻合。2010年5月6日经二审现场勘验，争议山场小地名“丫山屋背”，东至山顶与国营新坊林场的郭玉林交界，西至山脚丫山屋背的社仔、横路、荒田、小水塘，南至山窝与C组集休山和小里坊干健的山（原王照炳山）相邻，北至水坑与大山里（原王冬炳山）相邻（二审判决书表述的四至方位以西为北）。而王元德《土地证》上所载“丫山屋背”竹山的四至东至王冬炳山，南至王冬炳，西至王照炳山，北至王冬炳的山或田。现场勘验的争议山场四至与王元德《土地证》上载明的“丫山屋背”四至没有明显冲突，且王元德父子实地当众指认现争议山场就是其《土地证》上记载的丫山屋背竹山，有2006年12月25日王元德询问笔录为据。

争议山场相邻山场的有关权利人均指认争议山场系王元德《土地证》上载明的“丫山屋背”竹山。争议山场北至为原王冬炳山，王冬炳后人王庭梓现场指认现争议山场为丫山屋背竹山，是王元德的山。王庭梓哥哥王朝梓所作的证言与王庭梓当众指证的情况一致。争议山场南至原王照炳山，王照炳后人王健也到实地当众指认现争议山场为王元德的山。被告提供的 2006 年 12 月 25 日王庭梓询问笔录、2007 年 5 月 29 日王朝梓询问笔录、2008 年 1 月 26 日王健询问笔录均证明这一情况。

争议山场的山林权属未出现过流转。土改后王元德父子带山入社归 X 组所有，至今仍一直在 X 组，争议山场权属此后未出现过流转。对此华侨村委会和新坊乡政府都出具了有关证明。

在听证中，各方当事人对山林四至无异议，申诉人仅对勘验图走向有异议。各方当事人也认可，丫山屋背竹山“土改”前就是王元德的，“土改”仍分给了王元德、王牙长父子。后随王元德父子入社归 X 组集体所有，王元德父子从入社至今一直在 X 组，X 组一直属 H 村管辖。该山也从未发生过买卖、互换、转让、赠送、划拨，一直归 X 组集体所有，权属从未发生变化。

根据上述证据，可以得出，**争议山林坐落小地名，与王元德父子土地证上的记载完全相符，**可以排除地名存在错误的问题。

（二）关于地证、林权证载明的面积与争议山场实际的面积的差异问题

王元德《土地证》载明的面积为一分五厘，与现争议山场“丫山屋背”争议面积约为 235 亩的确相差很大。土改时期和林业三定时期填发证照时面积有较大出入的具体原因，已无从考察。但从江西省处理的大批山林土地权属纠纷案件来看，类似的情况并非少数。经与有关林业、土地行政部门内部沟通，大家较为倾

向的意见是当年山林土地经济价值不大，科学技术跟不上，确定山林面积很困难，很多情况只能估算。而且当时工作人员不足，山林的范围很大，不容易到现场，很多时候是坐在办公室，在图表填上的大概面积。老百姓不是非常在意面积，对面积到底有多少无所谓，加之发土地证时正在进行“土改”，怕填面积太大被定为地主成分，且面积计量越大，所缴纳的税款越多，所以面积往小填的现象非常普遍。此外，小里坊组的林权证记载的面积为 10 亩，也与争议山林面积相去甚远。在听证中，各方当事人未对面积到底多大的问题提出异议，认可上述说法。鉴于此种情况，《江西省山林权属争议调解处理办法》第 29 条明确规定，土地证、协议书等有关凭证载明的面积与实际不符的，以其载明的四至为准，确定权属。经二审法院现场勘验认为，王元德《土地证》所载“丫山屋背”山场四至与争议山场四至基本相符，因此即使证照登记的面积与实际面积有较大出入，也应按照四至确定权属。

（三）关于 1984 年 7 月 8 日王朝梓和王庭梓《收条》等证据可否采信的问题

1984 年 7 月 8 日王朝梓和王庭梓的《收据》的主要内容是：1984 年 7 月 8 日，王朝梓和王庭梓收到小里坊生产队王冬炳山价 606.69 元，安葬费 200 元，固定财产分红 200 元，共计 1006.69 元，收条上注明山价款 700 元已付清，付款人有刘某、易启某、周某、易某明、王根元、甘梅传等二十位小里坊组村民。小里坊组一审期间提交了王冬炳等人入社山价凭证，其中有王冬炳入社山价 700 元的记录。

这两份证据反映的事实是：王冬炳在农业生产合作化期间，将其山林作价 700 元，加入农业生产合作社，成为小里坊队的社员，其山也由私有转化为公有。1984 年“林业三定”时，小里坊组的二十位村民将王冬炳入社的山价款付给了王庭梓、王朝梓，同时补给了他们王冬炳的固定财产红利和安葬费。同时又查明，王冬炳系烈属，只有一个儿子，参加红军，在长征路上牺牲，1961 年王冬炳在丫山去世。这些事实反映了当年农村较为常见的一种现象：允许他人以“继承山林使用权”的形式获得相应的利益，解决孤老赡养及去世后丧葬依靠问题。这种现象至今仍存在，且当地乡镇政府和村委会、村小组都予以认可。“买山”、“卖山”仅是当事人口头上的说法。从《收条》的内容上看很难断定为买卖林地，在法律性质上也不宜定性为买卖或转让，而是当事人之间的山价补偿及继承人履行赡养及丧葬义务后应得的收益，因此不宜在二十多年后予以否定。

解决本案山林权属争议，一个不可忽视的问题是原王冬炳的山与原王元德的山具体分界在哪？王元德父子、王冬炳“继承人”王朝梓、王庭梓作为知情人，都证实了两者的分界为山坑水沟。这些证人证言的取得并无违法之处，听证中，各方当事人亦认为两者的分界为山坑水沟。因无法到现场勘查，我们从卷中找出2004年卫星遥感地图，让各方当事人在图纸上划分界线，小里坊一方当事人对照图纸，将水坑线起点是图纸中所标的1、6、5的顺序。根据等高线的标注，此处正好处在山梁上，而不是当时的水沟。据此，即使原王冬炳的山属于小里坊组所有，也不能超越原王冬炳山界，即不能越过山坑水沟延伸到原王元德的山中。现小里坊组和易启某等四人“林业三定”时期的林权证越过了山坑水沟，将属于另一个村小组的原王元德的山“据为己有”，没有权属来源，属于错发，被告袁州区政府依据《江西省森林条例》第52条第2款“在调解处理山林权属争议过程中，发现有足够的证据证明该证属错误，经查证属实的，原发证机关应当撤销所发的山林权属证书，并依法重新确定山林权属”之规定，撤销易启某等四人的林权证有事实和法律依据。

（四）关于小里坊组是否连续使用争议山场20年的问题

《江西省山林权属争议调解处理办法》第37条第2项规定：“经营管理，是指造林、育林、护林、采伐等林事活动。”经二审法院勘验，本案争议山场山高林密、只有一条羊肠小道，交通非常困难，系天然林，小里坊组村民提供的证据不能证明其对争议山场进行了（合法）经营管理。在听证中，申诉人方提到他们到过此处砍伐过树木、竹子等，但未提从事过造林等林事活动。据此，难以认定小里坊组已对争议山林进行经营管理了20年的主张。

此外，C组也提出其在此处砍伐过树木、竹子等，但也没有提出过异议。

四、最终的处理结果

合议庭合议后认为，因本案属于人民政府对平等主体之间的民事权益的裁决性质，应当适用优势证明标准。本案诉讼当事人各方提供的证据均不能得出一个必然判断，只能得出一个或然判断，从证明力上看，被申诉人向法庭提供的证据优于申诉人。被诉确权裁决适用法律并无不当。同时考虑到，已将本案争议的山林确认属于X组多年，小里坊组也从外商领取过租山费48万元，其利益在一定程度亦得到补偿，从有利于社会稳定、有利于生产和发展、有利于促进团结的角度看，申诉人的申诉请求不宜予以支持。

合议庭一致认为，被申诉人宜春市袁州区政府向法院提供的证据已形成一个完整的证据链，可以证明其认定争议山场山林权属确归为X组集体所有的事实基本清楚。有证据可以证实小里坊组刘某、易启某、易某明等人提出的争议山场不是王元德“丫山屋背”竹山，“丫山屋背”另有其山的主张不能成立。小里坊组刘某、易启某、易某明等人没有提供有关争议山场经营管理证据，不适用连续使用20年未遭异议发生所有权转移的有关规定。申诉人再审申请不符合《行政诉讼法》第63条第2款（现行《行政诉讼法》第92条第2款）的规定，决定不对该案提起再审。

HOW JUDGES THINK

审理此案的最大感受是，法官在审理诉人民政府土地、林地确权裁决案件时，常常遇到争议的土地、林地的权属在政治运动中多次发生变化。因时间久远以及历史原因，导致情况变迁、证据灭失、原告、被告及第三人均无法收集到相关证据。人民法院在对此类案件事实认定上，应当适用优势证据的标准进行确认；在适用法律、法规上，应结合当时的法律、法规及政策的规定和本着有利于社会稳定、有利于生产和发展、有利于促进团结的方向，进行综合判断。只要原则上符合的，法院应当予以支持。

利益的平衡

——白露村第二村民小组诉柳州市柳北区人民政府土地确权申诉案

> 法院在审理土地确权案件中，往往因历史的原因，导致很多证据已经灭失，案件的各方当事人都难以提供证明自己主张事实的证据。此类案件采取优势证明的标准，确定案件事实。因此，难免与事实之间存在一定程度的偏差，故处理时采取“从实际出发，尊重历史，面对现实”的原则。解决这类案件要对各方当事人的利益进行平衡，不仅要对被诉行政行为的合法性进行审查，还要对涉案的相关处理决定、判决一并进行考虑，确定各方当事人的利益不发生大的偏差。

2013年第四季度，庭里将柳州市柳北区白露乡白露村第二村民小组诉柳州市柳北区人民政府土地确权申诉案交由本合议庭办理。由笔者担任审判长，李德申法官承办。

一、原审判决似有问题

李法官初步审查后提出，本案的当事人争议的焦点问题是**事实问题**，在未调卷的情况下，先就有关程序问题研究一下，确定审查的重点后再作决定。笔者同意了李法官的意见。在合议中，李法官就以下几个方面做了汇报：

（一）当事人的基本情况

申诉人（一审原告、二审上诉人、再审申请人）：广西壮族自治区柳州市柳北区白露乡白露村第二村民小组（以下简称白露村二组）。

被申诉人（一审被告、二审被上诉人、再审被申请人）：广西壮族自治区柳州市柳北区人民政府（以下简称柳北区政府）。

原审第三人：广西壮族自治区柳州市柳北区白露乡白露村第一村民小组（以下简称白露村一组）。

原审第三人：广西壮族自治区柳州市柳北区白露乡白露村村民委员会（以下简称白露村委）。

（二）一审判决情况

柳北区法院一审认定：

白露村二组与一组争议的土地位于柳北区白露村明渠以北，原小村路以西伍家烟厂一带，其四至范围：东以简易公路（伍家烟厂路）为界，南以旧鱼塘为界（不包括鱼塘），西以晒场边为界，北以新建鱼塘为界（包括鱼塘），土地面积约70亩。白露村一组与二组在人民公社时期同属于双冲屯，1962年“四固定”时，双冲屯分成两个生产队，并对双方位于白露村河渠以北的土地（水田除外）以小村路为界进行划分，小村路西面的土地归一队（即现在的白露村第一、四村民小组）所有，小村路东面的土地归二队（即现在的白露村第二、三村民小组）所有。之后，白露村第一、四村民小组对小村路以西的土地又进行了分配，在小村路以西伍家烟厂路以东之间的土地归白露村四组所有，伍家烟厂路以西的土地归白露村一组所有，本案争议地正位于伍家烟厂以西白露村一组的管理范围。

1977年，白露大队（现为白露村委）与广西建×公司签订了《关于借用土地办“五·七”农场协议书》，双方约定将争议地在内的伍家烟厂一带的土地约250亩借给该公司办农场使用，借期为25年。由于后来土地被丢荒，1985年4月10日，白露大队及土地所属的白露第一、二、四生产队与广西建×公司签订了一份《退还土地协议书》，由该公司将借用的250亩土地中的180亩土地提前归还给白露大队，剩余的70亩土地由该公司继续租用，该协议中约定有："上述退还的土地，其第一、四生产队原有的土地已全部退还，第二生产队的除保留的70亩土地外，已全部退还。"协议上有白露大队、广西建×公司以及白露第一、二、四生产队的队长签字或盖章。随后，白露大队将180亩土地交还给第一、四生产队。1998年1月6日，白露村二组以村委的名义与广西建×公司签订协议将该公司租用的70亩土地收回，但白露村委未在该协议上盖章。白露村二组亦强行接收了该地，并为地上建筑物支付了补偿金给广西建×公司。由此，白露村一组与白露村二组就这70亩土地问题发生纠纷，柳北区人民政府对双方的纠纷曾于2003年6月6日作出柳北行决字（2003）01号行政处理决定，将争议地裁归白露村一组所有。

白露村二组不服向柳州市人民政府申请复议，柳州市人民政府以柳北区人民政府"所采用的证据相互矛盾，主要证据不足，适用法律法规错误"为由，作出柳政复字（2003）121号行政复议决定，撤销了柳北区人民政府的柳北行决字（2003）01号行政处理决定，并要求柳北区人民政府重新作出处理决定。

2005年8月29日，白露村二组再次向柳北区人民政府申请，要求其重新对争议地作出处理，柳北区人民政府在受理白露村二组的申请后，经过调查、走界，并经调解未果后，于2005年12月12日作出本案被诉的柳北政决字（2005）04号行政处理决定，根据《土地管理法》第16条、《广西壮族自治区土地山林水利权属纠纷调解处理条例》第5条、第10条第6项的规定，决定争议地属于白露村一组所有。

白露村二组对柳北区人民政府的处理决定仍不服，向柳州市人民政府申请复议，柳州市人民政府经复议后，于2006年5月25日作出了柳政复字（2006）号行政复议决定，决定维持柳北区人民政府的柳北政决字（2005）04号行政处理决定。

白露村二组不服，向法院提起行政诉讼。

柳北区法院一审认为：首先，被告根据对邓某等参加过双冲屯

1962年"四固定"时土地分配的人的调查笔录等证据材料，证实了双冲屯两个生产队对双方位于白露村河渠以北的土地（水田除外）是以小村路为界进行划分这一事实原告及两第三人均予认可，而争议地正处在第三人白露村一组的管理范围内，故被告将争议地认定为白露村一组的所有事实清楚。对于原告提出的根据1985年《退还土地协议》的约定，争议土地应为该组所有，由于该协议是第三人白露村委的前身白露大队与广西建×公司签订的关于双方退还土地的约定，而不是白露大队与其生产队或生产队之间关于土地分配的协议，因此，该协议不能作为对争议地重新分配的依据，被告对该协议不予采信正确，该院应予支持，原告所诉理由不充分，该院不予支持。原告提供的其他证据不足以证实争议地曾分配给其管理使用，因为原告没有证据证实在"四固定"时争议地是固定划入原告的管理范围，因而无法确定原告对争议地享有权利。因此，被告根据《广西壮族自治区土地山林水利权属纠纷调解处理条例》的规定确定争议地的权属，事实清楚、证据充分；原告提出的主张缺乏应有的证据支持，该院不予采信。其次，《中华人民共和国土地管理法》《广西壮族自治区土地山林水利权属纠纷调解处理条例》等是广西处理土地山林水利权属纠纷的主要法律依据，被告在处理过程中根据查明的事实作出具体行政行为时引用了上述法律的规定，故被告所作出的具体行政行为适用法律正确。最后，根据《广西壮族自治区土地山林水利权属纠纷调解处理条例》中的规定，因单位与单位之间发生的土地纠纷由县一级人民政府进行处理，原告向被告提出的处理权属纠纷的申请，故被告依照上述规定对权属争议双方的纠纷进行了受理及调查取证，作出了本案被诉的具体行政行为并将处理决定书送达了当事人，其处理程序合法。综上所述，被告作出的柳北政决字（2005）04号行政处理决定的具体行政行为认定事实清楚、证据充分，符合法定程序，依法应予维持；原告所诉理由不能成立，该院不予支持。据此，该院依照《行政诉讼法》第54条第1项（现行《行政诉讼法》第69条）之规定，作出（2006）北行初字第8号行政判决：维持柳州市柳北区人民政府于2005年12月12日作出的柳北行决字（2005）04号行政处理决定的具体行政行为。案件受理费5660元、其他诉讼费1415元，合计7075元由原告负担。

白露村二组不服上述一审行政判决，向柳州市中级人民法院（以下简称柳州中院）提起上诉。

（三）二审判决情况

柳州中院二审查明的事实与一审基本一致。

该院二审认为：根据《广西壮族自治区土地山林水利权属纠纷调解处理条例》第5条、第10条的规定，有关行政机关在进行权属纠纷的调处时，应当依据相关的证据，充分考虑历史和现实状况，遵循“三个有利于”的原则。本案被上诉人根据到白露村调查的有关争议地的历史沿革，即“四固定”时以小村路为界划分土地，争议地地处白露村一组的管理范围内的情况，来确认争议地为一组所有，符合本案实际和上述法律规定的处理原则。上诉人白露村二组主张“四固定”时除以小村路为界外，还进行了第二次划分，并且争议地属其所有，则缺乏证据证实。关于1985年的《退还土地协议》，其中虽有争议地为白露村二组所有的表述，但因该协议是针对广西建×公司归还1977年向白露村委前身白露大队所借用的土地一事而作的约定，且经被上诉人向当时经办此事的有关人员调查，证实当时并未就有关小队之间的土地分配进行商议和划分、故被上诉人认为该协议不能作为争议地划分或者重新分配的依据并不予采信正确。上诉人还提出被上诉人未制作现场勘验情况的笔录，行政程序违法，经查，被上诉人调查本案纠纷时，已组织当事人及有关人员到现场对争议地进行了勘验，绘制了权属争议区域图，由相关人员签名或者盖章，虽然缺少笔录形式，但并不影响现场勘验程序的实质履行。综上，被上诉人的具体行政行为认定基本事实清楚，适用法律正确，原判予以维持正确。该院依照《中华人民共和国行政诉讼法》第 61 条第 1 项的规定，作出（2006）柳市行终字第 73 号行政判决：**驳回上诉，维持原判**。二审案件受理费 5660 元，其他诉讼费 1172 元，合计 6832 元，由上诉人白露村二组负担。

白露村二组不服上述二审行政判决，向广西壮族自治区高级人民法院（以下简称广西高院）提出申诉。

（四）再审判决情况

广西高院再审查明的事实与原审法院认定的事实一致。

该院再审认为，柳北区人民政府提供的“四固定”时期大队干部的调查笔录已经证实，争议地在“四固定”时期已经固定给白露村一组所有，此后亦无证据证实进行过调整。白露村二组没有提供证据证实其主张争议地进行过二次划分，已经固定给其所有的事实。另外，根据该院生效的（2008）桂行终字第 60 号行政判决可以确认“四固定”时期，白露村明渠以北的小村路是双冲屯一、二队的土地分界线，本案争议地在小村路以西的双冲屯一队土地范围之内。之后，双冲屯一队划分为白露村一、四组，争议地已经固定给白露村一组所有，且周围均为白露村一组的土地。依据《最高人民法院关于行政诉讼证据若干问题的规定》第 70 条关于“生效的人民法院裁判文书或者仲裁机构裁决文书确认的事实，可以作为定案依据”的规定，该院确认柳北区人民政府在柳北政决字（2005）04 号行政处理决定中，认定争议地在“四固定”时期已经固定给白露村一组所有的事实清楚。1977 年白露大队将各生产队的土地 250 亩出借给广西建 × 公司，借地当时没有对生产队出借土地的具体面积和方位进行确认。因此，1985 年退地协议中关于“上述退还的土地，其‘第一、四生产队原有的土地已全部退还，第二生产队的除保留的 70 亩土地外，已全部退还’的表述并不能证明争议地经过二次固定，权属已经确定给白露村二组所有的事实。1998年退地协议只是白露村二组的单方行为，没有获得白露大队认可，因此，该协议也不能作为认定争议地权属的依据。白露村二组以1985年、1998年退地协议主张争议地的权属，依据不足，该院不予支持。柳北区人民政府作出的柳北政决字（2005）04号行政处理决定认定事实清楚，适用法律正确，原审判决维持是正确的。综上所述，原审判决认定事实清楚，证据充分，适用法律正确，程序合法，应予维持。该院依照《行政诉讼法》第61条第1项（现行《行政诉讼法》第89条第1项）、《最高人民法院关于执行〈中华人民共和国行政诉讼法〉若干问题的解释》第76条之规定，作出（2009）桂行再字第9号行政判决：维持柳州市中级人民法院作出的（2006）柳市行终字第73号行政判决。

（五）申诉请求及理由

申诉请求：撤销原判和柳北区政府柳北行决字（2005）04号行政处理决定，改判被申诉人重新作出处理决定，确认本案争议地归申诉人所有。

申诉理由如下：认定白露村1962年“四固定”分地时以小村路为界缺乏主要证据，据此得出本案争议地在白露村一组管理范围归该组所有的结论是错误的。广西高院再审判决不仅缺乏主要证据，而且其对上述60号判决的采信存在程序上的错误，因为广西高院再审本案时并未在开庭前后和开庭审理时就上述60号行政判决书进行质证和发表意见。

其具体申诉理由：（1）申诉人提供的1971年11月23日《关于借用土地办“五·七”农场协议书》、1985年4月10日《退还土地协议书》、1998年1月6日《退还土地协议书》和移交清单、收款收据等原始书证，能充分证实本案争议地归申诉人所有。（2）申诉人长期管理使用小村路西面土地的事实，证明广西高院和原审法院以小村路为界的认定存在错误。（3）申诉人提供的证人吴某、覃某证实本案争议地归申诉人所有，并证实白露村一、二队 1962 年“四固定”分地时，明渠北面土地并非仅以小村路为界，而是以伍家烟厂路为中心分东西两边划分。（4）本案广西高院再审开庭时，原审第三人白露村委会在庭上对 1985 年退地协议明确表示认可，认为应按该协议确认土地权属，并建议法庭按协议规定判决。广西高院再审判决对此不予考虑是错误的。

二、初步审查意见

就现有证据材料分析，关于本案争议地的归属问题，有以下三个问题有待查清：

1.“四固定”对本案争议地归属的确定情况

原审法院认定，“四固定”时期本案争议地归属白露村一组。其主要证据和依据为：对“四固定”时期大队干部的调查笔录（以下简称调查笔录）以及广西高院（2008）桂行终字第 60 号行政判决。

申诉人主张，调查笔录相关的证人中黄某、覃文某系原审第三人白露村一组成员，且覃文某的儿子覃政某是现任白露村一组组长，黄某 1961 年也是白露村一组组长，邓某与黄某系结拜兄弟，曾某 1962 年分地时正在读书，不了解情况，因此该调查笔录不能作为定案依据。

李法官审查认为：根据广西高院寄交案件证据材料显示，调查笔录涉及的证人除申诉人所提四人外，尚有其他参与“四固定”分地的人员，证实在“四固定”时期将明渠以北的土地以小村路为界进行划分，一队（包括白露村一组、四组）土地位于小村路以西；二队（包括现为白露村二组、三组）土地位于小村路以东。但根据申诉人向本院新提交的柳州市柳北区人民政府

HOW JUDGES THINK

白露街道办事处《关于如何得出白露村一、二、三、四组位于明渠以北目前管理土地面积的说明》中说明，该街道办事处组织白露村各组到市国土资源信息测绘所分析测量成果得出的各组管理土地状况为：白露村一组土地约268亩，全部位于伍家烟厂路以西；白露村二组土地167.3亩，其中约有60亩旱地位于小村路以东，约有9亩位于小村路与伍家烟厂路之间，约有98.3亩位于伍家烟厂路以西。承办人认为，鉴于“四固定”时期的技术条件，当时分地时笼统地以小村路为界进行划分，存在与实际管理土地的状况不符的可能性，结合柳州市柳北区人民政府白露街道办事处《关于如何得出白露村一、二、三、四组位于明渠以北目前管理土地面积的说明》，不能排除原审简单依调查笔录为据认定位于小村路以西的争议地归属白露村一组存在错误的可能性。

2. 本案争议地的实际使用情况

申诉人诉称，本案争议地从1962年“四固定”开始即由申诉人管理使用。1977年当时白露大队经申诉人同意后，将包括本案争议地70亩在内的250亩土地借给建 × 公司兴办“五·七”农场。在建 × 公司退还土地前的1992年开始，即由申诉人本组村民多人承包使用，并由当地政府颁发《土地、山林使用证》。在小村路以西的申诉人土地上不仅有该组20个单位和个人承包承租，还有申诉人本组多人建有房屋，并且均有《集体土地使用证》《村镇建设工程建筑许可证》。

根据申诉人的主张，承办人经审查广西高院寄交的证据材料，尽管从《承包协议》《土地、山林使用证》《集体土地使用证》《村镇建设工程建筑许可证》不能明确土地具体位置、准确面积，但依上述证据及广西高院承办人查明的情况看，在争议地中至少部分土地系由申诉人管理使用。

3.《退还土地协议书》对本案争议地归属的影响

1985年《退还土地协议书》明确，由建 × 公司将借用的250亩土地中的180亩土地提前归还给白露大队，剩余的70亩土地由该公司继续租用，该协议中特别约定有："上述退还的土地，其第一、四生产队原有的土地已全部退还，第二生产队的除保留的70亩土地外，已全部退还。"协议上有白露大队、广西建 × 公司以及白露第一、二、四生产队的队长签字或盖章。对于上述协议，承办人认为，协议上的白露大队以及白露第一、二、四生产队的队长签字或盖章，表明各方对协议内容的同意和认可。

综上所述，李法官认为，土地权属纠纷应当本着"从实际出发，尊重历史，面对现实"的原则进行处理。综合本案"四固定"时期土地划分可能存在的不准确描述的调查笔录、申诉人对争议地管理使用的现实情况、《退还土地协议书》的约定以及建 × 公司退还本案争议地时申诉人支付转让折价费7万元等因素衡量，被申诉人简单依对"四固定"分地调查笔录将本案争议地确权给白露村一组，证据尚显不足。故建议先赴实地调查了解案件事实，听取各方意见，然后决定本案是否由本院提审。

合议庭经合议，同意了李法官提出的建议，决定赴实地调查了解案件事实。

三、实地调查、听证核实的情况

（一）获知新的事实

2014年1月14日至17日，我们专程赴广西南宁市、柳州市，分别调阅了一、二审及再审卷宗，并在争议地实地调查了解的基础上召开了听证会。根据实地调查了解、阅卷及听证会的情况，获知了一些新的事实。具体情况如下：

1. 争议地状况及实际使用情况

经实地调查了解，本案争议地系一片坡地，其上有数间村民住宅，既有白露村二组村民，也有白露村一组村民，还有其他村组村民，目前仍未征收，均持有柳州市人民政府颁发的集体土地使用证。

2. 1985年退地协议的签订情况

白露乡政府关于建×公司借用土地、还地问题的《会议纪要》中，就1985年“退地协议”签字一节有如下记载：白露村一组伍某称，当时还地时，我们没有看过原来借地合同，情况不大清楚，我就糊涂地签了字。白露村四组韦某称，当时还地时，我认为我们四队的土地还给了我们队，别的我就不理了，我就签了字。签字是会后建×公司的同志送到我家签的。白露村八组何某称，还地协议我看过，见生产队长都签有字，我认为各队已搞清楚，我就签了字，借地合同我不了解。听证会上，各方当事人均称，签订1985年退地协议时，白露村一、二、四组在建×公司开会进行商议，但当时各组均未在协议上签字，该协议上的签字系后来单独找各组负责人签字、盖章。与《会议纪要》中的说法一致。

3. 就争议地问题召开村民大会的情况

在柳州市柳北区白露乡人民政府《关于白露乡白露村第一、二村民小组土地争议的报告》中记载，2002 年 3 月 19 日，申诉人所在的白露村委根据村民代表的提议召开村民代表专题会议，就 1985 年退地协议进行讨论、表决。白露村民代表共 39 人，实到会代表 27 人，同意撤销退地协议的 23 人，弃权的 4 人。听证会上，各方当事人均认可该报告中记载的这段事实。也就是说，再审判决中认为，1998 年退地协议只是白露村二组的单方行为，没有获得白露大队认可是成立的。

4. 争议地所涉及的征收补偿情况

2010 年柳北区政府征收本案 70 亩争议地用于白露工业园项目建设。根据听证及柳北区法院（2011）北民一初字第 603 号民事判决和柳州中院（2011）柳市民一中字第 1115 号民事判决，具体征收及补偿情况为：征地补偿每亩 8 万元，已在本案原审判决生效后由白露村一组领取并分发本组村民。涉案土地地上建筑物及其他附属设施的补偿共计 3，070，017.17 元，经柳州中院终审判决，其中 100 万元由白露村一组所有，其余补偿款由白露村二组所有。

（二）对争议事实的认定

从本案的卷宗中，各方当事人均没有向法庭提供有关土改、“四固定”时期所留下的任何记载有关本案土地权属争议的书证，只有事后被告收集的证人证言以及后来形成的退还土地的协议等证据。因争议涉及的事实久远，很难完全还原事实的本来面目，只能根据现有的证据作出判断。

1.“调查笔录”的效力

一审卷宗中的“调查笔录”中记载，双冲屯两个生产队对双方位于白露村明渠以北的土地（水田除外）是以小村路为界进行划分。黄某、覃文某、覃政某、邓某证言中与调查笔录记载的这一节事实一致。广西高院对另一案件作出的（2008）桂行终字第 60 号行政判决（已生效）中，确认“四固定”时期，白露村明渠以北的小村路是双冲屯一、二队的土地分界线，本案争议地在小村路以西的双冲屯一队土地范围之内。之后，双冲屯一队划分为白露村一、四组，争议地已经固定给白露村一组所有，且周围均为白露村一组的土地。

黄某系原审第三人白露村一组组长，覃文某系白露村一组成员，覃文某的儿子覃政某是现任白露村一组组长，因他们与本案有利害关系，其证言的效力相对减弱，需要与其他证据相印证后方能作为定案的依据。白露村一组、三组、四组和白露村村委会的代表均认可“调查笔录”的此节内容。申诉人称，原白露村三组组长邓某与黄某系结拜兄弟。在听证中，覃政某称，当时四个生产小队的队长在一起结拜过兄弟，也就是说，邓某与白露村二组的组长也是结拜兄弟。在听证会上，申诉人白露村二组的代表未提出异议，白露村一组、三组、四组和白露村村委会的代表均认可。从而证明邓某与白露村一、二组的关系不存在远近亲疏的问题，可以作为定案的依据。曾某 1962 年分地时正在读书，不了解情况，其证言应当排除在定案依据之外。在听证会上，仅白露村二组的代表认为，当时不是以小村路为界，而是以老公社路为界。

此外，因此案是政府对平等主体之间的土地争议作出的确权决定，应适用优势证明标准，黄某、覃文某、覃政某的证言与邓某证言和（2008）桂行终字第 60 号行政判决认定的事实相一致，优于白露村二组的代表证言。故应确认，被诉土地行政确权决定认定的此节事实成立。

2. 退还土地协议能否作为定案的依据

1985 年，白露村一、二、四组在建 × 公司开会进行商议退地协议时，当时各组均未在协议上签字。该协议上的签字系后来单独找各组负责人签字、盖章。从各方反映的情况来看，可能对协议的相关内容存在误解。1998 年退地协议只有白露村二组的签字盖章，没有白露村其他村民组和村委会的签字盖章。2002 年 3 月 19 日，白露村委根据村民代表的提议召开村民代表专题会议，就 1985 年退地协议进行讨论、表决。白露村民代表共 39 人，实到会代表 27 人，同意撤销退地协议的 23 人，弃权的 4 人。从这两个侧面说明，1985 年和 1998 年的两个退还土地协议均没有得到白露村其他村民组和村委会大队认可。据此，退还土地协议不能作为定案的依据。

在听证会期间，我们也试图进行协调，经征求各方当事人的意见，因白露村一组不同意协调，致使协调工作未开展。

四、最终的处理结果

合议庭合议中，李法官认为，本案以不予立案再审为宜。理由如下：

（1）土地争议案件本身由于历史原因呈现出错综复杂的状况，争议当事人各有自己的理由以维护自己的主张，法院在处理此类纠纷时，如当事人无充分证据，我们应当尊重政府的处理决定。本案中，申诉人以退地协议和本组村民在该争议地居住等主张该争议地应归其所有，但由于白露村一组以“四固定”时期村干部的证言证明该争议地归其所有，同时也不认可退地协议的效力，且该争议地上也有其村民（包括白露村一组村民）居住，再加上申诉人所在村村民代表会议的表决意见。申诉人所在白露村关于“四固定”尽管没有书面清册或记录，但各方当事人均予认可，只不过各方对于是否存在二次土地分配有争议，故原审法院根据“四固定”时期村干部的证言，确认白露村一组、二组的土地以小村路为界，并无不当。至于退地协议，由于土地确权属于县级以上人民政府的权限，故不能以退地协议为依据确定本案争议地的归属。综上，申诉人主张该争议地归其所有，证据尚显不足。

（2）由于本案争议地的征地补偿款在原审判决生效后，

已发放给白露村一组，且已发放到村民手中，如改变原审判决，将来执行问题将会很困难，极易引发新的矛盾和纠纷，不利于社会稳定。另外，根据柳州中院（2011）柳市民一中字第1115号民事判决，申诉人白露村二组基于本案争议地在地上建筑物及其他附属设施也获得较多的补偿。

笔者补充了两点理由：

一是被诉行政行为中未查清本案争议地上有数间村民住宅。这些住宅属于白露村一组、二组以及其他村民组的村民所有，并持有合法的集体土地使用证。正因为争议土地上存在“你中有我，我中有你”的问题，所以，将争议土地全部确认给白露村一组似有不公。但这些房屋目前尚未征收，如果征收这些房屋，有关房屋的征收补偿款，应发给房屋所有人。因此，被诉行政行为未影响到争议双方实际权益的公平性。二是在处理申诉案件的原则，应当是解决各方当事人的利益是否得到公平处理，不仅要对被诉行政行为的合法性进行审查，还要对涉案的相关处理决定、判决一并进行考虑，以此对各方当事人的利益进行衡量。本案被诉行政行为证明度刚刚达到优势标准，不排除有偏差的问题存在，因此，柳州中院在本案被诉行政行为作出后，综合各种因素，其作出的（2011）柳市民一中字第1115号二审民事判决，将涉案土地上的建筑物及其他附属设施的3，070，017.17元补偿款中100万元判给白露村一组所有，其余补偿款判给白露村二组所有。该判决的作出，使本案权属争议的双方当事人的利益基本达到了平衡。从这两个点可以看出，原审判决维持被诉行政行为的结果基本公平。

其他合议庭成员同意上述意见。

最终合议庭决定，申诉人再审申请不符合《行政诉讼法》第 63 条第 2 款（现行《行政诉讼法》第 92 条第 2 款）的规定，**决定不对该案提起再审。**

行民交叉案件的处理

——C 房地产开发有限公司诉长沙市住房和城乡建设委员会行政登记申诉案

在行政与民事交叉案件中，民事争议事实是行政案件的基础事实的，可先进行民事诉讼，中止行政诉讼；当事人请求一并审理的，可以一并审理。当事人坚持只提起行政诉讼，不提起民事诉讼，经审查，涉及被诉行政行为合法性的民事事实中没有证据证明存在法律禁止行为的，可以推定他们之间已形成的民事事实成立。

2012 年 9 月中旬，庭里将湖南 C 房地产开发有限公司（以下简称 C 公司）诉长沙市住房和城乡建设委员会行政登记六个申诉串案分给笔者办理。笔者粗略地将六个案子的申诉状及相关法律文书翻了一遍，发现除了所诉的登记颁发的产权证号和所记载的面积、楼层不一样外，其他的事实基本相同。也就是说，立案庭将基于同一事实颁发的六个产权证中的每一个产权证作为一个案子来立案，实际整体上就是一个案件。这六个案子先是一审判决撤销了被诉登记行为，二审判决改判为确认被诉登记行为违法。后因湖南省人民检察院提起抗诉，湖南省高级人民法院作出的再审判决又将二审判决改回一审判决的结果。本案的第三人湖南 X 投资发展有限公司（以下简称 X 公司）和被告长沙市住房和城乡建设委员会向最高人民法院申诉。粗略看完后，笔者感觉此案案情和背景都很复杂，必须细细梳理，才能厘清头绪，查明桌面上的事实和隐藏在桌下的事实。

一、案情的梳理

这六个案件相对一般案件来说，当事人的情况较为复杂一点。

申诉人（一审第三人、二审上诉人、原再审被申诉人）：X公司。
申诉人（一审被告、二审上诉人、原再审被申诉人）：长沙市住房和城乡建设委员会。
被申诉人（一审原告、二审被上诉人、原再审申诉人）：C公司。
被申诉人（一审第三人、二审上诉人、原再审被申诉人）：黄某。

湖南省长沙市芙蓉区人民法院作出的一审行政判决认定如下事实：

2008年12月10日，谢某（X公司法定代表人）与C公司签订《资产购买合同》，约定C公司将其长远—华樟名府的主裙楼商铺第一、二层2688.7平方米及商铺内的空调、电梯、消防设施出售给谢某，商铺每平方米9950元，共计5923万元。同日，谢某与任某（C公司股东、C公司原法定代表人）签订《资产购买合同》，约定任某将其长远—华樟名府主裙楼第三、四层及北侧裙楼第三、四层共7254.51平方米房屋出售给谢某，总价为2198万元。合同签订后，谢某及其关联方先后向C公司支付购买资产款项共计2950万元。C公司将其名下本案诉争房产的六本《房屋所有权证》原件交给谢某。为将上述房产过户至X公司名下，X公司委托朱某办理相关过户手续。2009年6月，朱某与X公司人员持空白《长沙市房屋转移授权委托书》、六份《商品房买卖合同》、《长沙市房屋所有权转移登记（询问）申请书》前往C公司，告知饶某（C公司工作人员）已征得C公司任某的同意，要饶某在上述空白材料上加盖C公司公章及法定代表人任某某（任某之女）私章，饶某随后在上述空白材料上加盖C公司印章及该公司法定代表人任某某的私章。因没有C公司开出的《销售不动产统一发票》，朱某遂采取伪造的手段制作了一张开票时间为2007年8月15日、付款方为X

公司、收款方为C公司的《销售不动产统一发票》，并私刻了C公司财务专用章加盖在伪造的发票上。

2009年6月8日，朱某持上述伪造发票复印件与已填写并加盖C公司、X公司公章及法定代表人私章的《商品房买卖合同》《长沙市房屋转移授权委托书》《长沙市房屋所有权委托书》《长沙市房屋所有权转移登记（询问）申请书》以及C公司及X公司《企业法人营业执照》复印件、C公司及X公司法定代表人《身份证明材料》、C公司《房屋所有权证》等材料前往原长沙市房屋产权管理局（以下简称原房产局）办理C公司、X公司房屋转移登记手续。原房产局对朱某提交的上述材料审核后，于2009年7月2日向X公司核发了六本新的房屋所有权证（本案所涉房产证编号为：长房权证雨花字第70908829×号、第70908779×号、第70908831×号、第70908831×号、第70908831×号、第70908830×号）。

2009年9月4日，C公司任某前往长沙市公安局雨花区分局经侦支队报案称：X公司法定代表人谢某在未按合同付款、已构成违约的情况下，采取欺骗的手段假冒已取得其同意在空白的《商品房买卖合同》《长沙市房屋转移授权委托书》《长沙市房屋所有权转移登记（询问）申请书》等办理房屋转移登记的相关材料上加盖了C公司的公章，并伪造开票人为C公司的《销售不动产统一发票》及C公司的财务专用章，在C公司不知情的情况下将C公司长远—华樟名府房产转移登记至X公司名下。接到举报材料后，长沙市公安局雨花区分局经侦支队分别对C公司工作人员饶某、X公司法定代表人谢某及办理房屋转移登记的委托代理人朱某作了相关询问笔录。饶某述称：其系C公司工作人员，负责保管C公司印章、法定代表人私章及《销售不动产统一发票》。2009年6月，有3个自称是X公司的人来公司找其盖章，并告知已与任某电话联系，任某已同意在X公司带来的登记材料上加盖C公司公章和法定代表人私章。但其从未向X公司开具过《销售不动产统一发票》。谢某述称：其办理房屋过户手续已取得C公司任某的同意。为办理本案房屋转移过户手续，其授权委托朱某具体办理。C公司公章及法定代表人私章是叫其兄谢友某与朱某一起前往C公司加盖的，办理房产过户手续的六套《商品房买卖合同》都是朱某提供的，目的是为办理产权过户需要提供资料，并不是真实的买卖合同。朱某还称：其在长沙SD房地产开发公司工作，主要负责代表公司到房产局办理房屋产权有关手续。2009年5月底6月初，X公司法定代表谢某找到他，向其出示了谢某与C公司签订的《资产购买合同书》以及C公司的六本《房屋所有权证》，随后X公司委托其办理上述房屋的转移登记手续。2009年6月，其持从原房产局领取的空白《商品房买卖合同》《长沙市房屋转移授权委托书》《长沙市房屋所有权转移登记（询问）申请书》等材料前往C公司加盖了C公司公章及法定代表人私章。在办理房屋转移登记过程中，C公司不愿提供《销售不动产统一发票》，遂通过伪造《销售不动产统一发票》及C公司财务专用章的方式，持伪造的出票人为C公司的《销售不动产统一发票》复印件及其他填写的加盖C公司、X公司公章及两公司法定代表人私章的《商品房买卖合同》《长沙市房屋转移授权委托书》《长沙市房屋所有权转移登记（询问）申请书》等相关登记材料，于2009年6月8日前往原房产局办理了该房屋转移登记手续。

还查明：C公司成立于2002年10月23日，任某为该公司原法定代表人及公司股东，现法定代表人为任某某（系任某之女）。2009年5月14日，该公司通过2008年度工商年检注册。X公司成立于2009年1月7日，法定代表人为谢某。

2009年7月15日，X公司向黄某借款800万元，X公司将本案所涉《房屋所有权证》名下房屋及X公司名下其他房产作担保并办理了房屋抵押登记。2009年7月17日，黄某领取了抵押房屋《房屋他项权证》。因X公司逾期未归还欠款，黄某向长沙市芙蓉区人民法院提起民事诉讼。该院作出的（2009）芙民初字第2952号民事判决已发生法律效力，黄某已就该判决申请强制执行。在执行过程中，因X公司无其他财产可供执行，黄某申请对上述X公司抵押房产予以拍卖、变卖，以偿还X公司所欠债务，现该案正在执行过程中。

一审法院认为，本案各方当事人争议的焦点主要为：一是C公司、X公司办理产权过户主要材料是否确实充分；二是房产局在办理房屋转移登记审查时有无违反法定程序；三是本案行政诉讼标的是否为已发生法律效力的民事判决所羁束。

一审法院针对C公司、X公司办理产权过户主要材料是否确实、充分问题的审查。（1）C公司、X公司办理产权过户的依据《商品房买卖合同》是否系虚假登记材料问题。原告认为X公司成立于2009年1月7日，《商品房买卖合同》签订时间为2007年8月15日，而此时X公司尚未成立，且《商品房买卖合同》约定的房屋买卖价格为每平方米5720元，与C公司、谢某签订《资产购买合同》约定的每平方米9950元价格相距甚远，且该《商品房买卖合同》是X公司骗取C公司具体经办人饶某在空白合同上盖章后伪造，其向房产局提交该份合同，显然系虚假资料，是为了规避2008年9月1日起实行的不动产交易网上签约的规定，以及以低于实际成交价格申报偷漏国家税收。被告及第三人X公司、黄某认为，虽然《商品房买卖合同》上填写的时间为2007年8月15日，但根据长沙市雨花区公安局经侦支队对C公司任某、饶某，X公司谢某及办证共同委托代理人朱某的询问笔录证实，双方签订合同盖章的实际时间在2009年6月，此时X公司已经成立。同时从《商品房买卖合同》填写的X公司营业执照注册号4300000005027×可知，《商品房买卖合同》签订的实际时间应在X公司办理了企业法人营业执照之后，如果是在此之前，合同双方当事人是不会知晓X公司营业执照注册号的，因此《商品房买卖合同》是C公司、X公司的真实意思表示，不影响房产局转移登记的实体公正。本院认为根据相关法律、法规规定，不要求登记机关房产局对《商品房买卖合同》的效力进行审查，但房产局对当事人申请登记的《商品房买卖合同》等材料的真实性具有审查的职责。本案《商品房买卖合同》合同双方为X公司、C公司，合同签订的时间为2007年8月15日，合同标的是长沙市W

路长远—华樟名府房屋所有权。合同房屋平均单价为每平米5720元。而实际情况是2008年12月C公司与谢某签订了《资产购买合同》，对包含上述买卖房屋的房产约定的买卖平均单价为每平方米9950元，2007年8月15日合同签订时，《商品房买卖合同》合同主体X公司尚未成立，同时结合公安机关对X公司法定代表人谢某所作询问笔录中谢某述称《商品房买卖合同》“目的是为了办理产权过户需要提供资料，因此并不是真实买卖合同”这一表述，应能综合认定该《商品房买卖合同》是为办理房屋转移登记而作出的一份不真实的《商品房买卖合同》。（2）朱某非法伪造的《销售不动产统一发票》是不是申请办理房屋登记的必要资料的问题。原告认为，被告在办理房屋转移登记中向C公司、X公司收取了《销售不动产统一发票》，该资料应属于《房屋登记办法》第33条第1款第4项中所规定的申请房屋登记时应提交的“其他必要材料”，在被告处办理房屋过户转移登记时，若不提供《销售不动产统一发票》原件供核对且交被告留存复印件，在现实中肯定无法办理过户登记手续。被告认为《销售不动产统一发票》不是《房屋登记办法》中规定的办理房屋转移登记的必要材料。一审法院认为根据《房屋登记办法》及本案办理房屋产权转移登记代理人朱某的陈述，《销售不动产统一发票》作为不动产交易发生的相关证明，应属于产权转移登记的必要材料，但《销售不动产统一发票》及C公司财务专用章的真伪不是房产局形式审查的范围，房产局对此没有过错。（3）房产局提交的证据材料中，《企业法人营业执照》复印件是不是虚假材料问题。原告认为本案中房屋过户手续办理的时间是2009年6月8日，但根据C公司提供的材料，2009年5月14日，C公司已在湖南省工商行政管理局进行2008年度工商年检，故在此时《企业法人营业执照》上应已有2008年度年检的签章，但房产局向法庭提供的其留存的C公司《企业法人营业执照》复印件并无2008年度工商行政管理局的年检签章，说明X公司和朱某向房产局提供了失效的C公司《企业法人营业执照》，且房产局未将该《企业法人营业执照》复印件与真实原件核对。一审法院认为经审查房产局提交的《企业法人营业执照》复印件无湖南省工商行政管理局于2009年5月14日加盖的2008年度年检签章，故能说明2009年6月8日房产局办理登记手续，收取的不是已经过工商2008年度年检后的C公司《企业法人营业执照》复印件，而是一份已失效的C公司《企业法人营业执照》复印件，应认为该资料系虚假资料。(4)加盖C公司公章的《长沙市房屋转移授权委托书》《长沙市房屋所有权转移登记（询问）申请书》的真实性问题。房产局在办理房屋转移登记手续时向申请人收取了加盖了C公司、X公司公章、法定代表人私章的《长沙市房屋转移授权委托书》及《长沙市房屋所有权转移登记（询问）申请书》。原告认为，该两份材料是X公司和朱某骗取C公司工作人员饶某在空白文书上盖的章，且《长沙市房屋所有权转移登记（询问）申请书》上根本无询问人和被询问人的签名或盖章，违反了《房屋登记办法》第18条的规定，因此，该两份申请登记材料均不是C公司的真实意思表示。被告、第三人认为，该两份材料均加盖了C公司、X公司印章，虽然《长沙市房屋所有权转移登记（询问）申请书》中无询问人和被询问人的签名或盖章，但属于房产局具体办理房产登记中的瑕疵，并不影响该两份材料的真实性。芙蓉区法院认为公安机关调查已证明该两份登记材料是X公司和朱某要C公司工作人员饶某在空白材料上加盖公章的事实，同时《房屋登记办法》第18条规定：询问结果应当经申请人签字确认，并归档保留；而本案中《长沙市房屋所有权转移登记（询问）申请书》中并无申请人（被询问人）及房产局询问人签字确认，不能证明上述两份申请转移登记材料是C公司的真实意思表示。

一审法院针对房产局在办理房屋转移登记时有无违反法定程序问题的审查。《房屋登记办法》第11条第1款、第2款规定，申请房屋登记，申请人应当向房屋所在地的房屋登记机构提出申请，并提交申请登记材料。申请登记材料应当提供原件，不能提供原件的，应当提交经有关机构确认与原件一致的复印件。第18条第1款规定，房屋登记机构应当查验申请登记材料，并根据不同登记申请就申请登记事项是不是申请人的真实意思表示、申请登记房屋是否为共有房屋、房屋登记簿记载的权利人是否同意改正，以及申请登记材料中需要进一步明确的其他有关事项询问申请人。询问结果应当经申请人签字确认，并归档留存。芙蓉区法院认为房产局在办理房屋转移登记手续时在程序上存在以下问题：（1）未依法定程序查验原件。经法庭调查，在房产局提交的证据材料中C公司《企业法人营业执照》复印件未有工商行政管理机关2008年度年检签章，与C公司起诉时提供的《企业法人营业执照》原件不符，系失效的《企业法人营业执照》复印件，房产局在办理登记审查时未将该《企业法人营业执照》复印件与原件核对查验。（2）未依法定程序查明《长沙市房屋转移授权委托书》的真实性和合法性。根据《房屋登记办法》第15条第2款的规定，委托代理人申请房屋登记的，代理人应当提交授权委托书和身份证明。《湖南省〈房屋登记办法〉实施细则》第16条第2款规定，委托代理人申请房屋登记的，代理人应当提交授权委托书和身份证明。涉及房屋权利处分的，授权委托书应当公证或律师事务所见证。本案中，代理人朱某未向房产局提交委托人C公司身份证明原件，即C公司《企业法人营业执照》原件，由于涉及产权过户，系对该房屋权利的处分，应向房产局提交经公证或律师事务所见证的《授权委托书》，但房产局在上述材料缺失的情况下未查明委托的真实性和合法性，却认可了朱某委托代理人的身份。（3）未依法定程序进行询问。根据《物权法》第12条、《房屋登记办法》第18条、《湖南省〈房屋登记办法〉实施细则》第19条的规定，（登记机关）根据不同登记申请就申请登记事项是不是申请人的真实意思表示，申请登记房屋是否为共有房屋，房屋登记记载的权利人是否同意更正，以及申请登记材料需进一步明确的其他有关事项询问申请人。询问结果应当经申请人签字确认，并予以保留。本案房产局在《长沙市房屋所有权转移登记（询问）申请书》“询问内容”栏规定的“以下内容在验证柜与工作人员当面填写”等程序中，无房产局询问人及申请人签字确认。（4）未依法定程序对《商品房买卖合同》的真实性进行审查。本案中《商品房买卖合同》签订时间为2007年8月15日，但X公司《企业法人营业执照》却表明《商品房买卖合同》中的买方X公司成立于2009年1月7日，即《商品房买卖合同》签订时X公司尚未成立，房产局即使对相关登记材料作形式上的审查亦应发现该矛盾，但房产局未尽专门机关的注意义务，认可了该《商品房买卖合同》的真实性、合法性，并以此为依据办理了X公司房屋转移登记手续。房产局负有对该房屋转移登记材料审查不严的责任。

一审法院针对本案行政诉讼标的是否为发生法律效力的民事判决所羁束的问题的审查。芙蓉区法院认为本案行政诉讼标的是房屋转移登记行政法律关系，已发生法律效力的（2009）芙民初字第2592号民事判决书确认的是黄某与X公司房屋抵押民事法律关系，系两类不同法律关系，故本案行政诉讼标的不受该生效民事判决所羁束。

综上，本案行政诉讼是对房产局作出的原告C公司及第三人X公司申请房屋所有权转移登记行政行为合法性的审查，该次转移登记的主要登记材料是C公司、X公司的《商品房买卖合同》，而该合同经查系不真实的《商品房买卖合同》，另《销售不动产统一发票》也系伪造，同时被告房产局没有依法查验申请登记材料，没有就是不是申请人真实意思表示等有关事项询问申请人，没有依法要求提供登记材料（C公司《企业法人营业执照》）原件或提交经有关机构确认与原件一致的复印件，没有要求办理登记的委托代理人朱某提交经公证或律师事务所见证《授权委托书》，存在具体行政行为主要证据不足，违反法定程序等问题，该房屋转移登记行政行为已违反《物权法》第12条、《房屋登记办法》第11条第2款、第15条、第18条第1款及《湖南省〈房屋登记办法〉实施细则》第12条、第16条、第19条之规定，依照《行政诉讼法》第54条第2项第1目、第3目（现行《行政诉讼法》第70条第1项、第3项）的规定，**判决如下：撤销被告长沙市房屋产权管理局颁发的长房权证雨花字第70908829×号、第70908779×号、第**

70908831× 号、第 70908831× 号、第 70908831× 号、第 70908830× 号六本《房屋所有权证》。

湖南省长沙市中级人民法院作出的（2011）长中行终字第 0059 号行政判决认定的事实与原判决基本相同。另查明，市房产局已并入新设机构即住房和城乡建设委员会，但因该机构尚无机构代码证，故仍沿用原名称。

二审法院认为，原市房产局依法具有房屋管理行政登记的法定职权，但其办理涉案房屋产权转移登记行为时，没有履行合理审慎的审查义务，在对申请登记材料的形式审查方面有所欠缺。主要表现在原市房产局办理登记行为时未将 C 公司的营业执照复印件与原件进行核对，询问申请书中双方应当签字而未签字，以及商品房买卖合同中落款时间倒签等方面，原审判决认定事实基本清楚，审判程序合法。但涉案标的物已为原审第三人设定抵押担保权，故一审法院予以撤销不妥；且行政诉讼标的是具体行政行为，本案中系被诉房屋产权转移登记行为，而非房屋登记所有权证，应予纠正。综上，依照《最高人民法院关于审理房屋登记案件若干问题的规定》第 11 条第 3 款之规定，判决如下：（1）撤销一审判决；（2）确认长沙市房屋产权管理局作出的长房权证雨花字第 70908829× 号、第 70908779× 号、第 70908831× 号、第 70908831× 号、第 70908831× 号、第 70908830× 号六本《房屋所有权证》的房屋转移登记行为违法。

湖南省人民检察院于 2012 年 1 月 31 日提出抗诉。湖南省人民检察院认为，原二审判决适用法律错误。理由是：《最高人民法院关于审理房屋登记案件若干问题的规定》第 11 条第 3 款规定："被诉房屋登记行为违法，但判决撤销将给公共利益造成重大损失或者房屋已为第三人善意取得的，判决确认被诉行为违法，不撤销登记行为。"二审判决援引此条确认原房产局颁发房产证行为违法，却不了撤销所颁房产证明显不当。该条明确限定只有"撤销给公共利益造成重大损失或房屋已为第三人善意取得的”才能仅确认违法而不予撤销。本案明显不牵涉公共利益，亦不属于“房屋已为第三人善意取得”的情况。《物权法》第106条第1款明确规定了善意取得不动产或者动产的所有权的条件：“（一）受让人受让该不动产或者动产时是善意的；（二）以合理的价格转让；（三）转让的不动产或者动产依照法律规定应当登记的已经登记，不需要登记的已经交付给受让人。”X公司系采用伪造发票等欺诈手段取得房屋所有权，明显缺乏善意，不符合善意取得的条件。至于本案房产证上设定的抵押权，则并非《物权法》第106条所规定的善意取得的对象，善意取得的仅可能是动产和不动产所有权。

湖南省高级人民法院作出的（2012）湘高法行再字第3号行政判决认定的事实与一、二审判决基本相同。

该院另查明：朱某在原房产局办理本案所涉产权过户手续时提交的委托书未经公证或律师事务所见证；所提交的《商品房买卖合同》的合同签订时间为2007年8月15日（当时合同主体X公司尚未成立）；所提交的《销售不动产统一发票》系伪造；提交的C公司《企业法人营业执照》复印件无湖南省工商行政管理局于2009年5月14日加盖的2008年度年检章；原房产局在办理本案所涉房产过户手续时未核对C公司营业执照原件，对申请人进行询问后询问结果未经申请人签字确认。另，原房产局已撤销，其有关房屋登记职能由2011年5月12日成立的长沙市住房和城乡建设委员会行使。

该院的再审判决认为，原房产局在办理本案转移登记时没履行合理审慎的审查义务，应认定为违法。本案X公司与黄某并未申请再审，是检察机关抗诉启动的再审，抗诉机关认为二审判决撤销所颁房产证属适用法律错误，对二审判决有关颁证行为违法这一认定并无异。故本案争议的焦点限于本案所涉原房产局的房产转移登记行为应否撤销。《最高人民法院关于审理房屋登记案件若干问题的规定》第11条第3款规定：“被诉房屋登记行为违法，但判决撤销将给公共利益造成重大损失或者房屋已为第三人善意取得的，判决确认被诉行为违法，不撤销登记行为。”综合理解该条，“房屋已被第三人善意取得”应理解为“善意取得房屋”，即取得房屋的完全处分的权利而不是部分权利，故本条所规定的不撤销登记行为的情形限于善意取得“所有权”，而不包含善意取得所有权以外的他项权利如抵押权的情形。另从确认判决的适用情形看，本案不属只确认违法而不予撤销的情形。现行《行政诉讼法》对确认判决没有规定。《最高人民法院关于执行〈中华人民共和国行政诉讼法〉若干问题的解释》第 57 条规定了确认判决的适用范围，该条第 2 款规定：“有下列情形之一的，人民法院应当作出确认被诉具体行政行为违法或者无效的判决：（一）被告不履行法定职责，但判决责令其履行法定职责已无实际意义的；（二）被诉具体行政行为违法，但不具有可撤销内容的；（三）被诉具体行政行为依法不成立或者无效的。”此外，该解释第 50 条第 3 款、第 4 款规定：“被告改变原具体行政行为，原告不撤诉，人民法院经审查认为原具体行政行为违法的，应当作出确认其违法的判决；认为原具体行政行为合法的，应当判决驳回原告的诉讼请求。原告起诉被告不作为，在诉讼中被告作出具体行政行为，原告不撤诉的，参照上述规定处理。”《最高人民法院关于审理房屋登记案件若干问题的规定》第 11 条第 3 款规定：“被诉房屋登记行为违法，但判决撤销将给公共利益造成重大损失或者房屋已为第三人善意取得的，判决确认被诉行为违法，不撤销登记行为。”以上规定表明，具体行政行为违法时一般应予撤销，只有在特殊情形中才只确认违法而不予撤销。在本案所诉行政行为违法又不存在不予撤销的情形时，依法应予以撤销。综上，抗诉机关的抗诉理由部分成立，本案原房产局所作房屋转移登记行为违法并应予以撤销。依照《最高人民法院关于审理房屋登记案件若干问题的规定》第 11 条第 3 款、《最高人民法院关于执行〈中华人民共和国行政诉讼法〉若干问题的解释》第 76 条及《行政诉讼法》第 61 条第 2 项（现行《行政诉讼法》第 89 条第 2 项）的规定，**判决如下：（1）撤销长沙市中**

级人民法院（2011）长中行终字第0059号行政判决；（2）维持长沙市芙蓉区人民法院（2010）芙行初字第74号行政判决。

申诉人X公司、长沙市住房和城乡建设委员会向最高人民法院申诉，请求：撤销湖南省长沙市芙蓉区人民法院（2010）芙行初字第74号行政判决，撤销湖南省长沙市中级人民法院（2011）长中行终字第0059号行政判决，撤销湖南省高级人民法院（2012）湘商再终字第3号行政判决，并驳回被申诉人的诉讼请求。理由有四点：

（1）一审、二审、再审判决认定房屋转移登记行为违法与事实和法律不符

①C公司与X公司的房屋买卖合同关系客观真实，且已实际履行。②在办理房屋转移登记时，X公司和C公司共同提交的登记申请材料齐全合法。依照《房屋登记办法》第33条的规定，商品房销售发票不是房屋转移登记的必要收件。C公司、X公司共同委托代理人朱某提交的《销售不动产统一发票》不属于申诉人办理房屋转移登记必要审查范围。申请登记时所提供的《企业法人营业执照》与C公司工商登记情况一致公司当时的实际状况相符，并未失效，其足以证明C公司的身份情况，已满足房屋转移登记的需要。③申诉人依法询问了房屋交易当事人，履行了相关登记程序。据此，申诉人对当事人所提交材料依法进行了审核，虽然对部分材料审查不严，存在一定瑕疵，但所确认的事实与实际情况完全相符，没有造成错误登记，不足以认定为行政行为违法。因而，一审、二审、再审判决认定房屋转移登记行政行为违法，没有事实和法律依据。

（2）被申诉人意图以行政诉讼实现民事诉讼目的，存在恶意诉讼

2009年9月4日，被申诉人C公司原法定代表人任某向长沙市公安局雨花分局报案要求追究谢某的刑事责任。长沙市雨花区公安分局经调查认为，不符合刑事立案条件，未予立案。2009年9月28日，C公司又向长沙市雨花区人民法院以 X 公司采取欺诈手段，将该公司名下六本房屋所有权证过户到 X 公司为由，提起民事诉讼。在民事案件审理过程中，2010 年 4 月 23 日，C 公司以长沙市住房和城乡建设委员会违法办理涉案房屋转移登记为由向长沙市芙蓉区人民法院提起行政诉讼，要求撤销涉案房产的过户登记行为，并申请受案法院中止民事案件的审理（有关民事案件的审理情况不详）。C 公司提起行政诉讼的真实目的是想通过行政诉讼撤销房屋过户登记行为来达到其民事诉讼不可能达到之目的，从而获取因房价上涨带来的丰厚收益。

（3）一审、再审法院判决撤销房屋所有权证的判决结果不当

依照《房屋登记办法》《最高人民法院关于审理房屋登记案件若干问题的规定》的相关规定，房屋因错误登记的，可以撤销房屋登记，收回房屋权属证书，而不是直接撤销房屋所有权证。一审法院直接判决撤销房屋所有权证，显然违反了上述法律规定，再审法院竟维持了一审错误判决。

（4）一审、再审法院的判决，剥夺了抵押权人的合法权益

一审、再审法院判决撤销涉案 X 公司名下的房屋所有权证，必然影响抵押人的抵押权实现，直接侵害了他人善意取得的他项权。

二、审查中发现的问题

在梳理出原审审理情况及思路并查阅各方当事人提供的材料后，有以下几点问题：

（一）提起民事诉讼后，为何又提起行政诉讼

房屋权属来源于民事主体的买卖、共有、赠与、抵押、婚姻、继承等民事法律行为而产生的，并不是行政机关的行政行为而赋予的。房屋登记是房屋登记机关依据当事人的申请，经审查符合法律规定的要求，依法把土地和房屋权利和其

他应当记载的事项记载于登记簿上的行为。而作为不动产物权变动的公示方式，通过登记簿将房地产物权现状和变动等情况向社会公示。房地产登记是形式审查为主、实质审查为辅的审查方式。这种审查方式，登记人员不必审查不动产物权变动原因的实体法律关系，只是依当事人的申请，依据登记程序行为，将不动产物权情况记载于登记簿上予以公示。因此，房屋所有权的归属问题，是房屋所有权登记的核心问题。登记权属正确，其他方面即使存在问题，亦不能改变登记所确立的权属关系；登记权属错误，即使登记机关已尽到审慎审查责任的，亦应纠正错误的登记所确立的权属关系。因房屋登记是根据申请人一方提供的材料，房屋登记机关或机构经核实的情况下作出的，与民事诉讼相比它缺少与争讼房屋存在利害关系人的抗辩，故它的真实性相对低于民事判决认定的事实。因此，我国法律规定，当房屋权属问题发生纠纷时，可以向人民法院提起民事诉讼。换言之，确认房屋权属的权力由人民法院行使。房屋登记纠纷，很多是当事人因房屋产权纠纷引起的。据此，《物权法》第 19 条规定："权利人、利害关系人认为不动产登记簿记载的事项错误的，可以申请更正登记。不动产登记簿记载的权利人书面同意更正或者有证据证明登记确有错误的，登记机构应当予以更正。不动产登记簿记载的权利人不同意更正的，利害关系人可以申请异议登记。登记机构予以异议登记的，申请人在异议登记之日起十五日内不起诉，异议登记失效。异议登记不当，造成权利人损害的，权利人可以向申请人请求损害赔偿。"《房屋登记办法》[1] 依据该条的规定作出了一些具体规定。《最高人民法院关于审理房屋登

---

1 《房屋登记办法》第 76 条　利害关系人认为房屋登记簿记载的事项错误，而权利人不同意更正的，利害关系人可以持登记申请书、申请人的身份证明、房屋登记簿记载错误的证明文件等材料申请异议登记。

第 77 条　房屋登记机构受理异议登记的，应当将异议事项记载于房屋登记簿。

第 78 条　异议登记期间，房屋登记簿记载的权利人处分房屋申请登记的，房屋登记机构应当暂缓办理。

权利人处分房屋申请登记，房屋登记机构受理登记申请但尚未将申请登记事项记载于房屋登记簿之前，第三人申请异议登记的，房屋登记机构应当中止办理原登记申请，并书面通知申请人。

第 79 条　异议登记期间，异议登记申请人起诉，人民法院不予受理或者驳回其诉讼请求的，异议登记申请人或者房屋登记簿记载的权利人可以持登记申请书、申请人的身份证明、相应的证明文件等材料申请注销异议登记。

第 80 条　人民法院、仲裁委员会的生效法律文书确定的房屋权利归属或者权利内容与房屋登记簿记载的权利状况不一致的，房屋登记机构应当按照当事人的申请或者有关法律文书，办理相应的登记。

记案件若干问题的规定》第8条规定："当事人以作为房屋登记行为基础的买卖、共有、赠与、抵押、婚姻、继承等民事法律关系无效或者应当撤销为由，对房屋登记行为提起行政诉讼的，人民法院应当告知当事人先行解决民事争议，民事争议处理期间不计算在行政诉讼起诉期限内；已经受理的，裁定中止诉讼。"为了减少当事人的诉累，提高审判效力，防止判决相互不一致的问题发生，《最高人民法院关于执行〈中华人民共和国行政诉讼法〉若干问题的解释》第61条规定："被告对平等主体之间民事争议所作的裁决违法，民事争议当事人要求人民法院一并解决相关民事争议的，人民法院可以一并审理。"

从申诉人提供的申诉材料中，发现C公司以"X公司采取欺诈手段，将该公司名下六本房屋所有权证过户到X公司"为由，于2009年9月28日向长沙市雨花区人民法院提起民事诉讼。雨花区人民法院在审理该民事案件中，C公司于2010年4月23日又向长沙市芙蓉区人民法院提起行政诉讼，要求判令撤销长沙市房屋产权管理局过户房屋给X公司的具体行政行为。长沙市芙蓉区人民法院受理该案后，请求雨花区人民法院中止该民事案件的审理。雨花区人民法院于2010年4月30日裁定本案中止诉讼。但有关材料中，未反映出雨花区人民法院是否恢复审理、是否作出相应的裁判。

HOW JUDGES THINK

本案的原告C公司提起民事诉讼，本是解决此纠纷的合法而有效的途径，却在正常的途径中突然改变了方向而提起行政诉讼，不能不让人感觉有些蹊跷。根据多年审判实践的直觉，笔者认为原告在民事诉讼中，很难得到其想得到的结果，试图通过行政诉讼而获得，所以，由民事诉讼转向行政诉讼。正如申诉人所指出的，C公司提起行政诉讼的真实目的是想通过行政诉讼撤销房屋过户登记行为来达到其民事诉讼不可能达到之目的，从而获取因房价上涨带来的丰厚收益。

◎（二）为何中止民事诉讼，而不中止行政诉讼

HOW JUDGES THINK

因此类行政与民事交叉的案件，民事案件的事实是行政案件的基础事实，一般应先进行民事诉讼，待民事诉讼审结后，视情况进行行政诉讼。根据《最高人民法院关于审理房屋登记案件若干问题的规定》第 8 条的规定，芙蓉区人民法院不应当受理该行政案件。即使受理，应当是芙蓉区人民法院中止行政案件的审理，而不是雨花区人民法院中止民事案件的审理。此外，《行政诉讼法》第 19 条（现行《行政诉讼法》第 20 条）和《民事诉讼法》第 33 条第 1 项均规定，因不动产纠纷提起的民事、行政诉讼，均应当由不动产所在地人民法院管辖。涉及本案争议房屋的民事案件是由长沙市雨花区法院管辖，但本案一审却是由长沙市芙蓉区人民法院管辖，显然违反了上述规定。反映出原告 C 公司具有很深的背景和很大的能量，雨花区人民法院不愿蹚这滩浑水，以中止诉讼的方式规避审理，逃避责任。

民事诉讼最终结果如何，从有关材料中未有反映。于是笔者向湖南省高院行政庭的同志打电话询问，他们向雨花区人民法院查询后告知我，C 公司向雨花区人民法院申请撤诉，该院已于 2012 年 9 月裁定准许撤诉。也就是说，雨花区人民法院对本案相关的民事合同的效力问题未经审查。

◎（三）骗取六个合同上盖章的事实能否成立

湖南省高院再审行政判决中认定，在 C 公司不知情的情况下，经办人朱某骗取 C 公司员工饶某在六个合同书、委托书、申请书上加盖 C 公司公章和法人代表私章。

HOW JUDGES THINK

尽管尚未阅一审、二审和再审案卷，但根据日常经验，C公司将其名下本案诉争房产的《房屋所有权证》六本原件交给谢某。C公司工作人员不会在没有老板准许的情况下，在价值近千万元的合同书、委托书、申请书上，仅听公司外的人几句话，就加盖公章和法人代表的私章。换言之，骗取的可能性不大。除非卷中还有其他特殊证据，才有可能成立。

因合同书、委托书、申请书上均加盖了C公司公章和法人代表私章。在此问题上，登记机关不存在过错问题。

◎…（四）被诉登记行为中是否存在违反法定程序

1. 再审判决认为，代理人朱某未向原房产局提交经公证或律师事务所见证的《授权委托书》，在材料缺失的情况下认可了朱某委托代理人的身份违法。《房屋登记办法》第15条第2款规定："委托代理人申请房屋登记的，代理人应当提交授权委托书和身份证明。境外申请人委托代理人申请房屋登记的，其授权委托书应当按照国家有关规定办理公证或者认证。"《湖南省〈房屋登记办法〉实施细则》第16条第2款规定："委托代理人申请房屋登记的，代理人应当提交授权委托书和身份证明。涉及房屋权利处分的，授权委托书应当公证或律师事务所见证。境外申请人委托代理人申请房屋登记的，其授权委托书应当按照国家有关规定办理公证或者认证。"本案房屋转移登记申请人只是代理办理房屋登记手续，而非代理所有权人处分房屋所有权。根据上述规定，不需要提交经公证或者见证的授权委托书。

2. 再审判决认为，房产局提交的《企业法人营业执照》复印件无湖南省工商行政管理局于2009年5月14日加盖的2008年度年检签章，说明该执照复印件已失效。原房产局未对提交的工商执照复印件与原件进行核对，存在审查不严的问题。但该《企业法人营业执照》与C公司工商登记情况一致，与该公司当时的实际状况相符，所提交的C公司《企业法人营业执照》不会导致房屋转移登记的错误。

3. 再审判决认定，朱某提供的《销售不动产统一发票》系伪造属实。《销售不动产统一发票》属于《房屋登记办法》第33条第1款第5项中规定的“其他必要材料”。故被诉登记行为违反了该条的规定。该办法第33条第1款规定：“申请房屋所有权转移登记，应当提交下列材料：（一）登记申请书；（二）申请人身份证明；（三）房屋所有权证书或者房地产权证书；（四）证明房屋所有权发生转移的材料；（五）其他必要材料。”该条中规定的“其他必要材料”一般是针对特定登记类型和个案收取的资料，除法律法规另有规定，并非要求所有登记都收取此类材料。这些材料主要包括下列三类：一是转让划拨土地的房屋，应提交政府的批准文件；二是缴纳契税的凭证；三是测绘图件。经查，从1987年部署全国范围内的房屋总登记以来，建设部从未规定须凭销售发票办理商品房转移登记。湖南省和长沙市的相关规定中亦未作出规定。也就是说，销售不动产统一发票不属于办理房登记必要审查的范围。因此，不能以此否定房屋登记的效力。

4. 存在询问申请书中双方应当签字而未签字，以及商品房买卖合同中落款时间倒签等方面问题，违反了相关规定，但符合实质要件，不能仅仅以此否定房屋登记的效力。

（五）不撤销登记行为的情形是否适用善意取得抵押权的情形

不动产登记制度的主要功能是保障不动产交易安全，有效保护不动产权利人的合法财产权。购买房屋一方根据不动产产权簿上所确认房屋的所有人，与其进行交易，善意取得登记房屋的所有权，理应受到法律保护，并可对抗第三人。否则，购买房屋者因出售房屋者先前违法登记，其依法购买房屋的买卖关系不成立，须将房屋退还给真正的所有权人，那么，我国的不动产登记制度将会崩溃。为了保护善意第三人的合法权益，《最高人民法院关于审理房屋登记案件若干问题的规定》第11条第3款规定：“被诉房屋登记行为违法，但判决撤销将给公共利益造成重大损失或者房屋已为第三人善意取得的，判决确认被诉行为违法，不撤销登记行为。”

房地产抵押登记是抵押双方当事人为使抵押成立而在房地产登记机构依照法定程序履行的法定行为。由于抵押权是从所有权这一物权上设定的他项权利——担保物权，即限制物权，其主要作用在于限制抵押人对抵押房地产的处分权利，未经抵押权人同意，抵押物不得进行转让、出租等处分。债务人到期不能偿还全部债务，抵押权人即可根据公证机关依法赋予强制执行效力的《房地产抵押合同》向人民法院申请强制执行，拍卖抵押的房地产。抵押房地产一经拍卖，即发生房地产权属变更，新的房地产权利人和抵押人应向房产管理部门和土地管理部门申请过户登记。因抵押权是建立在物权之上的他项权利，如果物权不存在，抵押权也就难以成立。为充分保护善意抵押权人的合法权益，最高人民法院行政审判庭2011年12月13日作出的（2011）行他字第75号《关于其他财产共有人起诉期限计算以及对抵押权人是否适用善意取得问题的答复》中明确指出：“抵押权的实现是物权变更的原因和方式之一，同样可以适用善意取得制度。”

HOW JUDGES THINK

本案的事实是，X公司向黄某借款800万元，将其本案所涉《房屋所有权证》名下房屋及X公司名下其他房产作担保并办理了房屋抵押登记。黄某领取了抵押房屋《房屋他项权证》。因X公司逾期未归还欠款，黄某向芙蓉区人民法院提起民事诉讼。该院作出的民事判决已发生法律效力，黄某已就该判决申请强制执行。在执行过程中，因X公司无其他财产可供执行，黄某申请对上述X公司抵押房产予以拍卖、变卖，以偿还X公司所欠债务，现该案正在执行过程中。此段事实说明以下问题：一是X公司将其本案所涉《房屋所有权证》名下房屋及X公司名下其他房产作担保并办理了房屋抵押登记；二是确定了该房屋抵押是有效

HOW JUDGES THINK

的；三是X公司无其他财产可供执行；四是法院已进入执行阶段。如果撤销本案所涉六本《房屋所有权证》的登记，X公司不是涉案房屋的所有权人，抵押所依据的基础已不复存在，意味着抵押登记不能成立。只有判决确认被诉登记行为违法，抵押登记才成立，抵押权人的合法权益才能得到保障。据此，湖南省人民检察院的抗诉书和湖南省高级人民法院再审行政判决中均认为，不撤销登记行为的情形不适用善意取得抵押权的情形。该理由与最高人民法院行政审判庭2011年12月13日作出的（2011）行他字第75号《关于其他财产共有人起诉期限计算以及对抵押权人是否适用善意取得问题的答复》的规定显然不一致。

综合上述情况，笔者认为此案应当发回重审。理由如下：（1）违反了《最高人民法院关于审理房屋登记案件若干问题的规定》第8条和《最高人民法院关于执行〈中华人民共和国行政诉讼法〉若干问题的解释》第61条规定的民事优先或一并审理原则。（2）有关房屋权属问题未审查。（3）根据判决所列证据难以认定骗取加盖公章和法人代表的私章。（4）根据《物权法》第106条第3款和《最高人民法院关于审理房屋登记案件若干问题的规定》第11条第3款及最高人民法院行政审判庭2011年12月13日作出的（2011）行他字第75号《关于其他财产共有人起诉期限计算以及对抵押权人是否适用善意取得问题的答复》的规定，再审行政判决认为，虽涉案标的物已为原审第三人设定抵押担保权，但抵押权不适用该规定“善意取得”的，只能撤销，不能确认违法，属于适用法律错误。

合议庭第一次合议时，大家一致同意此意见。

湖南省高级人民法院根据湖南省人大及其内司委、省政法委、省检察院的要求，向最高人民法院报送来《湖南C公司诉长沙房产局房屋登记行政案件基本情况汇报》。该报告的主要内容是坚持再审判决的意见。收到该报告后，庭领导建议合议庭到长沙听证后，进行调解，尽可能促成当事人达成和解协议，稳妥地平息此案。

三、听证与调解

在听证协调中，主要对下列问题进行核实并听取了各方当事人的意见。

（一）关于两个《资产购买合同》的效力问题

2008年12月10日，谢某与C公司签订的两个《资产购买合同》。在听证中，任某与谢某均认为上述两个合同都是自愿签订的。任某认为由于谢某一再违约，故上述两个合同无效。谢某认为上述两个合同有效。因双方当事人是在自愿的基础上签订上述两个合同，现仅一方当事人认为对方违约合同无效，另一方不认可的情况下，未经有权机关确认合同的效力，一、二审和再审中均未对两个合同的效力问题进行审查，故难以认定上述两个合同的效力。

（二）关于X公司支付合同款项的问题

听证中，就湖南Q房地产估价经济咨询有限公司致长沙市芙蓉区人民法院委托函中指出：C公司交给X公司六本房产证上的房屋（包含其分摊土地面积的使用价值）为人民币2397.98万元。各方当事人对此未提出异议。

原告与被告均认可，2008年3月24日至12月10日，谢某总共支付C公司3010万元，其中60万元被C公司作为利息扣除。生效判决认定，谢某及其关联方先后向C公司支付购买资产款项共计2950万元是正确的。

但C公司认为：谢某实际只向C公司支付购房款仅450万元。理由是：（1）蒋某到期实际付款1100万元，蒋某于当日向C公司出具《延期履行付款请求》；C公司同意蒋某延期到2008年5月15日的请求，到期日蒋某仍未付新款；5月21日，谢某为蒋某提供担保。担保协议约定：C公司向蒋某提供5000万元的房产（3 批房产证）供对方融资用于支付 C 公司的购房款，谢某担保在 2008 年 7 月 15 日前分 3 次付新款 2589 万元，共计向 C 公司付款 3689 万元。后蒋某以 C 公司的房产作抵押分别向湘潭市商业银行贷款 1000 万元、向杨某贷款 300 万元，付 C 公司 1400 万元。至此，蒋某共向 C 公司付款 2500 万元。但因付款额与合同、担保协议的约定 3600 多万元相差太大，C 公司拟终止合同。（2）2008 年 7 月 19 日，C 公司将 60% 的股份作价 1680 万元、一二楼房产作价 3710 万元、一二楼消防空调及其他设施作价 500 万元，共计 5890 万元总价转让给蒋某和赵某。约定：2008 年 7 月 30 日、8 月 20 日分别向 C 公司付款 500 万元，9 月 15 日前付清余款。但到期日前，蒋某、赵某分文未付，C 公司又拟终止合同。（3）经中间人协调，C 公司解除与蒋某、赵某的合同，2008 年 12 月 10 日与谢某签订了资产购买合同，约定：谢某以 8198 万元购买 C 公司 W 路华樟名府裙楼 1–4 层商铺及铺内设施；付款时间：2009 年 1 月 20 日付 600 万元，5 月 20 日前付 1600 万元，余款 8 月 30 日前付清。谢某于 2008 年 12 月 20 日前向 C 公司付款 450 万元。据此，一、二审认定谢某及关联人付 C 公司 2950 万元，含蒋某 1100 万元 +1400 万元（抵押贷款）+ 谢某 450 万元。即谢某总计只向 C 公司支付购房款仅 450 万元。

X 公司不认可 C 公司的说法。

C 公司所述情况及结论与生效判决认定支付房款情况出入很大，C 公司所列出的出资人蒋某、赵某等与 X 公司属何种关系、他们所出资金抵作为 X 公司支付 C 公司购房款均不清楚。若查清这些问题，还需追加蒋某、赵某等出资人为诉讼第三人。

（三）关于是否骗取在六个合同上盖章的问题

一、二审和再审判决中认定，在 C 公司不知情的情况下，经办人朱某骗取 C 公司员工饶某在六个合同书、委托书、申请书上加盖 C 公司公章和法人代表私章。

C 公司承认该公司将其名下本案诉争房产的《房屋所有权证》六本原件交给

谢某，但认为办理房产过户手续的六套《商品房买卖合同》上均加盖C公司公章和法定代表人私章是骗取的。

X公司不认可再审行政判决认定其骗取在六个合同书、委托书、申请书上加盖C公司公章和法人私章的事实。

在听证中，任某说，2009年4月3日，因谢某无履约能力，为避免损失，C公司向谢某提出解决问题的三个方案。谢某为了急于过户，2009年4月后，通过朱某骗取C公司职工饶某在空自的《商品房买卖合同》《长沙市房屋所有权转移登记（询问）申请书》《长沙市房屋转移授权委托书》上加盖C公司的法人公章和法人代表任某某的私章后填写相关内容；6月10日左右，朱某到市房产局档案室调取了另一公司（世嘉国际）的销售发票复印件，用涂改液将原内容涂改后重新填写，伪造了C公司不动产销售发票；朱某用40元在长沙火车站私刻湖南C公司财务专用章，然后，提供未经年检的C公司营业执照复印件，于2009年6月向长沙市房产局申请房产登记，将C公司2800万元的1808平方米的房产（六本房产证），过户给谢某任法人代表的湖南X投资公司名下，且迅速将上述房产抵押给黄某贷款800万元。

笔者特别问到任某为何将房屋所有证原件交给谢某时，任某回答，根据合同约定，当时都是要过户的。当问道，你公司工作人员饶某负责何工作时，任回答，他专门负责办理房屋产权过户工作。

再问谢某，朱某是否在公安机关询问中承认过骗取盖章这一事实时，谢回答有过，是在公安机关羁押期间说的，朱某放出来后推翻了此证言。饶某专门负责办理房屋产权过户，不会不知道在价值近千万元的合同书、委托书、申请书上加盖公章和法人代表私章的后果。没有老板准许是不可能听取公司外的人几句话，就加盖公章和法人代表的私章。实际上，谢某事前与任某通过电话，他同意后，谢某才派人去办的。

任某否认与谢某通过话，但未回答事前其是否告知过饶某可以盖章，也未回答事后饶某何时告知他在六个合同上盖章。

从听证核实的情况看，骗取在六个合同、委托书、申请书上加盖C公司公章和法人代表私章难以成立。

（四）关于登记审查存在的问题

在听证中，对朱某提供伪造《销售不动产统一发票》、《企业法人营业执照》复印件缺年检签章、合同文本上存在倒签日期、询问申请书中双方未签字等问题，各方当事人均予以认可。

对受委托人是否需要公证或见证问题，C公司坚持需要公证或见证；长沙市住房和建设委员会坚持无须公证或见证。

（五）其他问题

1. 听证协调期间，实地核查时，发现原房屋结构已经被改变，C公司将原来的两层，挑成一层，原房屋结构已无法辨清。

2. 现在该房屋已被C公司出租，租期20年。

3. X公司将办理房屋产权证的房屋抵押给黄某，抵押款为800万元。现抵押已5年，根据银行贷款利率2倍计算，连本带利大约1500万至1600万元。

听证后，经询问，各方当事人同意就有关民事问题进行调解，但因各方当事人提出的条件分歧太大，未达成协议。

四、最高人民法院裁定

从长沙返回北京后，合议庭再次进行合议，合议庭成员均坚持第一次合议的意见。

最高人民法院分别作出（2012）行监字第471号至第476号行政裁定，认为，本案的实质争议是房屋产权的归属，根据《物权法》第19条和《最高人民法院关于审理房屋登记案件若干问题的规定》第8条、《最高人民法院关于执行〈中华人民共和国行政诉讼法〉若干问题的解释》第61条的规定，应当在生效民事判决确认房屋产权后，才能启动行政案件的审理或两个案件一并审理。生效行政判决是在民事判决前作出，违反了民事优先或一并审理的原则。C公司已撤回其向长沙市雨花区人民法院诉X公司的民事诉讼案件，意味着长沙市雨花区人民法院对C公司与X公司签订的《资产购买合同》的效力问题未进行审查。而生效行政判决亦未对C公司与X公司购买房屋是否成立的问题进行表态。决定本案房屋转让是否成立的基础性事实不清。抵押权的实现是物权变更的原因和方式之一，同样可以适用善意取得制度。涉案标的物已为原审第三人设定抵押担保权，生效行政判决认为，抵押权不适用“善意取得制度”，只能撤销，不能确认违法，属于适用法律错误。据此，依照《行政诉讼法》第63条第2款（现行《行政诉讼法》第92条第2款）、《最高人民法院关于执行〈中华人民共和国行政诉讼法〉若干问题的解释》第77条之规定，裁定如下：（1）指令湖南省高级人民法院再审本案；（2）再审期间，中止原判决的执行。

五、湖南省高院再次判决

湖南省高院在法院裁定重新审理后于2015年4月13日作出（2014）湘高法行再终字第4号行政判决。**判决撤销湖南省高级人民法院再审行政判决；维持湖南省长沙市中级人民法院二审行政判决。即判决维持了确认被诉登记行为违法。**

受伤职工的权益保护

——刘某诉米泉市劳动人事社会保障局工伤认定抗诉案

根据我国《宪法》第45条、《劳动法》第1条及有关工伤保险的法律规范规定，在处理工伤保险问题中，突出了对职工权利的保护，偏重职工的权利和用人单位的义务。可以说，有关工伤保险的立法是以职工为权利本位，以用人单位为义务本位。因此，在有关工伤保险法律规范中规定“应当认定工伤”不明确的，应当从宽适用。在对有关规定中的“工作原因”存在缩小解释与扩张解释都有一定道理时，适用扩张解释更符合我国宪法的基本精神。

最高人民检察院就刘某诉新疆维吾尔自治区米泉市劳动人事社会保障局（以下简称米泉市劳动局）工伤认定一案，对新疆维吾尔自治区高级人民法院作出（2006）新行再字第2号再审行政判决，向最高人民法院提出抗诉。该案立案后，庭里指定笔者为该案的审判长，李德申、吴景丽两位法官参加合议，李德申具体承办。因此案经过多次审理判决，判决结果相反，案情相对复杂，需要梳理后，才能厘清争议的焦点和法律适用上的难点问题。

一、案情的梳理

李德申法官审查后，在该案的初步审查报告中对本案案情进行了梳理，具体情况如下：

申诉人（一审原告、二审被上诉人、再审申请人）：刘某，男，汉族，1970年2月16日出生，原系新疆维吾尔自治区米泉市铁厂沟镇煤矿三矿职工。

被申诉人（一审被告、二审上诉人、再审被申请人）：新疆维吾尔自治区米泉市劳动人事社会保障局，现更名为米东区劳动人事社会保障局。

原审第三人：新疆维吾尔自治区米泉市铁厂沟镇第三煤矿。

经审查认定：2001 年 1 月 7 日，米泉市铁厂沟镇三矿副矿长刘某得知该矿井下三水平三米八煤层第三采仓仓顶被拉空，仓顶拉空将会给煤矿生产带来安全隐患且炮工也无法下井生产，拉空仓工人按规定也将被单位处罚。2001 年 1 月 8 日晚 10 时左右，刘某与炮工余某一起在工人周某的宿舍内，将瞬发电雷管改制成延期电雷管时，雷管爆炸，将刘某的左手拇指、食指、中指炸去，无名指受伤。事发后，铁厂沟镇煤矿立即将刘某送往医院救治，并承担了刘某的全部医疗费用。2001 年 3 月 21 日，铁厂沟镇煤矿与刘某达成赔偿协议，由铁厂沟镇煤矿给刘某一次性补助 15，000 元作为今后的生活费、营养费。2001 年 4 月 9 日，刘某向米泉市劳动人事社会保障局申请工伤认定。2001 年 4 月 25 日，米泉市劳动局作出不予认定工伤决定。

刘某不服，申请昌吉回族自治州劳动人事局复议，昌吉回族自治州劳动人事局维持了米泉市劳动局不予认定工伤决定。

刘某不服，向米泉市人民法院提起行政诉讼，米泉市人民法院以（2001）米行初字第 14 号行政判决撤销了米泉市劳动局 2001 年 4 月 25 日作出的不予认定工伤决定。2001 年 10 月 20 日，米泉市劳动局重新作出（2001）米劳人职安字第 1 号工伤认定通知书，不予认定工伤。

刘某不服，又向米泉市人民法院提起行政诉讼，米泉市人民法院又以（2002）米行初字第 2 号行政判决撤销了米泉市劳动局（2001）米劳人职安字第 1 号工伤认定通知书。2002 年 7 月 3 日，米泉市劳动局再次作出米劳人字（2002）24 号《关于不予认定刘某为工伤的决定》（以下简称第 24 号《决定》）。不予认定工伤的主要理由有两点：一是刘某改造电雷管的行为未经领导指派，属个人私自制造行为，且不在工作时间和工作区域内，不符合劳部发［1996］266 号《企业职工工伤保险试行办法》(以下简称《工伤保险试行办法》)[1]第8条第4款及其他条款的规定;二是刘某与炮工余某的行为违反了《民用爆炸物品管理条例》和公安部2001年8月28日《关于对未经许可将火雷管改为电发雷管的行为如何处理问题的批复》,是一种非法制造爆炸物的行为,属违法行为,依据《工伤保险试行办法》第9条第1项"犯罪或违法的"(现行《工伤保险条例》第16条第1项修正为"故意犯罪的")不予认定工伤。刘某不服,再次向米泉市人民法院提起诉讼,请求撤销第24号《决定》。

2002年9月29日,米泉市人民法院作出(2002)米行初字第9号行政判决认为,该院于(2002)米行初字第2号行政判决以适用法律错误,对米泉市劳动局(2001)米劳人职安字第1号不予以认定工伤通知予以撤销。

> 首先,米泉市劳动局在此通知中没有认定事实。其次,漏用了相关的法律、法规,而第24号《决定》对刘某负伤的事实进行了认定,同时,对不予以认定工伤的理由作出了改变。改变了主要事实或主要理由的,不属于《行政诉讼法》第55条(现行《行政诉讼法》删除了此条款)规定的情形。故米泉市劳动局又重新作出相同结论的决定不违反该条的规定。米泉市劳动局对刘某重新作出不予认定为工伤的决定,其理由有两点:一是不在工作的时间和区域内,并且是因不安全因素所受伤;二是刘某的行为属违法行为。公安部《关于对将瞬发电雷管改制为延期电雷管的行为如何定性的意见》中明确答复,对将瞬发电雷管改制为延期电雷管的行为不应定性为非法制造爆炸物品。因此,米泉市劳动局第二项不认定工伤的理由缺乏法律依据不能成立。我国制定《劳动法》的目的之一是保护劳动者的合法权益,刘某改制雷管的行为从根本上说与企业利益相关,是为了避免煤矿生产安全上

1 该办法已被2004年1月1日起施行的《工伤保险条例》替代,而2010年12月8日国务院第136次常务会议通过《国务院关于修改〈工伤保险条例〉的决定》(中华人民共和国国务院令第586号)取代原《工伤保险条例》,并于2011年1月1日起施行。

存在隐患，是从事于企业有利的行为。即使不在工作的时间和区域，只要刘某的行为不构成违法、犯罪或蓄意违章，则应对其认定为工伤，享受相应的待遇，因此，米泉市劳动局认定刘某不属工伤的理由不能成立，所适用的相关的法律、法规条款错误。依据《行政诉讼法》第54条第2项（现行《行政诉讼法》第70条）之规定，判决：**撤销米泉市劳动局第24号《决定》**。

米泉市劳动局不服，提出上诉。

2002年12月18日，昌吉回族自治州中级人民法院作出（2002）昌中行终字第32号行政判决。

其认为，米泉市劳动局所作的第24号《决定》，对刘某受伤的基本事实认定清楚。刘某身为煤矿副矿长，理应严格遵守国家关于爆炸物品的管理规定，但其与所管理的炮工在工作之余私自改制延期雷管，造成人身伤害，其改制雷管的行为不但是在非工作时间和非工作区域内，且严重违反了国家有关的安全生产的规定，具有一定的社会危害性。根据《工伤保险试行办法》第9条第1项之规定，不应认定为工伤，米泉市劳动局对刘某的工伤申请所作的认定决定，认定事实清楚，适用法律正确，决定程序合法，原审判决予以撤销属于适用法律错误，米泉市劳动局的上诉理由成立，予以支持。依照《行政诉讼法》第61条第1款第2项（现行《行政诉讼法》第89条）之规定，判决：**撤销米泉市人民法院（2002）米行初字第9号行政判决，维持米泉市劳动局第24号《决定》**。

刘某不服（2002）昌中行终字第32号行政判决，向昌吉回族自治州中级人民法院申请再审，昌吉回族自治州中级人民法院以（2003）昌中行监字第5号驳回再审通知书驳回了刘某的再审申请。刘某又向新疆维吾尔自治区高级人民法院申请再审，该院以（2005）新行监字第 4 号行政裁定书裁定中止原判决的执行，由其对本案提审。

2006 年 5 月 17 日，新疆维吾尔自治区高级人民法院作出（2006）新行再字第 2 号行政判决。

其认为，本案中刘某身体受到伤害是不争的事实，其受伤的时间和地点固然在工作时间和工作区域之外，但其改制雷管行为的目的是为第二天的工作做准备，与其工作是有关联的。作为副矿长，对于如何安排工作是有一定职权的，不是必须经过矿长的同意。但是，是否在工作时间和工作区域不是本案的争议所在，本案争议的关键是刘某行为的定性。根据公安部公治办［2002］867 号《关于对将瞬发电雷管改制为延期电雷管的行为如何定性的意见》，在没有任何防护条件下将瞬发雷管改制为延期电雷管，属于严重违反国家有关安全规定和民爆器材产品质量技术性能规定的行为，不应定性为非法制造爆炸物品的行为。刘某身为煤矿副矿长，具有煤矿特种作业人员操作资格。作为专业的放炮工，理应严格遵守国家有关爆炸物品的管理规定，其改制雷管的行为虽然不构成非法制造爆炸物品的行为，但也属于严重违反国家有关安全规定和民爆器材产品质量技术性能规定的行为，具有一定的社会危害性。《中华人民共和国民用爆炸物品安全管理条例》（2006 年 9 月 1 日起施行，2014 年 7 月 29 日经国务院第 54 次常务会议《关于修改部分行政法规的决定》修正）对爆破器材的使用有严格的限制性规定，使用雷管的企业和操作人员均有义务严格遵守。刘某称其依照企业惯例进行操作，作为煤矿特种作业人员，不应以企业惯例来对抗国家的强制性规定，且其改制雷管的行为是为了避免工人因工作失误受到处罚，而不是为了企业的合法利益或重大利益。一审法院将此种行为认定为系为了避免煤矿生产安全上存在隐患，是从事于企业有利的行为显属不当。刘某在申诉过程中提供了周某的证词，证明该煤矿一直将瞬发电雷管改为慢发，同时也是由矿长指派而为。由于周某在米泉市劳动局工伤认定调查中也有相关的证言证词，现以刘某对其威胁利诱导致其向米泉市劳动局提供了虚假的证词为由要求采纳现有证词，但其未提供相应证据证明刘某的威胁利诱行为存在，故该院对周某的证词不予采纳。米泉市劳动局认定刘某不属工伤的理由充分，适用法律法规正确。原一审法院适用法律错误，二审法院予以改判是正确的。该院依据《行政诉讼法》第61条第1项（现行《行政诉讼法》第89条第1项）的规定，作出（2006）新行再字第2号行政判决：**维持昌吉回族自治州中级人民法院（2002）昌中行终字第32号行政判决。**

二、检察机关的抗诉意见

最高人民检察院经审查认为，新疆维吾尔自治区高级人民法院（2006）新行再字第2号行政判决（以下简称终审判决）认定"米泉市劳动局认定刘某不属工伤的理由充分，适用法律法规正确"属于认定的基本事实缺乏证据证明。

1. 米泉市劳动局第24号《决定》第1条认定刘某不属工伤认定事实证据不足，适用法律错误

第一，煤矿仓顶拉空，对煤矿安全造成隐患，且炮工无法下井工作，对生产造成影响这一事实客观存在。虽然刘某改制慢发电雷管有避免工人因工作失误受到处罚的因素，但从根本上说是其身为副矿长为保证生产正常进行，为了避免煤矿生产安全上存在隐患，与其工作相关联，是从事于企业有利的行为。即使不在工作的时间和区域，只要刘某的行为不构成违法、犯罪或蓄意违章，则应对其认定为工伤，享受相应的待遇。终审判决认定刘某改制雷管的行为是为了避免工人因工作失误受到处罚，而不是为了企业的合法利益或重大利益属认定事实的证据不足。

根据《工伤保险试行办法》第8条的规定，职工由于下列情形之一负伤、致

残、死亡的，应当认定为工伤：（1）从事本单位日常生产、工作或者本单位负责人临时指定的工作的，在紧急情况下，虽未经本单位负责人指定但从事直接关系本单位重大利益的工作的……（4）在生产工作的时间和区域内，由于不安全因素造成意外伤害的，或者由于工作紧张突发疾病造成死亡或经第一次抢救治疗后全部丧失劳动能力的。[1] 该条规定是应当认定工伤的几种情形，据此刘某应依据该条第1项规定定为工伤。

第二，《工伤保险试行办法》第9条规定，职工由于下列情形之一造成负伤、致残、死亡的，不应认定为工伤：（1）犯罪或违法；（2）自杀或自残；（3）斗殴；（4）酗酒；（5）蓄意违章；（6）法律、法规规定的其他情形。[2] 本条规定的是不应当认定工伤的几种情形。而米泉市劳动局第24号《决定》适用《工伤保险试行办法》第8条第4项情形，对刘某不予认定工伤，并未排除其他应认定工伤的情形，适用法律错误。

2. 米泉市劳动局第24号《决定》第2条不认定刘某工伤的理由，适用法律错误

公安部《关于对未经许可将火雷管改为电发雷管的行为如何处理问题的批复》规定将火雷管改为电发雷管属非法制造爆炸物行为，而刘某与余某等人是将瞬发电雷管改制为延期电雷管，不符合该批复规定情形。公安部公治办［2002］867号《关于对将瞬发电雷管改制为延期电雷管的行为如何定性的意见》中明确答复，对将瞬发电雷管改制为延期电雷管的行为不应定性为非法制造爆炸物品。

---

1 《工伤保险条例》第14条规定，职工有下列情形之一的，应当认定为工伤：（1）在工作时间和工作场所内，因工作原因受到事故伤害的；（2）工作时间前后在工作场所内，从事与工作有关的预备性或者收尾性工作受到事故伤害的；（3）在工作时间和工作场所内，因履行工作职责受到暴力等意外伤害的；（4）患职业病的；（5）因工外出期间，由于工作原因受到伤害或者发生事故下落不明的；（6）在上下班途中，受到非本人主要责任的交通事故或者城市轨道交通、客运轮渡、火车事故伤害的；（7）法律、行政法规规定应当认定为工伤的其他情形。

2 《工伤保险条例》第16条规定，职工符合本条例第14条、第15条的规定，但是有下列情形之一的，不得认定为工伤或者视同工伤：（1）故意犯罪的；（2）醉酒或者吸毒的；（3）自残或者自杀的。

终审判决对刘某将瞬发电雷管改制为延期电雷管的行为不应定性为非法制造爆炸物品进行了确认。既然刘某的行为不应定性为非法制造爆炸物品，其行为就不构成违法或犯罪。米泉市劳动局第24号《决定》适用公安部《关于对未经许可将火雷管改为电发雷管的行为如何处理问题的批复》和《工伤保险试行办法》第9条第1项的规定认定刘某不属工伤，适用法律错误。终审判决先认定“改制雷管的行为属于严重违反国家有关安全规定和民爆器材产品质量技术性能规定的行为，具有一定的社会危害性”，从而认定“米泉市劳动局认定刘某不属工伤的理由充分，适用法律法规正确”是错误的。

3. 终审判决适用法律错误

人民法院审理行政案件，主要是对行政行为的合法性进行审查，具体来说主要是审查行政机关做出的行政行为所依据的事实证据是否充分，适用法律法规是否正确。行政行为有主要证据不足、适用法律法规错误、违反法定程序、超越职权、滥用职权五种情形之一的，根据《行政诉讼法》第54条（现行《行政诉讼法》第70条增加一项“明显不当的”）的规定应判决予以撤销。本案终审判决已认定刘某改造电雷管行为，不属非法制造爆炸物品行为，也就对米泉市劳动局第24号《决定》中不认定刘某工伤的第一条理由予以了否定，按照法律规定应当判决予以撤销。

综上所述，新疆维吾尔自治区高级人民法院（2006）新行再字第2号行政判决认定事实与适用法律均有错误。最高人民检察院根据《行政诉讼法》第64条（现行《行政诉讼法》第93条）之规定，向最高人民法院提出抗诉，请求依法再审。

本院经审查，依法作出（2011）行抗字第5号行政裁定：**本案由最高人民法院提审；再审期间，中止原判决的执行。**

三、审理原则和需要厘清的问题

合议庭第一次合议决定到当地进行听证，直接听取当事人的意见。

HOW JUDGES THINK

理由有三：一是此案是最高人民检察院抗诉案件，案情相对复杂、影响较大；二是一审判决与二审判决结果完全相反，需查明前后判决的分歧焦点问题；三是若没有直接听取当事人的意见，难以对原审判决认定的事实做到内心确信，也难以使当事人对将要作出的判决信服。

我们通过阅卷、听证，厘清了审理工伤认定案件的基本原则和对米泉市劳动局第 24 号《决定》是否合法需要查明的问题：

（一）审理工伤认定案件的基本原则

我国《宪法》第 45 条第 1 款规定："中华人民共和国公民在年老、疾病或者丧失劳动能力的情况下，有从国家和社会获得物质帮助的权利。国家发展为公民享受这些权利所需要的社会保险、社会救济和医疗卫生事业。"根据该条的规定，享有社会保障是宪法赋予公民的一项基本权利。《劳动法》第 1 条规定："为了保护劳动者的合法权益，调整劳动关系，建立和维护适应社会主义市场经济的劳动制度，促进经济发展和社会进步，根据宪法，制定本法。"该条规定确立了保护劳动者权利的基本原则。《工伤保险试行办法》第 4 条规定："企业必须按照国家和当地人民政府的规定参加工伤保险，按时足额缴纳工伤保险费，按照本办法和当地人民政府规定的标准保障职工的工伤保险待遇。"在该办法基础上修订的《工伤保险条例》第 1 条规定："为了保障因工作遭受事故伤害或者患职业病的职工获得医疗救治和经济补偿，促进工伤预防和职业康复，分散用人单位的工伤风险，制定本条例。"

HOW JUDGES THINK

上述规定突出了对职工权利的保护。换言之，关于劳动关系双方当事人之间权利义务的规定中，偏重规定职工的权利和用人单位的义务。可以说，有关工伤保险的立法是以职工为权利本位，以用人单位为义务本位。因此，在有关工伤保险法律规范中规定“应当认定工伤”不明确的，应当从宽适用。根据《劳动法》和《工伤保险条例》的立法目的，在对有关规定中的“工作原因”存在缩小解释与扩张解释都有一定道理时，适用扩张解释更符合我国宪法的基本精神。

（二）刘某改制瞬发雷管的行为，是否基于工作原因或者为了企业的利益

米泉市劳动局第24号《决定》不认定刘某为工伤的理由之一是，改造电雷管的行为未经领导指派，属个人私自制造行为，且不在工作时间和工作区域内。2001年1月8日晚10时左右，刘某与炮工余某一起在工人周某的宿舍内，将瞬发电雷管改制成延期电雷管时，雷管爆炸，将刘某的左手拇指、食指、中指炸去，无名指受伤。在一般情况下，晚10时左右，不属于上班时间。但刘某得知该矿井下三水平三米八煤层第三采仓仓顶被拉空，仓顶拉空将会给煤矿生产安全带来隐患且炮工也无法下井生产后（因瞬发雷管只能产生一个断面，不能消除仓顶被拉空；延发雷管可以有几个断面的爆炸，可以有效消除仓顶被拉空），作为米泉市铁厂沟镇三矿副矿长的刘某，对于改制雷管具有一定的职责需要和工作经验，其基于煤矿正常生产的需要，与其他炮工一起在工人宿舍内将瞬发电雷管改制成延期电雷管，其间因雷管爆炸而受伤，尽管不能排除具有避免工人因工作失误遭受处罚的因素，但从根本上来讲，系为煤矿的利益而受到事故伤害。

此外，在本合议庭组织的听证会上，刘某称：“我们没有严格的工作时间和工作场所，以前出现这种情况都是在各自宿舍改制雷管。”其他当事人对此没有反驳。换言之，将刘某受伤场所认定在“工作时间和工作场所之外”，证据亦不够充分。因在劳动关系上，用人单位处于管理者的强势地位，职工处于被管理者

的弱势地位，客观上两者之间的地位是不平等的。为了充分保护受伤职工的合法权益，《工伤保险条例》第 19 条第 2 款规定："职工或者其直系亲属认为是工伤，用人单位不认为是工伤的，由用人单位承担举证责任。"尽管该条例是在被诉行为发生之后实施的，但此原则符合处理工伤认定案件的规律，新疆高院再审发生在该条例施行之后，故可以适用该原则。根据该原则，被申请米泉市铁厂沟镇第三煤矿和被告均提供不出证据否定刘某这一诉说，也就意味着，刘某的诉说成立。

刘某虽未经米泉市铁厂沟镇第三煤矿矿长直接指定，但刘某是本矿副矿长具有一定的领导职权和责任，当出现给煤矿生产安全带来隐患且炮工无法下井生产的情况时，其具有一定的决定权。从刘某从事改制雷管的行为，直接关系本单位重大利益的工作，参照《工伤保险试行办法》第 8 条第 1 项的规定以及结合相关事实，认定本案申诉人刘某为工伤，具有一定的事实和法律依据。

（三）刘某改制瞬发电雷管的行为是否属于违法行为

米泉市劳动局第 24 号《决定》不认定刘某为工伤的理由之二，是刘某与炮工余某的行为违反了《中华人民共和国民用爆炸物品安全管理条例》和公安部 2001 年 8 月 28 日《关于对未经许可将火雷管改为电发雷管的行为如何处理问题的批复》，是一种非法制造爆炸物的行为，属违法行为，依据《工伤保险试行办法》第 9 条第 1 项的规定，"犯罪或违法的"不予认定工伤。国务院 1984 年 1 月 6 日发布的《中华人民共和国民用爆炸物品安全管理条例》第 9 条第 3 款规定："任何单位未按照前款规定办理批准手续的，一律不准生产爆破器材。严禁个人制造爆破器材。"该条例中对生产中使用爆破器材未有禁止性规定。公安部《关于对未经许可将火雷管改为电发雷管的行为如何处理问题的批复》答复，将火雷管改为电发雷管属非法制造爆炸物行为。但公安部公治办［2002］867 号《关于对将瞬发电雷管改制为延期电雷管的行为如何定性的意见》（以下简称《意见》）中进一步指出："雷管中含有猛炸药、起爆药等危险物质，在没有任何防护的条件下将瞬发电雷管改制为延期电雷管，属于严重违反国家有关安全规定和民爆器材产品质量技术性能规定的行为，不应定性为非法制造爆炸物品的行为。对将瞬发电雷管改制为延期电雷管的行为不应定性为非法制造爆炸物品。”鉴于该文件在一定意义上属于对《中华人民共和国民用爆炸物品安全管理条例》有关规定的解释性意见，据此应当认定申诉人刘某将瞬发电雷管改制成延期电雷管的行为，不属于《中华人民共和国民用爆炸物品安全管理条例》第 9 条第 3 款规定所禁止的制造爆破器材行为。终审判决对刘某将瞬发电雷管改制为延期电雷管的行为不应定性为非法制造爆炸物品进行了确认。这说明米泉市劳动局第 24 号《决定》适用法律、法规错误。

虽《意见》中提到，雷管中含有猛炸药、起爆药等危险物质，在没有任何防护的条件下将瞬发电雷管改制为延期电雷管，属于严重违反国家有关安全规定和民爆器材产品质量技术性能规定的行为。但《意见》和米泉市劳动局第 24 号《决定》均未指出，此类行为具体违反哪一法律、法规及规章的规定，因此，说刘某改制雷管行为违法依据不足。同时需要指出，在工伤认定程序和法院的审理程序中，刘某多次提到，其将瞬发电雷管改制为延期电雷管，是依照该企业惯例进行操作。企业对改制雷管没有要求，以前都是老板（指矿长）亲手教给工人的，他就是工人的师傅，工人做慢发必须要用导火索，瞬发是电控制。工人改制雷管就是需要延迟时间爆破，老板购买的导火索，谁需要就给谁去做。在庭审和听证中，其他当事人对此说法未予以否认。从中可以说明，该企业没有这方面的规章制度，也未对其职工进行过有关安全使用雷管等方面的教育，职工亦不清楚有关法律、法规及规章，客观上，同意进行改制雷管的行为。当此类事件发生后，其责任不在职工，而在企业。

HOW JUDGES THINK

从充分保护职工的合法权益考虑，对《工伤保险试行办法》第 9 条第 1 项规定中的“违法”，应当做限缩性解释，应当解释为，职工故意违法有关法律、法规及规章的规定。因刘某主观上没有故意，故不宜认定“违法”。正因刘某改制雷管的行为，不能认定为“违法”，亦不能适用《工伤保险试行办法》第 9 条第 1 项的规定，将其排除在工伤之外。[1]

1 《工伤保险条例》将范围缩窄，仅限于“故意犯罪的”。

四、最终的处理结果

合议庭第二次合议一致认为，刘某作为米泉市铁厂沟镇第三煤矿副矿长，其基于煤矿正常生产的需要而与其他炮工一起在工人宿舍内将瞬发电雷管改制成延期电雷管，并因雷管爆炸而受伤，尽管其中不能排除具有避免工人因工作失误遭受处罚的因素，但该行为显然与本单位工作需要和利益具有直接关系，符合《企业职工工伤保险试行办法》第 8 条第 1 项规定的情形。公安部《关于对将瞬发电雷管改制为延期电雷管的行为如何定性的意见》认为，雷管中含有猛炸药、起爆药等危险物质，在没有任何防护的条件下将瞬发电雷管改制为延期电雷管，属于严重违反国家有关安全规定和民爆器材产品质量技术性能规定的行为，不应定性为非法制造爆炸物品的行为。参照上述规定，本案刘某将瞬发电雷管改制成延期电雷管的行为，不属于《企业职工工伤保险试行办法》第 9 条第 1 项规定的"犯罪或违法"情形。原米泉市劳动局作出第 24 号《决定》的理由和依据，与本案事实和有关规定不符，本院不予支持。新疆维吾尔自治区高级人民法院（2006）新行再字第 2 号行政判决认定刘某改制雷管行为是为了避免工人因工作失误受到处罚，而不是为了企业的合法利益或重大利益，并据此判决维持昌吉回族自治州中级人民法院（2002）昌中行终字第 32 号行政判决，属于认定事实证据不足、适用法律不当，应予纠正。最高人民检察院抗诉理由成立，本院予以采纳。

最高人民法院作出（2011）行提字第 15 号行政判决，根据《中华人民共和国行政诉讼法》第 54 条第 2 项（现行《行政诉讼法》第 70 条）、第 61 条第 2 项（现行《行政诉讼法》第 89 条第 2 项）之规定，判决如下：**（1）撤销新疆维吾尔自治区高级人民法院（2006）新行再字第 2 号行政判决；（2）撤销新疆维吾尔自治区昌吉回族自治州中级人民法院（2002）昌中行终字第 32 号行政判决；（3）维持新疆维吾尔自治区米泉市人民法院（2002）米行初字第 9 号行政判决；（4）新疆维吾尔自治区乌鲁木齐市米东区人力资源和社会保障局应在收到本判决之日起两个月内重新作出行政行为。**

细节与真相

——公某诉吉林市烟草专卖局登记保存行为并附带行政赔偿抗诉案

在行政案件中，双方当事人提供的证据往往真伪难辨或关键情节缺乏相应的证据，使法官对案件事实难以认定。为了接近案件事实的真相，法官在庭审、听证或询问中，对双方当事人叙述矛盾的事实或提供相反证据的，应向各方当事人或者证人进行详细询问，询问中要特别注意细节，从他们各自叙述中，找到哪些符合事物发展的规律，哪些不符合事物发展的规律，从而去伪存真，使法官认定的事实更接近真相。

最高人民检察院就公某诉吉林市烟草专卖局登记保存行为并附带行政赔偿一案，对吉林省高级人民法院作出的（2006）吉行再字第2号行政裁定（以下简称再审裁定），向最高人民法院提出诉讼。最高人民法院立案后，指定笔者担任该案的审判长，与李德申、吴景丽两位法官组成合议庭，由吴景丽法官具体承办。接到移送来的卷宗及相关材料后，笔者粗略翻了一下检察院的抗诉书、当事人的申诉状及相关判决、裁定，发现吉林省三级法院对本案共作出了五个裁定、四个判决，法院意见不一，反复较大。笔者在将有关卷宗及相关材料交给吴景丽法官时，**特意叮嘱她要注意细节及证据，审理时卷宗中的任何证据材料都要认真审查、不得遗漏。**

一、受理、赔偿问题反复不定

吴景丽法官对**吉林省三级法院**作出的**五个裁定、四个判决**，经过梳理，总结本案的审理情况如下：

本案抗诉机关：最高人民检察院。

申诉人（一审原告、二审上诉人、再审被申请人、再再审被申请人）：公某，女，19××年×月×日出生，个体工商户。

被申诉人（一审被告、二审被上诉人、再审申请人、再再审申请人）：吉林市烟草专卖局。

原审第三人：康某，男，19××年×月×日出生，系申诉人之子，原系吉林市L建筑工程公司工人，2002年下岗。

吉林市昌邑区人民法院一审裁定认定：

公某于2000年10月取得吉林市烟草专卖局（以下简称市烟草局）颁发的烟草专卖许可证，有效期至2003年年末。2003年4月15日，公某取得了吉林市工商行政管理局颁发的营业执照，有效期自2003年1月1日至2006年12月31日。2002年5月6日，公某与吉林省烟草公司吉林分公司签订了承包船营区德胜路×号烟亭合同，租期为2001年10月10日至2002年10月10日，同日向市烟草局交纳了当年的烟亭租金1920元。2002年5月12日，市烟草局船营分局出具证明，同意公某在立交桥市场经销卷烟。

2003年2月25日，吉林市烟草局工作人员对公某在立交桥市场烟床、致和街家中及德胜路×号烟亭三处进行检查，将公某的两处经营点及存放在家中的各类卷烟全部拿走。3月18日，市烟草局对康某作出吉烟处字（2003）第16号行政处罚决定。内容是：（1）对康某非法销售19个品种、827条、共计9356.00元的非法生产卷烟和16个品种、395条、价值7786.00元的假烟予以销毁，并处以违法销售总额50%罚款，计人民币8571.00元；（2）对康某以其母亲之名租赁的烟亭予以收回并取消烟草专卖经营资格。处罚同时交代了诉权和起诉期限。公某和康某并没有对此提起诉讼。同年5月20日吉林市烟草局将扣留的真烟837条指定收购，价款12，217元冲抵罚款。

2003年6月25日，公某提起行政诉讼，请求：确认市烟草专卖局扣留其香烟行为违法，判令停止违法侵权行为；要求赔偿经济损失。

该院认为，公某虽然取得了市烟草局、吉林市工商行政管理局颁发的烟草专卖许可证和个体工商营业执照，又与吉林省烟草公司吉林分公司签订了2002年烟亭承租合同书，取得了合法经营卷烟的主体资格，但在实际经营活动中，在承租烟亭合同期满后，未与吉林省烟草公司吉林分公司继续签订承租合同书，故公某不具备起诉的主体资格，应驳回起诉。依照《最高人民法院关于执行〈中华人民共和国行政诉讼法〉若干问题的解释》（以下简称《若干解释》）第44条第1款第2项和第62条第2项的规定，**裁定：驳回公某起诉。**

公某对此不服，向吉林市中级人民法院提出上诉。该院经审理认为：

公某是以自己的名义取得烟草专卖许可证和个体工商户营业执照，其丈夫和儿子共同参与经营的个体工商户。市烟草局认为其经营的卷烟中有假烟和非法生产的卷烟而对其进行查处，并扣留其烟亭和家中的卷烟。公某对此不服提起诉讼，其作为原告的主体资格合法。原审法院以公某“承租烟亭合同期满后未继续签订承租合同，故不具备起诉的主体资格”为由，驳回公某起诉的证据不足，理由明显不当，应予纠正。依照最高人民法院《若干解释》第68条之规定，**裁定如下：（1）撤销吉林市昌邑区人民法院（2003）昌行初字第18号行政裁定；（2）由吉林市昌邑区人民法院继续审理本案。**

吉林市昌邑区人民法院经继续审理后，作出（2004）昌行初字第8号行政判决，认为：

市烟草局依据《烟草专卖法实施条例》（已于2016年修订）和《烟

草专卖许可证管理办法》[1]及《烟草专卖行政处罚程序规定》[2]的有关规定，有权对取得烟草专卖许可证的个人进行检查，也有权对销售非法生产的烟草制品行为进行处罚。但市烟草局对公某的经营活动进行检查时，制作的现场检查笔录，虽有康某签字，但其未在现场，不能认定签字有效，且该笔录只有一名见证人签字，不符合《烟草专卖行政处罚程序规定》第27条[3]的规定。市烟草局拿走公某的全部卷烟所进行的先行登记保存，没有经该局负责人批准，制作的“证据登记保存清单”也没有见证人签字，不符合《烟草专卖行政处罚程序规定》第28条第1款、第2款（现行《烟草专卖行政处罚程序规定》第32条第1款、第2款）的规定。市烟草局销毁的非法生产的卷烟和假烟，认定是从公某处登记保存的卷烟，证据不足。因此，确认市烟草局对公某的经营活动进行的查处行为违法。由于市烟草局将公某经营的全部卷烟拿走，造成了公某的直接经济损失，应予赔偿。但公某提出的经济损失中，不是在烟草专卖批发企业进货的部分不予支持。公某关于每月按2000元计算，赔偿经营损失的请求，因公某未向法庭提供相关的证据，故该请求不予支持。依照1998年《烟草专卖行政处罚程序规定》第28条第1~2款；《行政诉讼法》第54条第2项第3目（现行《行政诉讼法》第70条第3项）即“违反法定程序的”；《国家赔偿法》第4条第4项“造成财产损害的其他违法行为”，第28条第7项（现行《国家赔偿法》第36条第7项）“对财产权造成其他损害的，按照直接损失给予赔偿”的规定，**判决：（1）确认市烟草局查处公某烟床、烟亭、**

1 《烟草专卖许可证管理办法》已经2016年5月17日工业和信息化部第23次部务会议审议通过，自2016年7月20日起施行。本文中提到的皆为国家烟草专卖局1998年颁布的《烟草专卖许可证管理办法》，已废止。

2 现行《烟草专卖行政处罚程序规定》经2009年12月29日中华人民共和国工业和信息化部第8次部务会议审议通过，自2010年5月1日起施行。国家烟草专卖局1998年9月2日公布的《烟草专卖行政处罚规定》同时废止。

3 现行《烟草专卖行政处罚程序规定》第28条规定，对涉嫌违法行为发生的现场进行检查时，执法人员应当制作笔录并交当事人签字或其他方式确认。当事人拒绝确认或者不在场的，应当有2名以上见证人在现场确认；见证人不足2名或者拒绝确认的，执法人员应当在检查笔录上注明情况并签字。

家中卷烟行为违法；（2）市烟草局赔偿公某卷烟损失40，291.40元，自判决生效后10日内给付；（3）驳回公某关于每月按2000元赔偿经济损失的诉讼请求。

公某和市烟草局对此判决均不服，向吉林市中级人民法院提出上诉。该院经审理于2004年6月25日作出（2004）吉中行终字第40号行政裁定，认为：

原审法院仅凭公某提供的购买卷烟的收据为赔偿依据，显然证据不足。其一，因为公某提供购烟的收据最早的收据时间是2002年5月6日，到被市烟草局检查拿走卷烟时的时间长达9个多月，期间烟亭始终在经营，不能认定这些烟一点未销售。其二，市烟草局对康某以销售非法生产假烟进行了处罚，康某在该处罚决定送达回证上已签字，而且康某在证据登记保存单上也签字，对此处罚决定康某未申请复议亦未提起诉讼，这说明在被保存的卷烟中有非法生产的卷烟和假烟的事实，而市烟草局扣留的卷烟总条数中包括康某被处罚的卷烟条数，如去掉康某被处罚卷烟的条数，剩余卷烟的数量远小于一审判决认定赔偿公某卷烟的数量。综上，原审判决认定事实不清，证据不足，依据《行政诉讼法》第61条第3项（现行《行政诉讼法》第89条第1款第3项、第4项）之规定，**裁定：（1）撤销吉林市昌邑区人民法院（2004）昌行初字第8号行政判决；（2）发回吉林市昌邑区人民法院重新审理。**

吉林市昌邑区人民法院经重新审理于2005年2月1日作出（2004）昌行初字第30号行政判决。

该院认为，市烟草局根据举报依照法定程序到公某处检查其经营卷烟的行政行为合法，但根据市烟草局委托检验机构的检验，送检的卷烟中有价值12，217元的烟为真烟，市烟草局理应将真烟的价值返还公某，而公某提出的其他诉讼请求不予支持。依照《若干解释》第

57条第1款之规定，**判决：（1）确认市烟草局查处公某卷烟行为合法；（2）市烟草局于判决生效后3日内返还公某各类真品卷烟价款计人民币12217元；（3）驳回公某的其他诉讼请求。**

公某对此判决不服，向吉林市中级人民法院再次提出上诉。该院经审理于2005年5月31日作出（2005）吉中行终字第37号行政判决书：

1. 本案中，市烟草局实施的行政检查行为违反了《烟草专卖法实施条例》第49条第2项，《烟草专卖行政处罚程序规定》第27条、第28条的规定，其违法之处表现在：（1）对公某的烟亭、烟床及家中进行检查时，均未制作现场检查笔录及证据登记保存清单，也未经本级烟草专卖行政管理机关负责人批准；（2）市烟草局虽有权对公某的经营场所进行检查，但对其住宅进行检查没有法律依据；（3）由于市烟草局检查时未制作现场检查笔录及证据登记保存单，没有见证人在场，抽样和送检又未履行法定程序，导致无法认定送检和被销毁的卷烟就是公某经营的，其检验结果失去了客观真实性；（4）市烟草局所作的登记保存单上记载的卷烟数量是2070条，但终结报告上认定是2059条，在数量上明显不相吻合。另外，市烟草局在公某经营场所及其家中拿走烟的种类与终结报告认定的种类亦不吻合，基于以上事实，应依法确认市烟草局对公某三处地点的检查扣留行为违法。

2. 市烟草局实施行政检查行为违法，对给公某造成的相应损失应予赔偿。从公某提供的烟草专卖部门出具的购烟发票看，不排除有已售出部分，但由于市烟草局的违法行为所致，目前尚无证据可以将此部分合理的排除，且对此该局负有举证责任，但其举证不能，故只能由其承担相应的法律责任。因此，对公某提供的有烟草专卖部门出具发票部分的卷烟损失40，291.40元应予赔偿。公某提供的非属在烟草专卖部门购烟的损失不属其合法权益，不予支持，另，公某主张赔偿其每月2000元的营业损失，没有法律依据，不予支持。综上所述，原审判决认定事实不清，适用法律错误，应予改判。经该院审判委员会研究决定，依照《行政诉讼法》第61条第3项、第54条第2项第3目，《若干解释》第57条第2款第2项、第70条及《中华人民共和国国家赔偿法》第4条第2项、第28条第4项之规定，**判决：（1）撤销吉林市昌邑区人民法院（2004）昌行初字第30号行政判决；（2）确认市烟草局检查公某卷烟行为违法；（3）市烟草局赔偿公某卷烟损失40，291.40元，于判决生效后10日内付清；（4）驳回公某的其他诉讼请求。**

市烟草局对终审判决不服，向吉林市中级人民法院申请再审，该院于2006年7月10日作出（2005）吉中行监字第35号行政裁定，决定进行再审。

吉林市中级人民法院再审审理查明的事实，与前述该院（2005）吉中行终字第37号行政判决认定的事实无异。该院于2006年9月28日作出（2006）吉中行再字第2号行政判决，认为：该院（2005）吉中行终字第37号行政判决经该院审判委员会讨论决定，认定事实清楚，适用法律、法规正确，审判程序合法，依法应当维持。经该院审判委员会讨论决定，依照《行政诉讼法》第61条第1项（现行《行政诉讼法》第89条第1款第1项），《若干解释》第76条第1款的规定，**判决：维持该院（2005）吉中行终字第37号行政判决。**

市烟草局对再审判决不服，向吉林省高级人民法院申请再审，该院于2006年11月15日作出（2006）吉行监字第35号行政裁定，决定由该院进行提审。

吉林省高级人民法院再审认为，公某所诉市烟草局于2003年2月25日拿走其香烟的行为，是烟草专卖行政主管部门依法对涉嫌非法经营烟草制品进行的查处行为。此后，市烟草局对康某作出了吉烟处字（2003）第16号行政处罚决定。该处罚决定第二项载明“对你（康某）以其母亲之名租赁的烟亭予以收回并取消烟草专卖经营资格”。对此，康某及公某没有在法定期限内申请行政复议或者提起行政诉讼。该处罚决定已经发生法律效力。2003 年 6 月 25 日，公某所诉的市烟草局的查处行为是实施行政处罚的前置程序。该查处行为在行政处罚作出后已经不是一个完整的、独立的具体行政行为，不具有可诉性。该项诉讼请求不属于人民法院行政审判权限范围。原审法院对该项诉讼请求予以受理并作出判决是错误的。

依据《若干解释》第 79 条第 1 项、第 44 条第 1 项之规定，**裁定如下：（1）撤销吉林市中级人民法院（2006）吉中行再字第 2 号、（2005）吉中行终字第 37 号以及吉林市昌邑区人民法院（2004）昌行初字第 30 号行政判决。（2）驳回公某的起诉。**

二、最高人民检察院的抗诉意见

最高人民检察院认为，吉林省高级人民法院再审裁定违反法律规定。

（一）再审裁定认为“该诉讼请求不属于人民法院行政审判权限范围，原审法院对该项诉讼请求予以受理并作出判决是错误的”，没有法律依据。

1990 年《行政诉讼法》第 11 条（现行《行政诉讼法》第 12 条）规定：“人民法院受理公民、法人和其他组织对下列具体行政行为不服提起的诉讼：……（二）对限制人身自由或者对财产的查封、扣押、冻结等行政强制措施不服的……”公某起诉时诉讼请求是请求人民法院确认市烟草局拿走其香烟行为违法，判令停止违法侵权行为，并要求赔偿损失。其所诉市烟草局于 2003 年 2 月 25 日拿走其香烟的行为，是烟草专卖行政主管部门依法对涉嫌非法经营烟草制品进行的查处行为，这种查处行为完全符合 1990 年《行政诉讼法》第 11 条（现行《行政诉讼法》第 12 条）的规定，故吉林市昌邑区人民法院和吉林市中级人民法院受理公某的起诉并依法作出行政判决并无不当。

（二）再审裁定认定的“公某所诉的市烟草局的查处行为是实施行政处罚的

前置程序。该查处行为在行政处罚作出后已经不是一个完整的、独立的具体行政行为，不具有可诉性。”适用法律错误。

首先，市烟草局拿走公某销售的全部卷烟的行为是市烟草局的查处行为，是市烟草局实施行政处罚的前置程序，但法律并未排除对这种前置程序行为的可诉性。如前所述，1990 年《行政诉讼法》第 11 条第 2 项（现行《行政诉讼法》第 12 条第 2 项）对此有明确规定，对财产的查封、扣押、冻结等行政强制措施，都是做出行政决定的前置程序，都与最终行政机关作出的行政决定密不可分。《行政诉讼法》明确规定了这种前置程序的行为属于行政诉讼受案范围。

其次，市烟草局未经法定程序，从公某家中把全部卷烟“拿走”，市烟草局称是“先行登记保存”，但对于公某来说就是没有明确书面法律手续的“扣押”。这种行为导致了公某的财产权利受到了侵害。对于侵害公民合法财产权利的具体行政行为，在法律上具有相对独立的意义，在行政法上具有可诉性。

再审裁定认定“该查处行为在行政处罚作出后已经不是一个完整的、独立的具体行政行为，不具有可诉性”错误。

最高人民检察院认为吉林省高级人民法院再审裁定违反法律规定，根据《行政诉讼法》第 64 条的规定，向最高人民法院提出抗诉。

三、最高人民法院合议庭的意见：对争议焦点问题的分析

从吴景丽法官梳理的案件审理情况分析，本案的焦点问题有三：**一是此案是否属于行政诉讼的受案范围；二是被告实施的扣留行为是否合法；三是被申诉人扣留申诉人的香烟中究竟有多少假烟**。如果能够认定被诉行政行为不属于行政诉讼的受案范围，也就意味着法院不能受理本案，后两个问题就没有必要研究。因此，第一次合议时，合议庭首先对本案法院应否受理的问题进行了研究。

合议庭少数人认为，2003 年 2 月 25 日，被申诉人将申诉人公某两处经营点及存放在家中的卷烟全部拿走，3 月 18 日对公某作出（2003）第 16 号行政处罚决定。公某对此并没有提起行政诉讼，该处罚决定已发生法律效力。同年 6 月 25 日，申诉人提起诉讼，要求确认被申诉人拿走卷烟的行为违法并赔偿损失。被申诉人将申诉人两处经营点及存放在家中的卷烟拿走是强制措施，此强制措施是为了鉴定的需要，属于行政处罚调查取证的环节。被申诉人作出（2003）第 16 号行政处罚决定，该决定内容包含了对前期拿走的卷烟进行处理的行为，也就是行政处罚决定的第一项“对你非法销售 19 个品种、827 条、共计 9356.00 元的非法生产卷烟和 16 个品种、395 条、价值 7786.00 元的假烟予以销毁，并处以违法销售总额 50% 罚款，计人民币 8571.00 元”。至此，被申诉人前期拿走卷烟的行为已经被行政处罚决定所吸收，失去了独立存在的意义，申诉人不能对此单独提起行政诉讼。如果申诉人对（2003）第 16 号行政处罚决定不服，可以提起行政诉讼。但申诉人没有诉讼，处罚决定已经发生法律效力，申诉人至此已失去了对行政处罚进行诉讼的机会。如果（2003）第 16 号行政处罚决定没有对前期拿走申诉人卷烟的行为进行处理，也就是如果行政处罚决定只有第二项而没有第一项内容，那么申诉人可以对拿走卷烟的行为进行诉讼，但本案的情况是对拿走的卷烟已经作出处理。承办人认为，被申诉人拿走卷烟的行为是独立的行政行为，但此行为被后来的行政处罚决定所吸收，因此，不具有可诉讼性。虽然《行政诉讼法》规定“对限制人身自由或者对财产的查封、扣押、冻结等行政强制措施不服的”可以提起诉讼，但这是指单独进行查封、扣押、冻结等情况。如果查封、扣押、冻结后作出了行政处理决定，决定的内容包含了查封、扣押、冻结等行政强制措施的内容，那么，当事人只能就行政处理决定提起诉讼，而不能对前面的强制措施单独提起诉讼，因为前一行为已被后一行为所吸收。如果对行政处罚前的调查取证等涉及的强制措施都进行诉讼，却不诉讼处罚本身，就失去了诉讼的意义。如果处罚的诉讼时效过了，申诉人起诉处罚前的取证等环节，也不能根本改变处罚的结论，实体权益并不能得到根本性的救济。**本案中，申诉人对被申诉人拿走卷烟的行为进行诉讼的核心目的是获得赔偿，而赔偿已经被行政处罚限定了，行政处罚已经发生法律效力，申诉人不能获得赔偿。**如果行政强制措施程序违法，只

能判决确认拿走卷烟的行为违法，而不能判决赔偿，申诉人的实质利益并不会因此诉讼而得到改变。

多数人认为，原告在行政处罚决定的起诉期限内未起诉的情况下，对被告先前作出的扣留行为在起诉期限内仍可以提起行政诉讼。理由如下：

第一，被诉扣留行为的性质问题。被申诉人一直强调其对申诉人香烟扣留行为，属于登记保全措施，不属于扣押性。登记保全与扣押均是行政机关将相对人所有或者使用的财物采取的暂时性限制的措施。但它们之间具有以下几点区别：其一，依据不同。登记保存是《行政处罚法》第 37 条第 2 款授予具有行政处罚权的行政机关可采取的取证措施。而扣押是其他法律、法规授予特定行政机关的一项强制措施。其二，适用的条件不同。登记保存适用于行政机关收集证据时，在证据可能灭失或者以后难以取得的情况下可以采取的措施。而扣押除了适用证据保全外，还可以适用于保证行政执法得以顺利执行时。其三，作用不同，登记保全的作用是证据保全，而扣押有证据保全、制止违法行为、便于下一步的行政处罚的执行三种作用。其四，期限不同。根据《行政处罚法》的规定，登记保全的期限为 7 日；扣押的期限一般都是由行政机关所适用的法律法规所规定，一般规定为 30 日。烟草专卖法等相关法律、法规均没有授权烟草专卖管理机关具有扣押权力，被申诉人扣留申诉人香烟的主要目的是证据保全此外也兼有便于下一步的行政处罚执行的目的。因法律、行政法规未授予被申诉人扣押职权，**被申诉人实施的扣留行为符合登记保存的基本特征，故倾向于认定为登记保存的性质。**

第二，**登记保存行为具有可诉性。**在学理上有学者认为，登记保存不属于行政强制措施，而是行政处罚的前置程序性行为，是行政处罚的组成部分，不对相对人权利义务生产影响，故不具有可诉性。根据《行政强制法》第 2 条第 2 款[1]的规定，

1 《行政强制法》第 2 条第 2 款规定："行政强制措施，是指行政机关在行政管理过程中，为制止违法行为、防止证据损毁、避免危害发生、控制危险扩大等情形，依法对公民的人身自由实施暂时性限制，或者对公民、法人或者其他组织的财物实施暂时性控制的行为。"

行政强制措施由以下三个要件构成：其一，作出的主体是行政机关；其二，目的是行政机关在行政管理过程中，制止违法行为、防止证据损毁、避免危害发生、控制危险扩大等情形实施的行为；其三，手段是对扣留财物所有人或使用人对该财物的暂时性限制。登记保存是行政处罚法明确规定的在证据可能灭失或者以后难以取得的情况下，行政机关可以采取对证据登记后暂时保存的一种措施。它完全符合行政强制措施的三个要件，故应属于行政强制措施中的一种行政行为。本案是被告吉林市烟草专卖局工作人员对公某在立交桥市场烟床、致和街家中及德胜路6号烟亭三处进行检查，将公某的两处经营点及存放在家中的各类卷烟全部拿走，存放在吉林市烟草专卖局。该行为应属于登记保存性质。《行政诉讼法》未将前置性登记保存行为排除在行政诉讼的受案范围之外，故应属于行政诉讼的受案范围。

第三，**登记保存虽与行政处罚具有关联性，但它们各自属于独立的行政行为。**在一般情况下，登记保存先于行政处罚作出，一般在行政处罚中对登记保存物品作出最终的处理。从这个角度上看。登记保存是行政处罚的前置行为。但是，登记保存行为一旦作出，财产的所有人或者使用人对被登记保存的物品的占有、使用和处分权利暂时受到限制，被扣押财产的所有人或使用人暂时丧失了行使被登记保存物品的占有、使用、处分等权利。此时对被登记保存物品的所有人或使用人的权利已产生了实际影响，故属于一个独立的行为。行政处罚常常将登记保存物品作为行政处罚的依据，因此说，登记保存与行政处罚作出的条件和程序均不相同，合法性判断的标准亦有很大的差别，故属于在不同行政管理阶段作出的各自相对独立的行政行为。

第四，**行政相对人丧失诉权，并不意味法院当然承认行政处罚决定的效力。**《行政诉讼法》第66条（现行《行政诉讼法》第95条）规定："公民、法人或者其他组织对具体行政行为在法定期间不提起诉讼又不履行的，行政机关可以申请人民法院强制执行，或者依法强制执行。"《若干解释》第95条规定："被申请执行的具体行政行为有下列情形之一的，人民法院应当裁定不准予执行：（一）明显缺乏事实根据的；（二）明显缺乏法律依据的；（三）其他明显违法并损害被执行人合法权益的。"根据上述两条的规定，行政相对人丧失诉权后仍不履行行政行为的，行政机关才可以申请法院强制执行。法院收到行政机关的申请须对申请强制执行的行政行为的合法性进行审查，明显不合法的行政行为不承认其法律效力，裁定不予执行。最高人民法院 1988 年 4 月 22 日发布的《关于贯彻执行〈中华人民共和国民法通则〉若干问题意见（试行）》第 49 条规定：“个人合伙或者个体工商户，虽然工商行政管理部门错误地登记为集体所有制企业，但实际为个人合伙或者个体工商户的，应当按个人合伙或者个体工商户对待。”最高人民法院 2009 年 4 月 23 日发布的《关于审理涉及驰名商标保护的民事纠纷案件应用法律若干问题的解释》第 7 条规定：“被诉侵犯商标权或者不正当竞争行为发生前，曾被人民法院或者国务院工商行政管理部门认定驰名的商标，被告对该商标驰名的事实不持异议的，人民法院应当予以认定。被告提出异议的，原告仍应当对该商标驰名的事实负举证责任。”《最高人民法院关于行政诉讼证据若干问题的规定》第 63 条规定，证明同一事实有数个证据，国家机关以及其他职能部门依职权制作的公文文书优于其他书证。上述司法解释的规定说明，行政行为不具有最终效力，仅仅作为最佳证据看待，若有其他证据足以推翻的，不能作为定案的依据。行政处罚决定，属于国家机关以及其他职能部门依职权制作的公文文书，属于最佳证据，在行政诉讼中已生效的行政处罚决定所认定事实仅作为证据看待，一般情况其效力优于其他证据。但若有其他证据足以推翻行政处罚决定认定的事实的，该决定不能作为认定其前置行为的事实的依据。也就是说，在法院审理中，前置行为认定的事实有可能与行政处罚决定认定的事实不一致。

第五，**按照行政处罚效力吸收登记保存行为的原理，倘若登记保存行为扣留的物品与行政处罚决定没收的物品完全相同的情况下，登记保存行为违法，申诉人才不能获得赔偿。若扣押物品与行政处罚决定没收的物品不尽相同的情况下，行政机关有可能承担一定的赔偿责任。**在法院审理之前，难以作出两者是否相同的判断，未受理时就排除被告赔偿责任，显然不利于保护申诉人的合法权利。此外，行政诉讼的目的有两个：一个是保护公民、法人和其他组织的合法权益，另一个是对行政机关行使行政权力的行为进行监督。违法行政行为并不一定都给行政相对人的合法权益造成损失，需其承担赔偿责任。但纠正违法行政行为可以防止行政机关今后实施类似的违法行政行为，促使其更好地为人民服务。法院对这类行政行为的受理审查，正是对行政机关实施这类行政行为进行的必要监督。

按照合议庭少数服从多数的原则，应当认定吉林省高院再审裁定适用法律错误，依法应当判决撤销原再审裁定，发回吉林省高院重审。但考虑到本案已经历了十年，吉林市昌邑区法院和吉林市中院曾对实体问题作出过判决，若发回重审将会增加当事人诉累，仍未彻底解决争议。为了化解实质性争议，合议庭还是决定对被告实施的登记保存行为是否合法和被申诉人扣留申诉人的香烟中究竟有多少假烟这两个问题查清后，尽可能通过调解的方式，促使双方就有关赔偿问题达成协议，彻底解决本案的争议。

从卷宗的证据材料看，由于后两个争议焦点问题的证据多半都是执法人员的笔录、证人证言和被申诉人及其亲属的陈述及申辩，基本上没有其他证据，且双方提供的这些证据多数是相反的，庭审笔录记录中反映的情况与卷宗的证据基本相同。据此，合议庭合议后认为，有必要通过听证，进一步查清这两个问题，尽可能通过调解的方式解决双方的争议。

四、从细节入手，接近真相

HOW JUDGES THINK

在行政案件中，双方当事人提供的证据往往真伪难辨或关键情节缺乏相应的证据，使法官对案件事实难以认定。为了接近案件事实的真相，法官在庭审、听证或询问中，对双方当事人叙述矛盾的事实或提供相反证据的，应向各方当事人或者证人进行详细询问，询问中要特别注意细节，从他们各自叙述中，找到哪些符合事物发展的规律，哪些不符合事物发展的规律，从而去伪存真，使法官认定的事实更接近真相。因此，我们结合本案的特点，特对有关问题的细节进行了详细的询问。

(一)关于被诉扣留保存行为的合法性问题

原告认为，被诉登记保全行为违法；被告却认为，被诉登记保全行为虽存在瑕疵，但总体上是合法的。从中可以看出，双方在此问题上存在质的分歧。

HOW JUDGES THINK

为进一步查清此问题，我们决定按照《行政处罚法》第 37 条第 2 款[1]和《烟草专卖行政处罚程序规定》中规定的有关登记保存的条件、步骤、顺序等在听证中进行核查，以此确定被诉行政行为是否合法。

1. 关于被申诉人采取登记保全措施是否经其负责人批准问题

根据《行政处罚法》等法律规范的规定，采取登记保全须经行政机关负责人批准。但在卷中，没有被申诉人负责人的批准的书面证据，也没有任何有关采取登记保全的书面手续。在听证中，被申诉人承认当时未办理采取登记保全的手续，也没有任何领导作过批示。被申诉人此段陈述在原审庭审笔录中亦有体现，申诉人对被申诉人的这段陈述未提出异议。正因被申诉人未提供相关证据证明其陈述的内容成立，故应认定，采取登记保全措施前未经被申诉人的负责人批准，不符合相关规定。

2. 关于执法检查及制作笔录登记的合法性问题

根据《烟草专卖法》等相关法律规范的规定，市烟草局有权对公某的经营香烟场所进行检查，发现了疑似的假烟，因疑似假烟属于证据，如果不采取登记保全措施，有可能被申诉人转移或者销毁，以后难以取得，以后作出行政处罚决定将会缺乏证据。根据《行政处罚法》及《烟草专卖行政处罚程序规定》的规定，

1 《行政处罚法》第 37 条第 2 款规定："行政机关在收集证据时，可以采取抽样取证的方法；在证据可能灭失或者以后难以取得的情况下，经行政机关负责人批准，可以先行登记保存，并应当在七日内及时作出处理决定，在此期间，当事人或者有关人员不得销毁或者转移证据。"

采取登记保全措施，一是应当由两名以上办案人员执行；二是有当事人或者两名以上见证人在场；三是检查应当制作现场笔录，由当事人或者见证人签名或盖章；四是提取物证应当开具物品清单，并由两名以上办案人员和两名以上见证人签字或者盖章。

结合卷中相关的证据，在听证中经核实，被申诉人市烟草局对公某的经营活动进行检查时，未制作现场检查笔录；未在现场制作证据登记保存单，而是扣留后制作的，让康某签字的，没有办案人员和见证人签字。

康某在听证中，一再强调，被申诉人的执法人员把扣留的香烟收在一起后，将其父母拘禁在烟草局，轮番对其询问，从上午9点到下午三四点，烟草局的工作人员说若不签字就不能走，最后康某签字了。康某还强调，他是在空白纸上签字的。

被申诉人的诉讼代理人强调，他们是文明执法，康某是在证据登记保存单上签字的，并不是在空白纸上签字的。不存在事后添加内容的问题。对康某所称的除不是在空白纸上签字的问题作出否认，对康某所述的其他事实未加否认。

HOW JUDGES THINK

证据登记保存单原件对比，康某在白纸上签字的可能性不大，康某此段诉称不能认定。康某所述的其他事实与卷中的证据、被申诉人的陈述基本可以印证，故可以认定。根据上述事实，可以认定被申诉人实施的扣留行为，没有见证人在场、现场笔录提取物品的清单上缺办案人员和见证人的签名或盖章等，不符合有关法律规范的规定，可以认定违法。

3. 关于是否对申诉人住宅进行检查的问题

申诉人称，被申诉人执法人员对其住宅进行了检查，属违法性质。被申诉人市烟草局称，其执法人员对公某的经营场所进行检查，但对其住宅未进行检查，而是对申诉人存烟的库房进行了检查。

在听证中，笔者问被申诉人的代理人："你们依据什么认定是存烟的库房？"

被申诉人的代理人答："我们通过公安做工作打开门后，看到里面都是烟，无法居住，连床也没有。"

笔者接着问："是单元房，还是一般的库房。"

被申诉人的代理人答："是单元房。"

问："多少平方米？"

被申诉人的代理人答："40 多平方米。"

问："从该房间里查获多少香烟？"

被申诉人的代理人答："20 箱。"

问："每箱有多大？"

被申诉人的代理人答："大约 50 厘米乘 50 厘米乘 50 厘米。"问："有无公安人员去过的证据？"没有回答。

笔者又问康某："被检查的房子位于何处？"

康答："那间房子位于吉林市船营区致和街 Y 小区典式 1 号楼 2 单元 7 室，建筑面积 50 多平方米。我家没有第二个住宅，怎么会没有床呢？"

问被申诉人："对？"

被申诉人答："对。"

问康："从这里查扣是 20 箱？被申诉人所说的体积对吗？"

康答："是 20 箱，体积差不多。"

HOW JUDGES THINK

上述各方的陈述事实出入不大。按照双方确认的一箱为 50 乘 50 乘 50，按照四层码放，总共占空间为 1.25 立方米，码放香烟所占面积，仅占该套房屋很小的面积，并不是该房屋内到处都是烟。可以认定，该房屋以居住为主，存有一定数量的香烟，不能改变居住的性质。我国法律未授权烟草专卖机关对公民的住宅进行搜查的权力，被申诉人未提供出具有法定职权的机关一起进行搜查及相关法定手续的证据。据此，亦应认定被申诉人对原告住宅搜查的行为违法。

4. 关于登记保存单上记载的卷烟数量与终结报告上认定的数额不一致的问题

被申诉人市烟草局所作的登记保存单上记载的卷烟数量是 2070 条，但终结报告上认定是 2059 条，两者在数量上不相吻合。另外，市烟草局在公某经营场所及其家中拿走烟的种类与终结报告认定的种类亦不吻合。对此问题被申诉人在听证中说明少的 11 条是在检测的时候自然损毁的。卷中亦无其他证据与被申诉人的辩称相印证。但不能因检测损毁在认定中减少扣押香烟的数量。康某称，当时他未对扣留的香烟数额进行核对，而是在被迫的情况下，在空白纸上签字的，具体多少他也不清楚。扣留香烟数额高于表上填写的数额，因其未参与清点具体数额无法说清。

HOW JUDGES THINK

从中可以认定登记保存单上记载的卷烟数量与终结报告上认定的数额不一致，但相差数额不大，无论以哪一数字为准，对案件的定性和处理结果影响不大，且申诉人未提出具体数字，故应以申诉人所签字的登记保存单上记载卷烟数量为准。

5. 登记保存的期限问题

《行政处罚法》第 37 条第 2 款规定，保存登记期限为 7 日。被申诉人 2003 年 2 月 25 日实施了登记保全行为，同年 3 月 18 日才作出行政处罚决定。在听证中询问其鉴定时间用了多少天时，被申诉人回答大约七八天。根据被申诉人的陈述，扣除鉴定期间，登记保全超过了法定期限，亦属违法超期扣留。

基于以上事实，在听证中**被申诉人承认其对申诉人三处地点的检查扣留行为违法**。

（二）关于扣留香烟中的假烟数量问题

被申诉人在其作出的处罚决定中认定，被扣留的香烟中有，非法生产卷烟 19 个品种、827 条、共计 9356.00 元和假烟 16 个品种、395 条、价值 7786.00 元。此外，经过省质量检查站检查后，有 837 条、价值 12，000 多元的是真烟。

申诉人认为，被扣留价值 4 万余元的香烟均属合法渠道进货的真烟。也就是说，所有被扣留的香烟均属合法渠道进货的真烟。

HOW JUDGES THINK

因被申诉人将扣留的香烟送检验时，申诉人未参加，卷中没有送检程序方面的证据材料，对送检的香烟是按照何种程序抽检、送检香烟是否是被扣留的香烟均无法证实。最高人民法院接到本案时，被诉行政行为已发生了十年，原物和现场均无法再现。为了能接近案件的真相，我们对有关经营香烟的相关规定，进行了查找。发现《烟草专卖法实施条例》第 25 条第 2 款规定：“取得烟草专卖零售许可证的企业或者个人，应当在当地的烟草专卖批发企业进货，并接受烟草专卖许可证发证机关的监督管理。”根据该条的规定，申诉人从合法渠道进货的香烟，应当提供相关的合法进货发票。我们决定听证中，**以申诉人提供进货发票为突破口。在设计提问上，尽可能不让当事人摸清问话的意图，让其说出真实情况。**

在听证中，我们首先提问康某："每月卖烟收入有多少？"

康某答："每月 2000 多元。"

问："每月卖烟流水多少元？"

康某答："10000 元左右。"

HOW JUDGES THINK

通过前一问题的审查，康某已感觉到被诉行为存在违法问题，这两段问话，让其感觉我们在了解他每月的收入及流水问题，似乎是在计算赔偿损失问题，有可能说出的数字高于实际数字。

我接着又问："提供给被申诉人进货发票有多少？"

HOW JUDGES THINK

在阅卷中，我看到，在以前的调查笔录中记载，康某提到过向被申诉人提供合法进货发票 40，291．40 元。我突然提出此问题，他很可能反应不过来，脱口说出真实情况。若反应过来，说得过高，会与其原来说法不一致，一旦追问，他很难自圆其说。

康某在笔者问话后，随口说答道："提供发票 4 万多元。"

问："这些发票跨度有多大？"

康某答："从 2002 年 7 月至 2003 年 2 月。"

问被申诉人："康某所述真实？"

答："基本属实。"

问康某：“如果按照你方提供的发票，每月流水 10，000 元，你提供 7 个多月的发票，若扣留香烟都是真的，起码应当向申诉人提供 11 万元左右的发票。但你仅提供 4 万多元，如何解释？”

这时康某才明白，我刚才问话的意图，但前面康所说的话难以收回，康某赶紧答道：“因当时要得急，有些发票当时未找到；有 108 条不是在朝阳区烟草专卖局进的，是烟草局把这些烟给烟贩子，我们去烟贩子那里去上货。”

被申诉人对申诉人的此番辩解未予反驳。

HOW JUDGES THINK

通过此段对话，可以发现申诉人所提供的进货收据上 4 万余元的货至 2003 年 2 月应已基本卖光的结论。按照烟草专卖法的规定，销售非法生产的香烟或假烟，均应予以处罚。也就是说，行政处罚决定的没收的香烟均属于假烟，不存在赔偿问题。但回过来想，他以为是计算赔偿金额，说的数均有些高，加上有可能丢弃的，以及被申诉人也承认存在部分真香烟，鉴定程序问题太大，加之这方面证据确实有些不足，我们觉得还是通过调解解决为宜。

五、最终的处理结果

基本查清事实后，在我们的主持下，通过释明双方当事人各自存在的问题，申诉人与被申诉人经协商达成协议。最高人民法院经审查认为，协议符合法律规定，依照《若干解释》第 63 条第 1 款第 4 项的规定，**裁定本案终结诉讼**。

心结的解开

——钟某诉海南省工商局行政处罚决定案

一些行政案件是由于民事主体的双方当事人因误解或者冲突引发的。这类纠纷的根源，是要解决民事主体之间的误解或冲突。解决这些问题需要了解他们的心结所在。在讲清法律问题的基础上，对心结产生的问题进行疏导，若能解开心结，纠纷将会顺利解决。

钟某不服海南省高级人民法院就其诉海南省工商局行政处罚决定案作出二审行政判决案，向最高人民法院申请再审，最高人民法院于2008年5月15日作出（2008）琼行监字第42号驳回再审申请通知书。钟某仍不服，再次向最高人民法院申诉。最高人民法院于2008年11月23日立案。行政庭指定笔者为该案的审判长，李德申、耿宝建为合议庭成员，耿宝建具体承办该案。因最高人民法院曾经驳回过钟某的申诉，有关股权问题的行政处罚案件是本合议庭首次遇到的案件，故一再叮嘱耿宝建法官办案时，一定要特别仔细，有关细节问题及证据绝不可忽视。

一、案情的梳理

申诉人（一审原告、二审上诉人）：钟某。

被申诉人（一审原告、二审被上诉人）：海南省工商行政管理局。

原审第三人：养生堂有限公司。

海口市中级人民法院一审判决认定如下事实：

2004年6月20日，省工商局接到一份匿名举报材料，称1996年9月，钟某以入股100万元而成为养生堂公司的股东，此事有假。100万元的出资是由养生堂公司打到钟某的账户上的，当天该款就退回到养生堂公司，自始至终钟某没有向养生堂公司投一分钱，办理变更登记时有关文件的签字也不是钟某的签字，请省工商局调查处理。在调查期间，省工商局调取了1996年9月3日养生堂公司开出以钟某为收款人的100万元交通银行转账支票（出票人账号为025273891×）和该款项转入钟某在交通银行海南分行个人账户的进账单，以及同日付款人钟某付给收款人养生堂公司100万元的进账单（收款账号为025273891×）。2004年8月9日，省工商局向钟某发出《通知书》，称根据举报对养生堂公司于1996年9月4日增加注册资本和股东变更登记进行调查，请接到通知之日起15日内到省工商局接受调查。同年8月30日，钟某向省工商局出具书面答复书，并附1996年9月3日银行进账单、验资报告复印件，说明钟某私人账号已向养生堂公司支付了100万元出资款，已履行了全部出资手续和义务，经过验资证实和工商登记，具有法律效力，应受法律保护。同年10月25日，省工商局向张某某（钟某的妻子）发出《通知书》，称其对养生堂公司于1996年9月4日办理变更登记时股东入资情况正在进行调查，请接到通知之日起15日内到省工商局接受调查或邮寄书面情况说明。同年11月5日，张某某向省工商局出具书面答复书，证明钟某是养生堂公司的合法股东，已于1996年9月3日向养生堂公司支付了100万元出资款，有银行进账单和验资报告。张某某认为股东钟某向养生堂有限公司支付了100万元确实无疑，并已办理工商登记，具有法律效力，应受法律保护。同年12月14日，省工商局作出琼工商处字（2004）69号《行政处罚决定书》（以下简称69号《决定》），主要内容为：（1）对养生堂公司处以5万元罚款；（2）责令钟某自收到本决定书之日起30日内向养生堂公司注入100万元股本金。钟某不服遂提起诉讼。

钟某认为，省工商局依据法律规定对公司登记申请只有形式上的审查权，自己向养生堂公司投入资金100万元有入资时的验资报告和银行进账单为凭，省工商局无权进一步查处该款项的来源，也不能超越职权插手和干预其与养生堂公司之间的民事纠纷。

一审法院认为，养生堂公司为了在1996年9月4日办理增加注册资本及股东变更，于同年9月3日指派财务人员以钟某的名义在交通银行海南省分行营业部开立账户，并于当天从该公司在该营业部号码为025273891×的账户上将100万元转入钟某的账户，然后又于当天将此100万元从钟某的账户上转回该公司号码为025273891×的账户上。从表面上看，养生堂公司是增加了注册资本100万元，但实际上并未增加任何投资，其股本金实际没有增加，而是采取把钱转出去又转回来的手段虚假增加注册资本，欺骗工商登记部门，其行为要质上属虚假出资。省工商局根据《公司登记管理条例》第58条（现行《公司登记管理条例》第63条）“办理公司登记时虚报注册资本，取得公司登记的，由公司登记机关责令改正，处以虚报注册资本5%以上10%以下罚款……”和第60条（现行《公司登记管理条例》第65条）“公司的发起人、股东未交付货币、实物或者未转移财产权，虚假出资的，由公司登记机关责令改正……”的规定，作出行政处罚决定：（1）对养生堂公司处以5万元罚款；（2）责令钟某限期注入100万元股本金。对查处的虚假出资行为进行处理，是法律赋予工商行政管理部门的法定职责，省工商局针对养生堂公司的虚假出资行为进行处罚，所作出的69号《决定》，有事实根据和法律依据。

根据《行政处罚法》第23条的规定，省工商局在69号《决定》中，责令钟某向养生堂公司注入100万元股本金，只是责令当事人改正或者限期改正违法行为。从《行政处罚法》第8条的内容看，责令改正或者限期改正不属于行政处罚的种类。省工商局在69号《决定》中，虽然把钟某列为当事人，但并未对钟某进行任何的行政处罚，钟某认为省工商局作出行政处罚，未履行告知义务属于违反法定程序，无法律依据。

钟某认为，根据1990年《行政诉讼法》第33条[1]规定，“在诉讼过程中，被告不得自行向原告和证人收集证据。”省工商局在1998年股权案诉讼过程中，对钟某1996年的出资问题进行调查，向其收集证据，所作出的69号《决定》，严重违反了上述规定。海南省高院认为，钟某所指的诉讼是在1998年股权案的诉讼，不是本案即行政处罚案的诉讼。1998年的股权案和本案是两个不同的行政行为，属于两个不同的法律关系，1998年股权案的诉讼并不影响省工商局对1996年养生堂公司出资问题进行调查。钟某以省工商局的行政处罚是在1998年股权案诉讼过程中进行，违法收集证据，其行政处罚违反《行政诉讼法》第33条禁止性规定是对法律的理解错误。

综上，省工商局作出69号《决定》，事实清楚，适用法律正确，程序合法，**判决维持被诉行政行为。**

海南省高级人民法院对一审判决认定的事实予以确认，并以一审判决基本相同的理由，**判决驳回上诉，维持原判。**

二、初审后的疑问

承办人对当事人提交的材料进行了初步审查后，发现有以下几个事实需要进一步厘清：

（一）关于股权变更的细节问题

本案涉及养生堂这一知名企业的股权变更问题，而股权变更是否有效，主要在于100万元资金的定性问题。即**养生堂公司在1996年9月3日将100万元汇入以申诉人钟某名义的银行账户后，申诉人钟某于1996年9月4日将100万元资金作为股金进行了验资并由会计机构出具了验资报告，后又将该100万元汇入养生堂的这一行为应如何定性。**如依钟某申诉所提供的材料，其9月3日所取得

1　对应法条为现行《行政诉讼法》第35条：“在诉讼过程中，被告及其诉讼代理人不得自行向原告、第三人和证人收集证据。”

的 100 万元系公司对其的奖励，其后其又根据 8 月 20 日股东会议纪要的决定，将此 100 万元作为股金汇入公司，此行为则可能不构成虚假出资。原一、二审判决均未谈及此事实问题。倘若此事实存在，原审判决就有可能存在问题。

（二）关于关联案件的问题

在申诉人提供的材料中，发现海口市中级人民法院在本案审理过程中，海南省工商局于 2004 年 7 月 1 日申请先行中止本案审理。海口市中级人民法院于 2004 年 7 月 5 日裁定中止诉讼。也就是说，**本案系因钟某诉海南省工商局 1998 年股东变更登记一案所引发的案外案，两案有关联性，有必要调取该关联案件的卷宗材料以查清事实。**

（三）其他需要查清的几个问题

通过初步审查，合议庭认为，还有以下问题需要进一步查清：**（1）100 万元的性质究竟为何？（2）是否存在其他民事诉讼案件？（3）目前公司现状如何？（4）钟某有无按终审判决维持的处罚决定要求另行注入 100 万元？（5）8 月 20 日股东会议纪要形成经过及落实情况？（6）如何看待股东会议纪要的性质？（7）如何办理变更登记的？（8）钟某睒的 3400 万元是如何验资的？（9）什么叫虚假出资？主体是谁？法律后果为何？**

HOW JUDGES THINK

以上三个方面的问题，均与被诉行政行为合法性有着直接的关系，倘若在细节上出问题，将会导致整个案件定性的错误。据此，合议庭认为，上述问题必须通过开庭予以查清。

三、查清的事实

通过阅卷、开庭，合议庭查清了以下事实问题：

1. 1996 年 9 月前，养生堂有限公司的注册资本为 1500 万元，股东为钟某睒

（1475 万元）和通什市大成物业有限公司（25 万元），后者的法定代表人为张某某，系申诉人钟某之妻。

2. 1996 年 8 月 21 日通过股东会议纪要，主要内容如下：（1）同意钟某为本公司股东。（2）同意将注册资本由原来的 1500 万元人民币增加到 5000 万元人民币。（3）新增加的 3500 万元人民币由钟某睒入资 3400 万元人民币，钟某入资 100 万元人民币。（4）委托蔡某到海南省工商局办理变更登记手续。

股东会议纪要上第一大股东钟某睒签字、股东通什市大成物业有限公司加盖公司印章及法定代表人张某某印章，新股东钟某在会议纪要上签字。1996 年 9 月 2 日，海口市审计师事务所提交的验资报告书确认："钟某睒先生又投资 3400 万元整，钟某先生注入资金 100 万元整，均全部到位，合计注入资金人民 5000 万元整。"

后养生堂有限公司提供了验资报告、增加股东及增加注册资本的申请、股东会议纪要、公司章程等申请工商变更登记。变更登记后，钟某取得股东资格，在工商局登记注册为股东为钟某睒（4875 万元）、钟某（100 万元）、通什市大成物业有限公司（25 万元）。

3. 1997 年 2 月 1 日，股东会议纪要决定：（1）同意通什市大成物业有限公司将 25 万元股本转让给钟某睒。（2）同意将注册资本由原来的 5000 万元人民币增加到 6160 万元。新增加的 1160 万元人民币由钟某睒入资。（3）委托蔡某到海南省工商局办理变更登记手续。

钟某睒、钟某和通什市大成物业有限公司作为股东加盖了印章。

4. 1997 年 6 月 3 日修改后的公司章程载明钟某睒出资 6060 万元，钟某出资 100 万元。双方作为股东在章程上签字。

5. 1998 年 10 月 14 日，养生堂公司再次申请将股东由钟某睒、钟某变更为钟某睒、卢某萍（钟某睒之妻）。1998 年 10 月 5 日海南省工商局作出了股东变更登记。依据为 1998 年 10 月 12 日的股东会议纪要和落款为 10 月 11 日钟某与钟某睒之妻卢某萍之间的《股本转让合同》。载明钟某将公司注册资本所占的 100 万股本全部转让给卢某萍。

钟某于 2003 年 10 月提起行政诉讼［海口中级人民法院（2003）海中法行字第 63 号］，要求撤销 1998 年 10 月作出的股东变更登记。主要理由为所依据的股东会议纪要自己没有参加和签名，10 月 11 日钟某与钟某睒之妻卢某萍之间的《股本转让合同》也未签字，自己没有参加。

6. 在此案审理过程中［海口中级人民法院（2003）海中法行字第 63 号］，2004 年 7 月 1 日海南省工商局申请先行中止本案审理。主要理由为：在审理过程中，接到举报称，钟某 1996 年对养生堂公司的 100 万元出资款系虚假出资。经我局对举报初步调查证实，以上举报的情况基本属实，我局拟在近期对此事做出处理。该事件的处理结果可能会影响贵院对案件的审理。海口市中级人民法院于 7 月 5 日，裁定中止诉讼。

7. 2004 年 12 月 14 日，海南省工商局作出琼工商处字（2004）69 号决定，即被诉行政行为。当事人方为养生堂公司和钟某。处理决定认定：当事人养生堂公司于 1996 年 9 月 4 日办理增加注册资本和股东变更登记时，其股东钟某 100 万元的出资系当事人养生堂公司于 1996 年 9 月 3 日以当事人钟某名义在交通银行海南分行营业部开立账户（账号 4093-010-00209886×）；当日，当事人养生堂公司从其在该营业部账户（账号：025273891×）上将 100 万元转入当事人钟某账户；随即又于当日将此 100 万元从当事人钟某账户转回当事人养生堂公司账户。当事人上述行为属虚假出资行为，其虚假出资额为 100 万元。依据《公司登记管理条例》第 58 条（现行《公司登记管理条例》第 63 条）及第 60 条（现行

《公司登记管理条例》第 65 条）规定，决定：（1）对当事人养生堂公司处以 5 万元罚款；（2）责令当事人钟某自收到本决定书之日起 30 日内向养生堂公司注入 100 万元股本金。

8. 海口市中级人民法院以（2004）69 号决定为依据，恢复本案的审理[（2003）海中法行字第 63 号］并作出实体判决。判决确认，1998 年 10 月核准的将股东从钟某变更登记为卢某萍的变更登记无效。主要理由为所依据的钟某与卢某萍间 10 月 11 日的《股本转让合同》不符合约定，“被告在审查时认定为该股权转让合同真实有效的认识，给予核准变更登记登记，不妥当。被告现已查明钟某没有投入 100 万元股本金，是第三人养生堂公司将 100 万元转入钟某账户，又于当日将 100 万元转回，认定虚假出资行为，据此，作出了行政处罚决定。这表明，第三人提供的变更登记的资料是虚假的，变更登记不具有法律效力。”钟某对此一审判决不服上诉，海南省高级人民法院以（2005）琼行终字第 57 号案受理并于 2005 年 6 月作出维持判决。

9. 在钟某上诉的同时，省工商局收到一审判决后于 2005 年 1 月 27 日作出琼工商个［2005］3 号《关于撤销养生堂有限公司 1998 年 10 月 15 日的变更登记并责令股东钟某限期入资的决定》。载明：“养生堂有限公司、钟某：根据（2003）海中法行字第 63 号判决，我局决定你公司 1998 年 10 月 15 日的变更登记，公司登记恢复至 1997 年 7 月 22 日的登记状况（即仍为钟某睽出资 6060 万元，钟某出资 100 万元）。同时，根据琼工商处字（2004）69 号行政处罚决定书所认定股东钟某未出资的事实，再次责令钟某自收到本决定之日起 30 日内注入 100 万元股本金。”该决定向钟某交代了诉权。

10. 钟某对琼工商处字（2004）69 号行政处罚决定不服，于 2005 年 3 月向法院提起了行政诉讼。

在庭审中，各方当事人对原审判决所认定的其他事实均无异议，合议庭予以确认。

在庭审中，各方当事人的主要分歧是：

HOW JUDGES THINK

申诉人钟某认为自己取得100万元是奖励所得，按股东会纪要投资入股，不存在虚假出资。工商机关不应介入民事争议。被申诉人海南省工商局和养生堂公司均主张本案为虚假出资，100万元是公司资产。养生堂公司还认为当时只是挂名股东。

四、“100万元”的性质

本案的核心问题是，钟某的100万元资金作为注册资本出资是否构成虚假出资问题。正确界定这一行为是否属于虚假出资问题。需要从以下几个方面进行全面分析：

（一）公司注册资本制度的目的以及注册资本与公司总资产的异同问题

1996年9月，养生堂公司进行的增加钟某为股东，并增加注册资本的行为，是公司变更登记的一种，既包括了股东的增加，也包括了注册资本的增加。注册资本制度是公司信用制度的主要组成部分。公司的注册资本是公司经济实力和承担风险、债务责任能力的基本标志。我国实行公司注册资本公示制，即公司的注册资本以公司在工商机关登记核准的数字为准。而注册资本来源于股东，股东所占的注册资本的数额也以在工商机关登记备案为准。公司的注册资本具体体现了公司和股东以及各股东之间的具体权利义务关系，这种关系存续于公司设立到终止的始终。

公司的注册资本与股东的个人资金、公司的总资产是既有联系又有区别的三个不同的概念。注册资本随着公司资金的运作在运作中不断改变自己的形态。第一个环节是公司的投资人筹备设立公司时的注册资本。从严格意义上说此时还不存在注册资本，因为在公司设立成功之前，并不存在法律意义上的公司登记事项。第二个环节是公司成立时将注册资本数额记载在营业执照和公司登记簿上。此时，股东和公司之间的权利和义务等法律关系已经确立。第三个环节是股东将注册资本缴纳给公司，并取得公司股权。在缴纳的瞬间，资本数额是符合注册数额的。这是一种交换关系，是资金和股权的交换。交换的结果是在股东取得股权的同时，公司取得注册资本所有权和使用权，注册资本从本质上转化为公司财产。第四个环节是公司资本的流动。资本归属公司以后，成为公司资产。公司资产与其他资产具有共同的特征，就是在参与公司运营过程中数额会发生变化，其结果是会增值或贬值。

因此股东个人的资金在经验资属实后进入公司的账户，公司对其出具出资证明书并记载在公司章程和在工商登记机构登记后，股东个人即失去了对所出资财产的所有权，财产在转而成为公司的资产的同时，也成为公司的注册资本。股东也因此取得了公司相应的股权，并因此取得相应的对公司管理等权益。

在公司的经营过程中，由于注册资本是股东和公司之间的法律关系，只要这种法律关系没有变化，其注册资本依然是登记的数额。通过经营活动使资本增值，也是资本的重要属性。在连续的经营活动中，一个注册资本一百万元的公司，通过资本运营和增值可能其实际资产达到一亿元；同样，由于经营管理等主客观原因，注册资本一亿元的公司，有可能实有资产只有一百万元，甚至有可能负债经营或宣布破产。但是，由于注册资本是股东和公司注册资本与注册资金不同，其与公司资产不是一一对应的。所以增加或减少注册资本的前提条件不是公司资产发生了变化，而是投资人之间或投资人与公司之间的权利义务关系发生了变化。因此海南省高院认为“但实际上并未增加任何投资，其股本金实际没有增加，而是采取把钱转出去又转回来的手段虚假增加注册资本”，实际上是对法律规范的误解，也混淆了注册资本和公司资产之间的关系。

参考 2005 年施行的《公司注册资本登记管理规定》第 9 条（现行《公司注

册资本登记管理规定》第8条）的规定，股东或者发起人必须以自己的名义出资。因此在名义上出资的人即为公司股东。股东身份的认定，应当依公司登记文件（包括章程和股东名册等）的记载为依据。公司的章程和股东名册具有公示效力，公司和公众应当按其法律的规定承认章程和公司股东名册上记载的股东。由此可知，确定未出资的公司的某人是否享有公司的股权，不是看其是否出资，出资多少，而应查阅公司章程或股东名册。

HOW JUDGES THINK

因此，判断某人是不是股东及其出资数额的多少，在注册资本中所占的比例，不在于其实际出资人是谁和实际出资额的多少，而在于登记在册的股东是谁和登记在册的资本是多少。对于那些即使实际上没有出资，而是被别人借用的名义出资的并被登记在册的人，仍然是应当认定为公司的股东。

（二）股东出资到位的标志以及虚假出资的构成要件问题

出资是取得股东资格，是股东的最主要义务，股东必须完全履行出资义务。股东的出资一旦到位并进入公司账户，并经工商机关登记备案，则股东的出资即转化为公司法人财产，即出资财产的所有权转移对应的，出资人获得的是股东权，而非财产。出资人一经出资，登记为股东，除非通过股权转让或公司解散等方式，否则不能抽回出资。因此可以说股东注册资本是具体出资事实，那么通过验资并记载在营业执照上就是在法律上对出资的认定。因此判断股东是否出资到位即在于判断股东有无实际出资、出资是否到公司账户。2005年《公司法》第32条第1款（现行《公司法》第31条第1款）规定："有限责任公司成立后，应当向股东签发出资证明书。"第33条（现行《公司法》第32条）规定："有限责任公司应当置备股东名册，记载下列事项：（一）股东的姓名或者名称及住所；（二）股东的出资额；（三）出资证明书编号。记载于股东名册的股东，可以依股东名册主张行使股东权利。公司应当将股东的姓名或者名称及其出资额向公司登记机关登记；登记事项发生变更的，应当办理变更登记。未经登记或者变更登记的，不得对抗第三人。”

所谓股东虚假出资，是指公司的发起人、股东未交付货币、实物或者未转移财产权。对此，《公司登记管理条例》1994 年第 60 条（现行《公司登记管理条例》第 65 条）规定：“公司的发起人、股东未交付货币、实物或者未转移财产权，虚假出资的，由公司登记机关责令改正……”《公司法》2005 年第 200 条（现行《公司法》第 199 条）规定：“公司的发起人、股东虚假出资，未交付或者未按期交付作为出资的货币或者非货币财产的，由公司登记机关责令改正，处以虚假出资金额百分之五以上百分之十五以下的罚款。”《刑法》第 159 条规定：“公司发起人、股东违反公司法的规定未交付货币、实物或者未转移财产权，虚假出资，或者在公司成立后又抽逃其出资，数额巨大、后果严重或者有其他严重情节的，处五年以下有期徒刑或者拘役，并处或者单处虚假出资金额或者抽逃出资金额百分之二以上百分之十以下罚金。单位犯前款罪的，对单位判处罚金，并对其直接负责的主管人员和其他直接责任人员，处五年以下有期徒刑或者拘役。”

HOW JUDGES THINK

因此，判断股东是否虚假出资必须结合主客观两方面考虑。
在主观方面，股东必须具有是侵害其他股东的权益，或故意侵害潜在的债权人的权益。如股东主观上没有不出资的主观意愿，则不能认定为虚假出资。钟某从来不认为其不拥有公司部分股权，从来不否认对 100 万元的合法取得，对公司有关挂名股东的说法，从未予以认可，第二人亦未提供出有关挂名股东的证据。据此，钟某主观上不可能存在侵权的故意。
在客观上，股东必须实施了“违反公司法的规定未交付货币、实物或者未转移财产权，虚假出资的行为”，其在行为表现上，是将出资“以无充有，以少充多”，通过瞒报出资额、进行虚假验资、以不具处分权的资

HOW JUDGES THINK

产或受到司法冻结的资产出资等手段达到目的。本案中，钟某用于出资的是现金100万元，在该现金进入公司账户并成功验资后，钟某就实际上履行了股东出资义务，并不存在“以无充有，以少充多”，或者以不具处分权的资产或受到司法冻结的资产出资的问题。至于其个人账户中100万元资金的来源问题，并不影响其对该100万元拥有所有权，也不存在其对100万元限制使用的问题。

（三）股东用于出资的资金来源是否影响其出资的真实性问题

在本案的诉讼中，钟某主张，其1996年9月所取得的汇入其个人账户的100万元系公司对其的奖励，其后，根据8月20日股东会议纪要的决定，将此100万元作为股金汇入公司。但养生堂公司认为当时找钟某只是当一个挂名股东，目的是避免一人公司的出现，且该100万元并不是公司给钟某的奖励。海南省工商局则认为，从表面上看，养生堂公司是增加了注册资本100万元，但实际上并未增加任何投资，其股本金实际没有增加，而是采取把钱转出去又转回来的手段虚假增加注册资本，欺骗工商登记部门，其行为实质上属虚假出资。

HOW JUDGES THINK

从养生堂公司转到钟某账户上的100万元系公司对钟某的奖励，还是钟某从公司的借款，各方当事人提供的证据均难以认定。在卷中反映出在未进养生堂之前，钟某就给予钟某睒很大的帮助，后担任养生堂经理时亦对养生堂作出了很大的贡献，给其100万元不为过分。针对本案虚假出资的审查，无须查明此节事实。钟某获得此100万元是公司处理财产的行为，属于钟某与公司之间的民事法律关系。而钟某如何处理此100万元则是钟某行使所有权人权利的一种方式，其他人也无权干涉。即使公司认为钟某处理该100万元的方式与当初的约定不符（如当时的确约定是只做挂名股东），也只能通过要求履行约定的方式进行，而不能从法律上否定钟某的股东资格。如认为钟某违背了当时有关100万元不是奖金而只是挂名资金的约定，把这100万元私自使用，也应当通过诉讼等渠道来解决，而不能直接过问已经进入钟某个人账户的资金的处理问题。

因为，100万元进入钟某个人账户后，根据《民法通则》第72条的规定，财产所有权从财产交付时转移。

HOW JUDGES THINK

该100万元已经完成了民法上的交付行为，其所有权即为钟某所有，后钟某依据股东会议纪要和公司章程的约定，将100万元作为股本，通过验资等程序，交纳了注册资本，并在公司营业执照上登记，实际上已经履行了出资义务，并不构成虚假出资。公司的注册资本也因此增加了100万元。

海南省工商局认定此行为为虚假出资，海南省高级人民法院认为养生堂公司是增加了注册资本100万元，但实际上并未增加任何投资，其股本金实际没有增加，而是采取把钱转出去又转回来的手段虚假增加注册资本，欺骗工商登记部门，其行为实质上属虚假出资。这是对法律的错误理解，混淆了注册资本与总资产之间的法律关系。

在公司的注册资本和总资产都远远大于100万元的情况下，即使认定100万元系新股东钟某从公司的借款，作为新加入的股东钟某既不存在抽逃出资，也不存在侵占公司财产的情形，因此其取得100万元形式上是合法的，就不存在主观上虚假出资的意图。且由于出资方式是货币，货币属于种类物，而非其他形式特定物（如不动产、动产和知识产权），因此客观上也就不存在以无充有，以少充多的现象。

我国的法律并不禁止股东从公司或者从其他民商事主体处借款进行投资。股东与出借方是借贷关系，股东与公司是投资关系，股东可以用其他属于自己可合法支配的财产偿还相关债务。国家工商总局在关于虚假出资认定问题的答复（工商企字［2002］第97号）认为，“公司利用本公司的其他银行账户将资金以借款名义借给股东，然后以股东名义作为投资追加注册资本，但实际上，公司未将资金交付给借款的股东，借款的股东也未办理资金转移手续，而是公司将股东所借资金在该公司银行账户之间内部转账，股东本身并未增加任何实际投资。此种行为可以认定为虚假出资行为。”

HOW JUDGES THINK

但本案中，即使认定100万元是钟某向公司的借款，但两者之间已经办理了资金转移手续，且非公司内部银行账户间的内部转账。因此，钟某的行为不构成虚假出资。如果此100万元的确系从公司的借款，则公司可以通过向自然人钟某主张债权的方式维护自己的权益，而不能以否定钟某股东资格的形式进行。

合议庭合议中合议庭成员同意上述分析意见，一致认为：

HOW JUDGES THINK

海南省工商局未能准确认定案件事实，适用法律错误，其作出的被诉行政行为，应当依法予以撤销。海南省高级人民法院所作出的终审判决，认定事实不清，适用法律不当，依法应予撤销。鉴于该案实质上是由于民事股权争议而引发的行政案件，最终需要解决的是100万元的股权的权属问题。目前仍存在通过协调解决问题的可能性，且钟某方面一直不排除协调解决，可以进行进一步的协调处理，以避免对养生堂公司的经营产生较大不利影响。（因为目前工商局和海南省高院均未否定钟某的股东资格，处罚决定也只是让其补交100万元。他如果履行处罚决定，交了100万元作为股东就可以主张对公司进行清算和按股份多少分割公司资产，而现在也可以协调先进行账务上的清算，在实际分割财产时，钟某在应分得的财产中，少拿100万元。）倘若民事纠纷得以解决，行政案件就好处理。因钟某和养生堂有限公司本部均在杭州，合议庭决定先到杭州进行协调工作，促使各方当事人达成和解协议。若协调失败，再考虑提审问题。

五、心结的化解

笔者与耿宝建到杭州后的第二天一早，就在浙江省高级人民法院调解室进行协调。由于钟某已是80多岁高龄老人，家人怕他激动出事，未让他参加，而是派其女婿陆某某参加。钟某睒在审理本案以来，一直没有露过面，这次是从海南处理公司相关事宜后，前一晚赶到杭州。一早就参加此次协调，看来是有一定诚意的。

正式协调前，笔者与耿宝建分别与钟某的代理人陆某某和养生堂公司董事长钟某睒单独谈话。

陆某某一直强调，养生堂公司违法变更钟某股权，应当按照现行市场价返还钟某1000万元人民币。

钟某睒在与我们谈话中，开始一直认为钟某的100万元属于虚假注资，故不存在返还钟某股权的问题。耿宝建从法理上给钟某睒释明钟某的100万元不属于虚假注资。释明后，钟某睒对耿宝建的释明不予赞同，但态度有所软化，不再强调钟某虚假注资的问题，而是一再说，他不是忘恩负义之人，也不是小气之人，钟某做事太不近人情，但又没有说得很明白。

HOW JUDGES THINK

笔者根据卷宗里有关钟某，特别是钟某的夫人张某某对钟某睒初期创业给予过很大的帮助。他们之间一定存在很大的心结，使他们原本良好的关系成为对头。

笔者问钟某睒，钟某和他夫人张某某是否对你初期创业给予了很大的帮助？

钟某睒毫不避讳地承认了这一点，并流露出对张某某的感激之情。稍后他表述股权归他，他愿意给予钟某150万元补偿。似乎看到了和解的希望。

接下来我们又与陆某某谈，陆得知钟某睒给150万元补偿，觉得太少不能接受。于是我们又将陆某某与钟某睒召集在一起谈，双方话不投机，有些火药味。笔者感到如果这样谈下去，不会和解，只会加深双方的矛盾。此时，笔者联想到，钟某睒对张某某有感激之情，觉得此事，非张某某出面难以解决。

于是笔者问陆某某："钟老身体如何？"

陆说："没有大病，就是性子有点急。"

笔者接着问："我能见见他，或者让钟老与钟总见面谈谈。"

陆某某显得有些担心说："我怕刺激钟老。"

笔者说："我先见钟老，钟老愿意见，钟老再与钟总见面。这样可以吗？"

陆某某说："可以。"

笔者又问钟某睒："这样可以吗？"

钟某睒想了想略有犹豫地答道："可以。"

钟某住的地方与浙江省高院很近，大约走10分钟就到了。到钟某家后，听说张某某外出不在家，陆某某将笔者和耿宝建介绍给钟某后，就去联系张某某。我们向钟某说明了来意，并询问他，有无和解的意愿。

钟某开始对和解有些反感，他对我们说："跟钟某睒这种人没啥可谈。我打这场官司不是为了钱，而是为了置一口气。我夫人张某某在某某日报时，是钟某睒上司。她与钟某睒前后脚下海经商。我在海南逛地摊时，见到钟某睒，因经营不善，当时靠摆地摊维持生计。那时他的处境相当艰难，我夫人就借给他 8 万元筹建了养生堂。我也帮了他很多忙。正因为这些他聘请我为养生堂经理，因经营得很好，奖励我 100 万元作为股份入股。事后就翻脸不认人，将给我的 100 万元股份改为他夫人的。你说是不是忘恩负义？"

HOW JUDGES THINK

从钟某的话里话外，笔者感到钟某确实对钟某睒是有恩的，并对养生堂作出不小的贡献。他与钟某睒原本关系很好，肯定在某件事上发生重大误解或者重大冲突而造成后来走向法庭的僵局。为缓和关系，事情已走到这一步了，眼下还是尽快解决这场纠纷，心平气和地谈谈，求大同存小异，各自让一步海阔天空。经过一番工作，钟某答应让钟某睒到他家里谈谈。

耿宝建电话通知钟某睒后，大约 40 多分钟，钟某睒提着一大篮水果进门，一见钟某就说了句："钟老好！"虽然声音不大，但总算有点和好的表示。钟某冷冷地说了声："坐下吧！"他们两人面对面坐下，都显得有点尴尬。正在此时，张某某也进门了。钟某睒赶紧站起来，迎上去说了声："张阿姨好！"从钟某睒的眼神和行为上看，他对张某某还是很有感激之情的。

张某某直接就将钟某睒叫到里屋关上了门，两人大约谈了 30 多分钟，而后又将钟某叫进去大约谈了 10 分多钟。三个人脸上略带笑容地走出来，跟我们说："养

> 生堂有限公司承认钟某在该公司拥有100万元的股权，并协议以300万元价格收购该股权。”钟某睒一再向钟某、张某某道歉，一切均属误会。临走时钟某睒与钟某热情拥抱，多年积怨就此化解。

之后，**双方当事人签订了和解协议，钟某撤回申诉，海南省工商局为他们办理了股权回购法律手续。**

因起名引起的立法解释[1]

——“北雁云依”诉济南市公安局历下区分局燕山派出所户籍行政登记请示案

因每个人所处的环境、经历、涉及的领域等众多的不同，对法律条文的解读会出现很大的差异。作为法官不能仅仅停留在法律条文的一般文字表述上，还应从立法的原意、对社会的导向以及将可能产生的影响等因素进行综合考虑，才能作出结论。必要时，应报请上级法院，由最高人民法院提请立法机关作出立法解释。

2012年，庭里将“北雁云依”诉济南市公安局历下区分局燕山派出所户籍行政登记请示一案交由本合议庭承办。由笔者担任审判长，李德申、吴景丽两位法官参加合议，李德申具体承办。因本案属于对法律适用问题的请示，根据惯例先由承办人写出审查报告交合议庭合议，再由审判长联席会议讨论，报主管副院长审批。如果主管副院长认为涉及问题复杂、重大的，则由其提交审判委员会讨论决定。

一、争议的焦点

山东省高级人民法院在审理“北雁云依”诉济南市公安局历下区分局燕山派出所户籍行政登记请示一案中，认定如下事实：

原告“北雁云依”出生于2009年1月25日，其父亲名为吕某峰，

1 本案在判决书作出前经由案件承办方逐级请示，至全国人大常委会作出有关的立法解释，实系首例。

母亲名为张某峥。吕某峰、张某峥两人共同决定为女儿取名为“北雁云依”。2009年2月，吕某峰前往燕山派出所为女儿申请办理户口登记，被民警告知拟被登记人员的姓氏应当随父姓或者母姓，否则不符合办理出生登记条件。因吕某峰坚持以“北雁云依”为姓名为女儿申请户口登记，被告燕山派出所遂依照《婚姻法》第22条、山东省公安厅《关于规范常住户口管理若干问题的意见（试行）》和山东省公安厅、卫生厅《关于进一步加强出生医学证明管理的通知》中的相关规定，于当日作出拒绝办理户口登记的行政行为。原告“北雁云依”的法定代理人吕某峰认为，依据《民法通则》第99条之规定，公民享有姓名权，任何人不能干涉。《婚姻法》第22条规定“子女可以随父姓，可以随母姓”，而不是必须随父姓或母姓。被告燕山派出所作出被诉行政行为所依据的山东省相关规定与《民法通则》和《婚姻法》的有关规定不一致，不应当适用。被告燕山派出所拒绝以“北雁云依”为姓名为其女儿办理户口登记的行政行为侵犯其女儿合法权益，于2009年12月17日以被监护人“北雁云依”的名义向济南市历下区人民法院提起行政诉讼。

历下区人民法院在审理中，认为因涉及法律适用问题，向济南市中级人民法院请示。济南市中院研究后，就如何理解适用《婚姻法》第22条关于“子女可以随父姓，可以随母姓”的规定，山东省公安厅《关于规范常住户口管理若干问题的意见（试行）》规定的“新生儿姓氏应当随父姓或母姓”的规定在本案中能否适用，子女是否必须随父姓或母姓的问题，向山东省高级人民法院请示。

山东省高院审判委员会研究后形成两种意见：

第一种意见认为，**《婚姻法》第22条立法本意没有将子女的姓氏限定在父姓和母姓，省公安厅的文件规定没有法律依据，在本案中不能适用**。理由有四：一是从规定的字面意思来看，用的是“可以”，并不是“应当”，且姓名权系私权，一般情况下遵从当事人意思自治。二是实践中，户籍管理部门对于同时包含父姓和母姓的姓名给予登记，如父亲姓刘，母亲姓李，孩子叫“刘李一杰”的，这里的“刘、李”既不是复姓，也不能算是父姓或者母姓，而是一种父姓与母姓的结合，说明公安机关对于公民选择姓氏也是持一定程度的开放态度的。三是姓氏本身也是发展的，且姓名权系公民的基本人权，只要是符合公序良俗，没有必要限制。省公安厅以规范性文件的形式限制当事人的基本人权没有法律依据。四是被告没有证据证明使用“北雁云依”为姓名可能妨碍社会管理。

第二种意见认为，**子女应当随父姓或母姓，省公安厅文件规定符合当前社会习俗，与婚姻法的规定不冲突，且有利于社会管理，应当在本案中适用**。理由有二：一是《婚姻法》第22条以列举的形式表明子女可以随父姓或者没有，但没有规定“也可以”随其他姓，或者根本不用任何姓氏，因此，该条规定应理解为只能随父姓或者母姓。二是姓名虽然属于个人私权范畴，但户籍管理机关出于社会管理的需要可以进行必要的限制。省公安厅的文件与婚姻法的规定并无明显冲突，可以适用。

本案经山东省高院审判委员会研究，多数委员倾向于第一种意见。因本案涉及法律适用及解释的问题，为慎重起见，山东省高院向最高人民法院请示。

二、讨论中的分歧

HOW JUDGES THINK

因每个人所处的环境、经历、涉及的领域等众多的不同，对法律条文的解读会出现很大的差异。中国老百姓对“姓”的问题特别重视，传统观念认为，孩子应当随父姓，这是中国传统文化的组成部分，不能轻易改变。受传统文化影响较小的人不太在意自己的孩子随谁姓的问题。在此问题上，争论特别大，意见很难统一。

（一）合议中的分歧

合议庭在评议中，对本案应如何适用法律的问题亦形成两种不同意见。

李德申法官是一个比较传统的人，对传统文化感情深厚，每年清明节都回其老家沧州祭祖，并参加当地民俗活动。因此他认为，对于该请示所涉及的姓名权问题，在确定如何答复时应当考虑到如下因素：一是对社会的导向作用；二是法律规定的原意；三是传统习惯及社会发展现实。综合上述三种因素，他同意山东省高院第二种意见。即子女应当随父姓或母姓，山东省公安厅文件规定符合当前社会习俗，与婚姻法的规定不冲突，且有利于社会管理，应当在本案中适用。

理由如下：（1）《婚姻法》第22条规定的“子女可以随父姓，可以随母姓”，其内涵应当是指在确定公民尤其是新生儿的“姓”时，只能在父姓和母姓之间作出选择，而不应作其他选择。（2）对于子女尤其是新生儿的姓名使用应当作一定的限制。《民法通则》第99条规定公民享有姓名权，但该项权利的行使也不是无限度的。既然《民法通则》及相关法律、法规没有对公民如何行使姓名权作出具体规定，那就首先应当符合文化传统、风俗习惯，也就是要受到公序良俗的限制，而且《民法通则》规定公民享有的姓名权，指的是公民成年之后的民事权利，而不是规定新生儿的姓名权。姓名是民族传统传承的重要纽带，作为公民特别是新生儿的本名，应当符合姓与名所应当具备的特有属性，特别是“姓”所代表的血缘传承关系。山东省高级人民法院请示中所涉“北雁云依”作为姓名，不具备姓与名的明显特征，既不随父姓也不随母姓（其父吕某峰，其母张某峥），并不符合中国的文化传统、风俗习惯。（3）姓名所承载的社会功能也要求对姓名的确定加以规范，以免造成社会秩序的混乱。

综上，尽管山东省公安厅《关于规范常住户口管理若干问题的意见（试行）》规定的“新生儿姓氏应当随父姓或母姓”目前尚缺乏充分明确的上位法依据，但目前尚不宜认定山东省公安厅《关于规范常住户口管理若干问题的意见（试行）》规定的“新生儿姓氏应当随父姓或母姓”与《婚姻法》第22条关于“子女可以随父姓，可以随母姓”的规定存在冲突。

笔者父母对姓的问题不是特别在意，笔者外公没有儿子，因笔者哥哥、姐姐都姓沈，到笔者这，外公让我姓蔡，笔者父亲也就从了。吴景丽法官是70年代出生的人，思想比较开放，因此，她的观点与笔者的观点基本相同。我们均认为，子女可以随父姓或母姓，不违反公序良俗的，也可以姓父姓母姓以外的姓。理由如下：

第一，**《婚姻法》第22条的规定不能作为有关限定姓名权案件的依据。**《婚姻法》第1条规定：“本法是婚姻家庭关系的基本准则。”第2条第1款规定：“实行婚姻自由、一夫一妻、男女平等的婚姻制度。”第22条规定：“子女可以随父姓，可以随母姓。”上述三条结合起来分析，一是该法调整的范围仅限于婚姻家庭关系，公民的姓名权不在该法的调整范围之内。二是婚姻自由、一夫一妻、男女平等是该法所追求的目的的。三是有关“子女可以随父姓，可以随母姓”的规定是落实立法的目的，强调男女平等、夫妻平等，没有规范公民的姓名之意，不涉及户籍中有关姓名登记的问题。故此条规定不能作为限定姓名权的依据。

第二，**禁止姓父姓母姓之外的姓，有悖《民法通则》第99条之规定。**《民法通则》第99条第1款规定：“公民享有姓名权，有权决定、使用和依照规定改变自己的姓名，禁止他人干涉、盗用、假冒。”这里所讲的“姓名权”既包括“姓”，也包括“名”，并明确了，公民起名或者改名时，只要不违反公序良俗，既可以自由决定“姓”，也可以自由决定“名”。因此，可以在父姓或母姓之外姓其他姓，登记机关或他人不得干涉。山东省公安厅《关于规范常住户口管理若干问题的意见（试行）》和山东省公安厅、卫生厅《关于进一步加强出生医学证明管理的通知》中关于“新生儿姓氏应当随父姓或母姓”的规定，属于公权干预私权，限制了公民的姓名权。应当认定与《民法通则》第99条的规定相抵触，不能作为法院审理案件的依据。

第三，**在父姓或母姓之外姓其他姓，不会改变中国人起名的文化传统和风俗**

习惯。姓氏，是表示一个人的家族血缘关系的标志和符号。同一个祖先繁衍的后代称为宗族。姓氏最早起源于部落的名称或部落首领的名字。姓氏的起源可以追溯到原始社会的母系氏族制度时期，中国的许多古姓都是女字旁或底。姓是作为区分氏族的特定标志符号，如部落的名称或部落首领的名字。夏、商时期，贵族皆有姓氏。姓的分支为氏，意思相当于家或族。从中国姓氏演变来看，主要有以祖先的图腾崇拜物为姓氏，以祖先名字中的字为姓氏，以封地名和国名为姓氏，以职业或官职为姓氏，以山名、河名为姓氏，以住地的方位为姓氏，以部落的名称为姓氏，以出生时的异象为姓氏，以谥号为姓氏，帝王赐姓氏，以数量词或排行次序及天干地支为姓氏，古代少数民族融合到汉族中带来的姓等十三种。[1]可见，自古以来中国姓氏的发展并非一成不变，而是在不断衍变和创新。文化传统和风俗习惯是人们自然形成和自觉遵守而传承下来的，而不是靠强制力所维系的。

中国人（少数民族除外）在为子女起名时，一般都会起随父姓的名字。近代，随着妇女解放运动的兴起，给子女起随母姓的名字开始出现并增加。同时还出现父母两人的姓合为子女姓等情况。这些均是中国姓氏文化传统和风俗习俗的发展与创新。我国绝大多数人会按照中国的传统给其子女起名，个别人不愿受传统的姓氏约束在父姓或母姓之外姓其他姓，不会改变中国人的文化传统和风俗习惯。既然子女可以随父姓或母姓，在他们的下一代，如果要回归父姓或母姓，就有可能出现第三姓，反而给想恢复文化传统的人，给子女起名时造成障碍。

此外，**我国少数民族在起名问题上，与汉族姓氏文化传统和风俗习惯不尽相同。**例如，维吾尔族爷爷的名，是父亲的姓，父亲的名是儿子的姓。严格限制只能随父姓或随母亲，有悖少数民族文化传统和风俗习惯。

第四，**在父姓或母姓之外姓其他姓，不会造成社会秩序的混乱。**“姓氏”主要有以下三个方面的功能：

1 参见《中国姓氏的由来》，载浩学历史网：http：//www.hxlsw.com/html/chinese/xingshi/2007/1031/24052_2.html，最后访问时间：2017 年 3 月 28 日。

一是区分血缘。姓氏是家族血缘关系的标志和符号，因此，他的最大功能适用于区分血缘。但这些功能不是一成不变的，也是跟着社会的发展而变化的。战国后，以氏为姓，汉代以后，姓氏不分，因而同姓不婚多有不禁。唐代，对同姓婚予以禁止。宋、元亦依唐律，同姓为婚干杖而离之。明、清时地域更大，人口众多，早成为以地域为基础的社会，取代了原先以血缘为基础的氏族。故《明律例》与《清律例》均分同姓、同宗为二，表面规定两者皆禁止通婚，实际同姓而不同宗也可以结婚。清末册律，将同姓不婚与亲属不婚合并，只禁止同宗结婚。[1]社会发展的今天，姓氏已经失去区分血缘的功能。

二是社会地位的区分。夏、商时期，贵族皆有姓氏，底层百姓一般没有姓氏。中国以职业或官职为姓氏、帝王赐姓氏等无形中也是一种地位的象征。在德国、英国等国，一些姓具有贵族称号。但随着社会向民主化方向发展，姓氏中区分社会地位的功能越来越弱化。

三是表面证据的功能。日本法规定婚生子女称父姓氏，非婚生子女不能称父姓氏，该项规定与该国继承有关。日本法规定，非婚生子女只能继承其他子女继承父母财产的一半。确定非婚生子女不能称父姓氏，可以从表面证据上直接区分，有利于继承案件的处理。根据我国法律的规定，婚生子女与非婚生子女，在法定继承中享有同等的权利，因此，不存在需要表面证据的问题。通过上述分析，姓氏的主要功能在我国现今社会中已经逐渐失去其作用。目前在姓名方面存在的问题主要是由于重名过多，给管理造成一定的麻烦，如果一味限制公民姓名选择权，反而会给社会管理带来更多的麻烦。

综上，姓名权系公民的基本权利，在父姓或母姓之外姓其他姓，只要是符合公序良俗，没有必要限制。

---

1 《同姓不婚》词条，载汉语站：http：//hanyu.iciba.com/wiki/462182.shtml，最后访问时间：2017年3月28日。

（二）论证中的分歧

审判长联席会讨论中，多数意见认为，可以随父姓、可以随母姓的规定是倡导性规定，在尊重传统文化和现实管理的基础上，公民有选择姓氏的自主权。少数意见认为，只能随父姓、母姓。为慎重起见，决定先征求全国人大常委会法制工作委员会的意见后，再作决定。

随后最高人民法院就公民可否在父母之姓外，姓第三姓的问题征求全国人大常委会法制工作委员会的意见。该委民法室最初电话答复我院："《婚姻法》第22条规定：'子女可以随父姓，可以随母姓'。该规定立法目的是赋予子女随母姓的权利，旨在体现男女平等和夫妻家庭地位的平等。同时根据我国长期实践，倡导子女随父姓或者随母姓。"该答复对是否可以姓第三姓的问题，没有予以明确回答。为稳妥起见，决定召开专家论证会。

这次专家论证会邀请了北京大学教授姜明安，中国人民大学教授杨建顺、孙若军，清华大学教授田思源、黄新华，社科院法学所研究员周汉华，全国人大法工委行政法室黄海华处长、民法室干部李倩，国务院法制办干部张水海、王鹏越，最高人民法院民一庭法官吴晓芳、研究室石磊等同志。

在论证会中，李倩同志介绍《婚姻法》第22条的立法背景时说，修改《婚姻法》时，将第22条中"子女可以随父姓，也可以随母姓"中的"也"删去，是为了更充分体现男女平等。也就是说，该条的立法本意是赋予子女随母姓的权利，体现男女平等。《民法通则》第99条规定，公民有权决定自己的姓名是自成年之后，不是新生儿的姓名权，本案讨论的是父母代新生儿取这个名字的权利要不要限制。姓氏的选择要在一定范围之中的。不仅仅是传统文化的背景，也与抚养、监护、继承等相关。

通过讨论，多数意见认为，山东省公安厅《关于规范常住户口管理若干问题的意见（试行）》规定的"新生儿姓氏应当随父姓或母姓"与《中华人民共和国婚姻法》第 22 条关于“子女可以随父姓，可以随母姓”的规定并不冲突。其主要理由是：（一）《婚姻法》第 22 条的规定并不严谨，有必要通过全国人大或者国务院作出相应立法进一步加以明确和规范。《民法通则》系一般法，而《婚姻法》系特别法，在决定姓名使用权的问题上，《婚姻法》应当优先适用。《婚姻法》的立法本意是赋予子女随母姓的权利，体现男女平等的宗旨，并不能推导出子女享有使用第三姓的权利。（二）对于子女尤其是新生儿的姓名使用应当作一定的限制。首先，《民法通则》第 99 条规定公民享有的姓名权，指的是公民成年之后的民事权利，而不是规定新生儿的姓名权。《婚姻法》第 22 条的规定，既是选择又是限制，即只能在法律规定（父姓或者母姓）的范围内进行选择。其次，对于《婚姻法》第 22 条应当超越简单的文义解释，要充分考虑到该法的立法目的和社会功能。姓名是家庭关系的一个方面，姓名本身尽管是个人权利，但还承载着家庭、社会、文化传统、风俗习惯、伦理道德等众多功能，对诸如抚养、监护、继承等制度也会造成一定影响。如以本案“北雁云依”作为姓名，不仅会对户籍管理、身份识别、社会管理成本带来较大影响，而且反映当前社会上的反传统的思潮，因此通过对姓名权进行必要限制、避免社会混乱是必要的。在具体管理中，应当将“姓”与“名”加以区分，对“姓”应当加以特殊限制，而对“名”可予以放宽。最后，国外的有关立法对姓名权都有一定的限制。如德国规定子女获得其父母的婚姻姓氏作为自己的出生姓氏；日本规定婚生子女称父母姓氏；法国规定在父母双方姓氏中选择。尽管各国对姓名的使用都规定了选择权，但是都不允许有第三姓。在世界各国都有一定限制，且在我们没有经过充分论证的情况下，不宜轻易对姓名权放弃必要的管理，以免造成混乱。综上，尽管山东省公安厅《关于规范常住户口管理若干问题的意见（试行）》规定的“新生儿姓氏应当随父姓或母姓”目前尚缺乏充分明确的上位法依据，但不宜认定山东省公安厅《关于规范常住户口管理若干问题的意见（试行）》规定的“新生儿姓氏应当随父姓或母姓”与《中华人民共和国婚姻法》第 22 条关于“子女可以随父姓，可以随母姓”的规定存在冲突。

少数意见认为，《婚姻法》第 22 条的规定，主要目的是解决男女平等、夫妻平等问题，并不涉及户籍登记问题。从利益衡量角度考虑，公民选择其他姓尽

管可能导致一些社会问题，但公民选择第三姓或者第四姓，具有一定法律依据。限制公民姓名选择权，造成重名过多，反而会给社会管理带来麻烦。《民法通则》第99条对公民的姓名权有明确的规定，而山东省公安厅《关于规范常住户口管理若干问题的意见（试行）》中关于"新生儿姓氏应当随父姓或母姓"的规定，属于公权干预私权，限制了公民的姓名权。因此，山东省公安厅《关于规范常住户口管理若干问题的意见（试行）》规定的"新生儿姓氏应当随父姓或母姓"与《中华人民共和国婚姻法》第22条关于"子女可以随父姓，可以随母姓"的规定存在冲突。

讨论中也出现一些花絮，孙若军教授认为，只能随父姓随母姓，不能姓第三姓。但她又说道，她认识一些老革命的后代既不随父姓，也不随母姓，似乎对社会也没有多大影响。王鹏越说，他随母姓，他女儿出生时，决定恢复祖姓。给他女儿报户口前，他写了几大张纸为何他女儿不随他和他妻子姓的理由，到了派出所报户口时，民警没有问他任何理由，就给报上了。他白准备了。从中可以看出，各地掌握的标准很不一致。

（三）审判委员会讨论意见

最高人民法院审判委员会对此问题讨论后认为，姓名权涉及公民的基本权利，公民如何依法正确行使该项权利，直接影响到公民基本权利的保障和社会管理秩序的维护，需要有法律的明确规定和正确指引。当前在司法部门、行政职能部门以及学术界所持的两种不同观点，均有其一定的法律依据和现实基础。

HOW JUDGES THINK

鉴于公民姓名权问题的复杂性、社会敏感性和现实普遍性，已非司法手段所能妥善处理，只有上升到法律解释的高度才能获得根本解决。为正确理解和适用法律，避免造成社会管理秩序的混乱，根据《宪法》以及《全国人民代表大会组织法》的规定，特向全国人民代表大会常务委员会提出如下议案：对《民法通则》第99条以及《婚姻法》第22条的规定作出法律解释。

三、立法解释及理解

全国人民代表大会常务委员会于2014年11月1日通过了《关于〈中华人民共和国民法通则〉第九十九条第一款、〈中华人民共和国婚姻法〉第二十二条的解释》。该解释规定："公民依法享有姓名权。公民行使姓名权，还应当尊重社会公德，不得损害社会公共利益。""公民原则上应当随父姓或者母姓。有下列情形之一的，可以在父姓和母姓之外选取姓氏：（一）选取其他直系长辈血亲的姓氏；（二）因由法定抚养人以外的人抚养而选取抚养人姓氏；（三）有不违反公序良俗的其他正当理由。""少数民族公民的姓氏可以从本民族的文化传统和风俗习惯。"

该立法解释有三层含义：

HOW JUDGES THINK

第一层重申了公民依法享有姓名权，同时指出，公民行使姓名权作为一项民事活动，应尊重社会公德，不得损害社会公共利益。第二层列举规定了可以在父姓和母姓之外选取姓氏的三种情形。第三层对少数民族公民规定其姓氏可以遵从本民族传统和风俗习惯。该解释规定的较为明确，其含义较好理解，无须过多解释。但第2款第3项规定的"有不违反公序良俗的其他正当理由"，相对复杂需要进一步解释。

该项规定从文字表述上看，在父母姓氏之外选取其他姓氏的两个必备要件：一是不违反公序良俗，二是存在其他正当理由。**关键问题是如何解释"公序良俗"和"其他正当理由"。**

"公序良俗"，是指社会公共秩序和社会善良风俗，要求公民从事民事活动应当遵守公共秩序，符合善良风俗，不得损害社会公共利益，不得违反国家的公共秩序和社会的一般道德。有人认为，允许随意选取姓氏甚至恣意创造姓氏，一是会增加社会管理成本，无利于社会和他人，而且极易使社会管理出现混乱，增加社会管理的风险性和不确定性。二是任由公民随意选取姓氏甚至自创姓氏，会造成对文化传统和伦理观念的冲击，既违背社会善良风俗和一般道德要求，也不利于维护社会秩序和实现社会的良性管控。对第一个问题，我们在论证中专门询问了户籍管理部门的同志，他们认为，**一般人在给子女起名时，都会选择父姓或母姓，只有极个别人选择第三姓。现在用计算机管理户籍，在户籍簿上载明子女父母的姓名，对个别人选择第三姓，不会增加多少社会管理成本，发生管理混乱的概率很低。**也就是说，第一个问题的理由是不成立的。对第二个问题，在一般情况下，该理由也难以成立。因前面已做论述，此处不再赘述。**只有在对国家和国家机关的公共形象毁损，或者毁损其他公民、法人或者组织的姓名、名称、名誉，或者国家法律禁止的，才属违反公序良俗。反之，不宜认定为违反公序良俗。**

“其他正当理由”，因姓名权是公民的基本权利，在解释时，应当相对宽泛一些，不应限制过多。在现实生活中，除前两项规定的情况之外，常见的主要有以下几种情况：

HOW JUDGES THINK

一是用笔名发表文章，因笔名被公众认可后，将其姓名改为笔名；
二是其父母的亲属或者朋友没有子女，虽未将其子女的抚养关系改变，但将其子女的姓，使用该亲属或者朋友的姓，以表达对亲属或朋友的友谊或关爱；
三是父母离异并给其子女造成巨大伤害，其子女不愿意姓父母的姓，自创姓或姓第三姓；
四是父母取于古诗词中的某些字为姓，表达对子女的祝福；

五是为了纪念出生地、有纪念意义的事件，将地名或事件名称作为自己的姓或子女的姓，等等。

只要其理由是健康的、积极向上的，都不宜禁止。以封建迷信、有违公共道德等不健康或者颓废为理由的，应当予以禁止。

行政协调中的利益衡量

——青岛 W 热电有限公司诉青岛市李沧区人民政府应急预案行为上诉案

人民法院在审理行政案件中，对法律规定不明确，法院无论作出何种判决都难以解决实质问题时，可以采取协调的方式，促使当事人达成和解协议的方式，化解纠纷、案结事了。法院的协调，应当在查清事实，分清是非的基础上进行，全面衡量公共利益、各方当事人的利益以及所涉及的其他人的合法权益。法院经审查，协调协议不损害公共利益、他人合法权益，符合法律规定，各方当事人自愿接受的，才能裁定准许撤诉。

青岛市李沧区人民政府等不服山东省高级人民法院就青岛 W 热电有限公司诉其应急预案行为一案作出的鲁行初字第 1 号行政判决，向最高人民法院提起上诉。最高人民法院立案后，指定笔者为本案的审判长，与李德申、吴景丽法官组成合议庭，李德申法官具体承办此案。

一、案情的梳理

本案的当事人较多，情况相对复杂。

上诉人（一审被告）：山东省青岛市李沧区人民政府（以下简称区政府）和山东省青岛市李沧区城市建设管理局（以下简称区城建局）。

上诉人（一审第三人）：青岛 H 热电有限公司（以下简称 H 公司）。

被上诉人（一审原告）：青岛 W 热电有限公司（以下简称 W 公司）。

2000年8月9日，青岛市计划委员会作出青计交能字［2000］336号《关于青岛S热力公司供热工程项目建议书的批复》，同意由青岛S印染有限公司发起组织建设东大村集中供热项目，其供热范围以重庆路以东、308国道以西、老A以南、李河村以北的区域为主。2002年6月17日，经青岛市供热办公室批复同意，青岛S热力有限公司更名为青岛市A热力有限公司。2004年6月23日，经青岛市供热办公室批复同意，青岛市A热力有限公司变更为青岛W热电有限公司（以下简称W公司）。2004年至2005年，W公司根据青岛市规划局作出的《建设项目选址意见书》《建设工程规划许可证》进行A供热站、供热管网建设施工，并准备按要求于2005年冬季供热。

自2005年年初至2006年7月，W公司内部产生股东纠纷，加之资金严重短缺，公司经营管理陷入瘫痪，本案供热项目建设也陷入停滞。根据2005年4月12日W公司董事会会议记录显示，W公司的资金缺口到供热自生产期为4600万元。2005年6月22日，W公司主要股东青岛K置地产业集团有限公司（以下简称K公司）致函李沧区政府（以下简称区政府）称，由于股东之间缺乏相互信任，管理意识、理念上的巨大差距，导致我集团与其他股东的分歧越来越大，已严重影响了公司的正常运营，各项工作处于停滞状态，这样下去将难以保障W公司按照市政府及区政府的规划实现供热、供气目标，请区政府指导并协调解决。为此，区政府及有关主管部门多次主持专题协调会，均未果。对于W公司2005年冬季未能如期供热，供热区域内居民反应强烈，部分居民到信访部门上访，有关人大代表及政协委员也以代表和委员提案的方式提出批评和意见。2006年1月24日，W公司主要股东之一向青岛市李沧区人民法院申请W公司解散并清算。同年4月7日，区城建局致函W公司要求其对供热项目建设问题作出答复，否则，区政府与有关部门将启动《青岛市重特大集中供热事故应急预案》。同年4月10日，W公司回复称，由于我公司股东之间的矛盾不可调和，公司管理陷入瘫痪，各项业务已经停滞。有关人员未经公司股东会、董事会及法定代表人的授权，串通外联单位，私自向不明真相的居民骗取供热配套费，擅自与第三方达成协议，在既未办理开工报告，又未向政府相关部门申报的情况下，在我公司所属外管网铺设区域违章施工，其施工质量难以保证，为今后安全供热埋下了很多隐患。我公司已于2006年1月24日向青岛市李沧区人民法院申请解散并已立案，如公司解散一案进展顺利，则有信心在年底前完成集中供热任务。2006年3月23日，区政府召开了关于解决李村城区供热问题的专题会议并于4月12日形成会议纪要（青李沧政会纪发［2006］30号）。该纪要载明：依据《青岛市重特大集中供热事故应急预案》和《情况报告》，会议决定，自即日起启动《李沧区重特大集中供热事故应急预案》，由碱业公司临时接管李村区域供热管网配套建设项目，范围系原规划中W公司的供热管网铺设范围不变。后碱业公司因故退出上述供热建设项目。

2006年6月8日，区政府指派区城建局代表区政府与青岛H热电有限公司（以下简称H公司）签订了《李沧区中部应急集中供热协议书》，其主要内容为：区城建局依据青岛市及区政府的相关文件及相关会议精神，决定由H公司应急负责东至308国道、西至重庆路、南至李河村、北至大村河的城市集中供热建设及应急供热；区城建局确保老李村区内仅有H公司一家应急集中供热企业为该区域内的单位、居民供热，不允许其他任何供热企业以任何方式为该区域供热；区城建局向H公司下达为老李村城区应急供热的委托书，在原供热规划撤销后，区城建局确保将老李村城区调整至H公司的供热规划范围内。2006年7月5日，区城建局向H公司发送了《应急集中供热委托书》，进一步明确了H公司对上述区域实施应急集中供热并进行相关的供热工程施工。2006年8月8日，区政府指派区城建局代表区政府与H公司签订了《李沧区中部应急集中供热企业补充协议书》，主要内容为：将原协议第一条中规定的由H公司负责的城市集中供热建设及应急供热区域向北扩展至金水路两侧（东、西、南界限不变）；原协议第二条第5项中7个居民区扩展为12个居民区。此后，H公司负责了原W公司供热区域内的集中供热管网建设及集中供热工作，并收取了相关供热费用。

2006年7月18日，W公司企业解散纠纷经青岛市李沧区人民法院调解结案。W公司分别于同年7月28日、8月9日向区政府报送了《关于解除“供热应急预案”

的请示》《关于请求解除“供热应急预案”的再次请示》。2006 年 8 月 23 日，区政府向青岛市人民政府督查室发出《关于〈关于请求解除“供热应急预案”的再次请示〉办理情况的报告》，认为：为确保今年能如期实现对李沧中部区域的供热，2006 年 4 月区政府就一些涉及中部供热的重要问题给 W 公司下发了《关于李沧中部城区集中供热问题的函》，但 W 公司未作出任何明确答复。在此情况下，市区两级政府于 2006 年 4 月 12 日共同启动了《青岛市重特大集中供热事故应急预案》。该报告最终办理意见为，鉴于实际情况，区政府建议不予解除“供热应急预案”。2006 年 9 月 28 日，区政府函复 W 公司，希望 W 公司理解、支持和配合李沧区中部供热应急工程的实施。

2007 年 7 月 19 日，W 公司向山东省高级人民法院提起民事诉讼，后撤回起诉。W 公司于 2008 年 1 月 22 日向山东省高级人民法院提起行政诉讼。

另查明，诉争区域的供热至今仍由 H 公司负责。

山东省高级人民法院经审理认为：

《行政诉讼法》第 25 条第 4 款（现行《行政诉讼法》第 26 条第 5 款）规定，由行政机关委托的组织所作的行政行为，委托的行政机关是被告。区城建局与 H 公司签订协议、补充协议的行为是由区政府委托所作的具体行政行为，应以区政府为被告。其委托区城建局与 H 公司签订的协议、补充协议是为了落实决定的内容，应作为区政府的同一个行为。

W 公司具备本案诉讼主体资格。青岛市计划委员会《关于青岛 S 热力公司供热工程项目建议书的批复》（青计交能字［2000］336 号）批准 W 公司的供热区域为：青岛市重庆路以东、308 国道以西、老 A 以南、李河村以北。并经青岛市规划局批准在上述区域铺设热力管线，亦取得了相应的《建设工程规划许可证》和选址意见书。《情况报告》认定了上述区域属 W 公司供热范围。还认定该工程各项手续均得到市有关部门批准，并于2004年开工建设，目前锅炉已安装完毕，并已铺设部分供热管网。由此可见，W公司依法享有了进行供热建设的合法权利。由于区政府作出的决定以及委托区城建局代表区政府与H公司签订的协议、补充协议直接影响到W公司进行供热建设的权利，W公司与区政府的行为具有法律上的利害关系。《最高人民法院关于执行〈中华人民共和国行政诉讼法〉若干问题的解释》（以下简称《若干解释》）第12条的规定，W公司的起诉具备诉讼主体资格。

W公司的起诉未超过法定起诉期限。由于区政府的决定及委托行为未告知当事人诉权和起诉期限，加之区政府未能提供W公司已经知道或者应当知道诉权或者起诉期限的证据，故W公司的起诉期限应适用《若干解释》第41条第1款的规定，即最长不得超过2年。本案中W公司从区政府作出决定和协议书签订时起至其2008年1月22日向人民法院提起行政诉讼时止，并未超过2年的诉讼期限。因此，W公司的起诉未超过法定起诉期限。

区政府的行为违法。《青岛市城市供热条例》第2条规定，市城市供热行政主管部门（市市政公用局）主管全市城市供热工作。市供热管理机构和各县级市、崂山区、城阳区、黄岛区城市供热行政管理部门（以下统称城市供热管理部门）按照规定的职责，具体负责城市供热行政管理工作。显然，区政府并非青岛市供热行政管理部门，其无权负责城市供热行政管理工作。因此，区政府作出的决定以及委托区城建局与H公司签订协议和补充协议的行为是一种超越职权的行为。

区政府于2006年4月12日作出决定的依据是《青岛市重特大集中供热事故应急预案》和《情况报告》，而《青岛市重特大集中供热事故应急预案》的制定时间为2006年4月28日，显然，以此为据是不真实的。而上述《情况报告》只是要求市政公用局督促李沧区现有供热企业大力增加区域内负荷，制定调整供热规划的预备方案，并未涉及启动“应急预案”的内容，因此，区政府以此作为启动“应急预案”的依据是不能成立的，属于没有法律法规依据的违法行为。

区政府决定的内容是"自即日起启动《李沧区重特大集中供热事故应急预案》"，而《青岛市城市供热条例》第25条规定的采暖期为每年的11月16日至次年的4月5日。显然，区政府于2006年4月12日作出决定，启动"应急预案"不符合客观现实，并且导致侵犯W公司合法权益的事实发生。

综上，区政府作出的行为没有法律法规依据，超越职权，侵犯W公司的合法权益，依法应予撤销，由于涉及公共利益和第三人H公司的利益，应确认其行为违法。W公司起诉理由成立，该院予以支持。该院依照《行政诉讼法》第54条第2项第2目、第4目（现行《行政诉讼法》第70条第2项、第4项），《若干解释》第58条、第59条第2项、第60条第2款之规定，**判决：（1）确认青岛市李沧区人民政府作出的"自即日起启动《李沧区重特大集中供热事故应急预案》的决定"违法；（2）责令青岛市李沧区人民政府于本判决生效之日起60日内采取相应的补救措施。案件受理费50元，由被告青岛市李沧区人民政府负担。**

一审判决后，区政府、区城建局及第三人分别向最高人民法院提起上诉。

二、当事人争议的焦点

（一）关于原告的起诉是否符合起诉条件的问题

上诉人认为，一审判决将上诉人作出决定的行为与委托区城建局与H公司签订协议、补充协议的行为混为一谈，并将决定本身作为审查和判决对象错误。"自即日起启动《李沧区重特大集中供热事故应急预案》"的表述见于《关于解决李村城区供热问题的专题会议纪要》（青李沧政会纪发［2006］30号），该会议纪要是一个内部行政行为，与区城建局和H公司签订协议、补充协议的行为并非同一个行为。作出决定和依照决定作出的具体行政行为是完全不同的，作出决定本身不具备可诉性。区政府作出"自即日起启动《李沧区重特大集中供热事故应急预案》”的决定与被上诉人在法律上没有任何利害关系，故被上诉人依法不应享有对该决定提起行政诉讼的原告诉讼主体资格。被上诉人至迟在2006年7月28日即已知道决定存在，并且对决定的内容也非常清楚，因此被上诉人也应当同时知道诉权和诉讼期限，但其却迟至2008年1月22日才起诉，显然已经超过3个月的法定起诉期限（现行《行政诉讼法》已修正为6个月的法定起诉期限）。

被上诉人认为，其起诉的是区政府启动供热应急预案的决定及其后的实施行为，由于该行为妨碍了W公司利益的实现，故具有可诉性。经青岛市计委确认，被上诉人已经取得了市政供热设施及管线的建设权利。区政府启动应急预案，在被上诉人供热区域内引入一审第三人并赋予其供热经营权，导致供热经营发生权利冲突，致使W公司的权利受到影响，故W公司与被诉具体行政行为具有法律上的利害关系，被上诉人是合法的诉讼主体。区政府启动供热应急预案后，并未告知W公司诉权和起诉期限，故应依法适用2年起诉期限。被上诉人于2008年1月22日提起行政诉讼，因此并未超过诉讼时效。

（二）关于区政府启动应急预案的合法性问题

上诉人认为，依照《中华人民共和国地方各级人民代表大会和地方各级人民政府组织法》第59条和《国家突发公共事件总体应急预案》的有关规定，上诉人依法享有应急行政管理职能。上诉人作出的决定指向解决临时供热问题，而非进行供热常态管理工作。由于被上诉人2005年未能如期供热、2006年几无供热可能（既无供热权利，也无供热能力）的情况下，上诉人制定《李沧区重特大集中供热事故应急预案》，并根据预案的有关规定作出启动决定，根本目的在于解决域内民众的应急供热问题，并非要替代青岛市有关行政主管部门对供热进行常态管理。争议所涉区域内的常态供热问题，由青岛市有关行政主管部门在今后进行处理，与上诉人无关。

被上诉人认为，区政府作出被诉具体行政行为既无事实依据，又无法律依据，且违反法定程序，超越法定职权，故属于违法行为，依法应予撤销。

三、合议庭初步研究意见

案情梳理后，合议庭针对上诉人所提的问题及有关实施应预案行为的合法性问题进行了研究：

（一）关于原告的起诉是否符合法定起诉条件的问题

《行政诉讼法》第2条规定，公民、法人或者其他组织认为行政机关和行政机关工作人员的具体行政行为侵犯其合法权益，有权依照本法向人民法院提起诉讼。根据该条的规定，行政机关作出的具体行政行为只有在有可能影响到公民、法人或者其他组织权利义务的，才可以向人民法院提起行政诉讼。《若干解释》第1条第2款第6项规定，公民、法人或者其他组织对其权利义务不产生实际影响的行为不服提起诉讼的，不属于人民法院行政诉讼的受案范围。换言之，被诉行政行为必须对起诉人的权利义务产生实际影响，起诉人才可以向人民法院提起行政诉讼。

行政机关的行政行为分为外部行政行为和内部行政行为。所谓外部行政行为是指行政机关对行政系统以外被管理的人、组织所作的行为。从法律要件上讲，外部行政行为须告知行政相对人才能对其具有拘束力。也即，它对行政相对人的权利义务产生实际影响。因此，外部行政行为一般是可诉性的行政行为。所谓内部行政行为是指在行政组织内部产生效力的行政行为。内部行政行为有三类：一是行政机关作出的涉及该行政机关公务员权利义务的决定。根据《行政诉讼法》第12条第3项的规定，此类行为不能向人民法院提起行政诉讼。二是行政机关对其内部事务作出的决定。因这类行为不会影响到公民、法人或者其他组织的权利义务，故属于不可诉的行政行为。三是行政机关内部研究对外事务处理的初步意见。这类决定未有告知行政相对人且对其不具有拘束力，也就是说，它对行政相对人的权利义务还未发生实际影响，因此，亦不具有可诉性。但是，当该类决定一旦外化，也就是说，行政机关将该类决定告知行政相对人并要求遵照执行或者该决定已执行，该决定也就对行政相对人产生了拘束力，也就有可能使不可诉的行为转化成为可诉的行政行为。

本案应否由法院受理，取决于当事人的诉讼对象，即当事人的诉讼对象是区政府决定启动应急预案的《会议纪要》，还是实施应急预案的行为？如当事人单纯要求判决确认区政府的《会议纪要》无效或予以撤销，由于区政府尽管形成了启动应急预案的《会议纪要》，但因该决定既未告知当事人且未要求当事人履行，也未向社会宣布，对当事人来说不具有拘束力。也就是说，其本身并未外化，并不能对当事人的权利义务产生实际影响，故《会议纪要》本身不具有可诉性。本案中，当事人的诉讼对象是区政府实施的应急预案行为，而区政府实施的应急预案的行为并非仅表现为《会议纪要》，而是由《会议纪要》以及区城建局根据《会议纪要》与H公司签订《李沧区中部应急集中供热协议书》以及《李沧区中部应急集中供热企业补充协议书》共同构成，《李沧区中部应急集中供热协议书》以及《李沧区中部应急集中供热企业补充协议书》系《会议纪要》的外化形式，对W公司的权利义务产生实际影响，属于可诉的具体行政行为，故区政府实施应急预案行为属于行政诉讼的受理范围。

根据青岛市计划委员会《关于青岛S热力公司供热工程项目建议书的批复》以及青岛市规划局批准的《建设工程规划许可证》和《选址意见书》等证据材料证实，本案所涉供热区域系属W公司供热范围。区政府作出启动集中供热应急预案的决定以及委托区城建局代表区政府与H公司签订的协议、补充协议的行为直接影响到W公司的供热建设和权益，故W公司与区政府的紧急预案行为之间具有法律上的利害关系。依据《若干解释》第12条“与具体行政行为有法律上利害关系的公民、法人或者其他组织对该行为不服的，可以依法提起行政诉讼”的规定，W公司具有本案原告主体资格。

《若干解释》第41条第1款规定：“行政机关作出具体行政行为时，未告知公民、法人或者其他组织诉权或者起诉期限的，起诉期限从公民、法人或者其他组织知道或者应当知道诉权或者起诉期限之日起计算，但从知道或者应当知道具体行政行为内容之日起不得超过 2 年。”区政府作出启动应急预案决定以及委托区城建局与 H 公司签订应急供热协议并未送达 W 公司，也未告知 W 公司诉权和起诉期限，故 W 公司的起诉期限应适用《若干解释》第 41 条第 1 款的规定。在本案中，W 公司从作出启动应急预案决定和协议书签订时（即 2006 年 6 月 8 日）起至其 2008 年 1 月 22 日向人民法院提起行政诉讼时止，并未超过 2 年的诉讼期限。因此，原告 W 公司提起的本案行政诉讼未超过法定起诉期限。

（二）关于本案区政府实施应急预案行为的合法性问题

被诉应急预案行为的合法性涉及以下三个问题：

1. 适用《青岛市重特大集中供热事故应急预案》（以下简称《青岛预案》）时是否具有法律效力

区政府于 2006 年 4 月 12 日形成的启动应急预案会议纪要，系以 2006 年 4 月 28 日公布并施行的《青岛预案》为依据，对区政府实施应急预案行为的合法性构成何种影响，是当事人争议的焦点，也是本案司法审查的核心之一。

本案原告的主要诉讼请求是针对实施应急预案行为。《青岛预案》生效时间为 2006 年 4 月 28 日，而区政府决定启动应急预案并形成会议纪要的时间为 2006 年 4 月 12 日，但以会议纪要形式决定启动应急预案本身尚不具备对外的效力，只有当区城建局接受区政府委托并与 H 公司签订应急供热协议后，该启动应急预案的决定才具有对外产生实际影响的效力，而区城建局与 H 公司签订协议的时间为 2006 年 6 月 8 日。故原审法院将区政府决定启动应急预案及区城建局与 H 公司签订协议作为区政府实施应急预案的一个完整行为予以认定是正确的。由此可以认定区政府实施应急预案行为的开始时间应为 2006 年 6 月 8 日，故不应将区政府实施应急预案的行为确认为系适用了未生效的法律规范的违法行为。

2. 区政府、区城建局是否具有实施应急预案行为的职权

W公司未能按照要求实现2005年冬季供热已构成违约，其原因系其内部产生股东纠纷，加之资金严重短缺，公司经营管理陷入瘫痪所造成，在此情况下，根据《行政许可法》第8条第2款“行政许可所依据的法律、法规、规章修改或者废止，或者准予行政许可所依据的客观情况发生重大变化的，为了公共利益的需要，行政机关可以依法变更或者撤回已经生效的行政许可。由此给公民、法人或者其他组织造成财产损失的，行政机关应当依法给予补偿”的规定，青岛市政府完全可以以此为由，解除供热合同并对W公司因解除合同造成的直接损失予以补偿。但因W公司发生内部纠纷时，请求区政府帮助解决，后群众又因不能供热问题，向青岛市政府上访后，市政府交由区政府处理，若问题长期得不到有效解决，有可能引起突发事件。《青岛预案》的上位法是国务院2006年1月8日发布并实施的《国家突发公共事件总体应急预案》（以下简称《国家预案》）。《国家预案》第2.4条规定：“地方各级人民政府是本行政区域突发公共事件应急管理工作的行政领导机构，负责本行政区域各类突发公共事件的应对工作。”故区政府对于发生在本行政区域的突发公共事件，享有实施应急预案的职责和权力。区政府对于发生在本行政区域的突发公共事件，不享有实施应急预案的职权的观点是难以成立的。

3. 是否必须实施应急预案行为

《国家预案》第1.3条规定：“本预案所称突发公共事件是指突然发生，造成或者可能造成重大人员伤亡、财产损失、生态环境破坏和严重社会危害，危及公共安全的紧急事件。”“根据突发公共事件的发生过程、性质和机理，突发公共事件主要分为以下四类：（1）自然灾害。主要包括水旱灾害，气象灾害，地震灾害，地质灾害，海洋灾害，生物灾害和森林草原火灾等。（2）事故灾难。主要包括工矿商贸等企业的各类安全事故，交通运输事故，公共设施和设备事故，

环境污染和生态破坏事件等。（3）公共卫生事件。主要包括传染病疫情，群体性不明原因疾病，食品安全和职业危害，动物疫情，以及其他严重影响公众健康和生命安全的事件。（4）社会安全事件。主要包括恐怖袭击事件，经济安全事件和涉外突发事件等。”《青岛预案》第1.5条规定：“发生在青岛市市南、市北、四方、李沧区范围内，需经多个部门、单位联合行动，调动社会各方力量方能有效控制事态扩大的，符合下列条件之一的集中供热安全事故：（1）热电厂、供热站等锅炉发生爆炸事故，有可能造成重大人员伤亡、重大财产损失或需要进行人员疏散；（2）主要集中供热管道或重要的集中供热设施遭到严重损坏，发生断裂造成高温水或蒸汽泄漏，严重威胁人身安全；（3）擅自停止供热或大面积停止供热，企业自身无法解决；（4）发生断煤或煤炭储备不足影响正常供热；（5）其他认为有必要的。”在本案中，W公司未能按照要求实现2005年冬季供热，导致供热区域居民的强烈反映，酿成社会不安定因素，且由于W公司的内部纠纷较为复杂，尚不能确定短期可以获得解决。由于《国家预案》的原则性、概括性特点，本案的情况严格讲并不能在《国家预案》中找到明确的规定，但与《青岛预案》中规定“擅自停止供热或大面积停止供热，企业自身无法解决的”供热事故应急事件，比较接近。应当指出，上述两个规范性文件，都强调了一个“突发事件”，而本案未供热不是突然发生的事件，而是经历了一个较长的时间段，将其归为突发事件似有些勉强。但是，根据《青岛市城市供热条例》第25条的规定，采暖期为每年的11月16日至次年的4月5日。2005年11月16日至2006年4月5日，W公司未能实现给李沧区数万居民供热承诺，区政府研究此问题时距离下一次供热仅剩7个多月的时间，而青岛市有关机关批准该项目到区政府讨论解决W公司供不上热问题已有5年之久，但W公司仅修建了1公里多的一级管线（全长需修22公里一级管线），若再不启动应急预案2006年11月16日仍难以供热。由于供热问题涉及十多万居民的取暖问题，如果不及时解决该问题，有可能酿成重大突发社会安全事件。李沧区政府是基于公共利益而启动应急预案的，因此，将此种情况简单地排除在社会安全事件之外亦有不妥。

（三）关于处理方式的问题

区政府实施的应急预案行为虽然存在一定的问题，但要考虑到应急性行政行为毕竟属于非常态状况，具有临时性，当突发事件得到有效控制，应当及时结束应急状态。由于本案属于集中供热应急预案，不同于一般突发公共事件应急预案，涉及热源及管网建设等诸多问题，应急预案的结束和后续问题的处理亦较为复杂。无论判决撤销被诉行为或者确认被诉行为违法或者驳回原告诉讼请求，都不能从根本上解决涉案区域的供热问题，都将面临供热权给谁的问题。从该项目的批准情况看，由于批准文件没有被撤销，W公司仍具有供热权。但现实情况是H公司建设，已完成了李沧区的供热工程，并且从2006年11月16日开始一直进行供热。由于被诉行为未涉及这些问题，要想解决，只有通过协调的方式，才能解决好由谁供热的问题，才能真正做到化解纠纷、案结事了，才能实现法律效果与社会效果的统一。

基于上述原因，合议庭决定对此案进行协调。

HOW JUDGES THINK

结合本案的实际情况，确定在具体的协调工作中的基本原则有三：其一，自愿原则。自愿原则包括两个方面的内容：一是程序上的自愿，即在诉讼程序上，当事人有对协调程序的选择和启动权，选择判决还是调解，完全是当事人自由处分的权利，即使法官认为通过协调来解决纠纷对双方更有利，只要一方拒绝，就不得强行进入协调程序。二是实体上的自愿。在实体上，调解方案原则上由当事人自己提出，调解的内容应尊重当事人的自愿。当协调失败，法院应当及时恢复案件的审理并及时作出判决。其二，合法兼合理原则。协调后达成的协议内容不得违反实体法的规定，不与法律中的禁止性规定相抵触，不损害国家和社会

HOW JUDGES THINK

公共利益，不损害第三人的合法权益。合理原则主要是要求在行政机关拥有自由裁量权的案件中，行政机关应当在法定职权范围内与相对人协商，选择适当的方式，甚至作出适当的让步，避免显失公正。其三，调解以不公开为原则、公开为例外。

四、调解中的利益衡量

HOW JUDGES THINK

因本案事关数万户居民供热权益的重大民生问题，协调的出发点必须建立在保护涉案区域居民安享供热权利、维护当地社会和谐稳定上，其核心实际上就是解决由 W 公司，还是 H 公司负责供热的问题。供热作为公用事业，牵涉千家万户老百姓的切身利益，关系到社会的和谐稳定，因此，必须做到政府放心、百姓满意、企业也可盈利。这是法院进行利益衡量时必须考虑的重要因素。作为供热企业在进行供热过程中，必须要得到当地政府及供热区域群众的理解、支持和配合，否则供热企业必然会面临诸多难题。

自愿，是行政案件协调的前提。通过协调，促成当事人达成和解并撤诉，是化解纠纷、案结事了的最佳途径，但要做到这一点，不能仅凭法院的主观愿望，必须建立在当事人真实自愿的基础上。在本案中，各方当事人尽管分歧巨大，但无论在庭审还是在实地调查核实过程中，均对法院出面协调本案表现出强烈的愿望和期待。

我们在开庭结束前，专门就各方当事人是否接受由法官主持，各方当事人进行协商，妥善解决该案争议的问题。各方当事人在法庭上明确表示愿意进行协调，并同意在此次庭审后一个星期内，各方将其协调方案送交法庭。

庭审后一周内，各方当事人均将协调方案提交到法庭。三方的方案分歧较大，关键问题是供热权的归属。W 公司坚持供热权应当交还该公司；H 公司和区政府方，坚持供热权应当交给 H 公司。有关供热设备由 H 公司按照评估价格收购或帮助转让，协助 H 公司将 W 公司热源厂用地的性质由公用事业用地改变为商住开发用地。

为此，我们在庭审调查的基础上，专程赴当地考察本案整个供热区域，实地了解 W 公司、H 公司的实际状况，并召集各方当事人沟通意见并征询其对协调的意见。

本案经过了庭审调查和实地了解核实，基本事实和现实状况均已清楚，即 W 公司目前不能满足供热区域的需求，H 公司可以满足供热区域的要求：第一，W 公司的供热管网只铺设了 1 公里左右，其供热能力（规划为 200 万平方米）严重不足。本案所涉供热区域系李沧区中心区域，各类建筑物的建设发展迅速，供热需求日益增大（据李沧区人民政府测算，该供热区域的供热需求将达到 800 万平方米）。H 公司对该供热区域的供热面积约为 220 万平方米，预计到 2009 年年底达到 350 万平方米，据实际供热需求仍有相当大的差距。而 W 公司厂区占地只有约 27 亩，安装有 2 台锅炉（每台供热能力约 50 万平方米），显然与供热区域的需求尚有较大距离。第二，从锅炉等技术设备、管理技术人员来讲，通过实地调查了解，W 公司在这方面与 H 公司之间存在明显的差距，同时也不符合节约、环保的原则。以 H 公司为例：H 公司占地 184 亩，现已安装 3×130T/h 锅炉 +1×25WM 抽凝式汽轮发电机组 +1×12MW 背压式汽轮发电机组，供热能力约为 600 万平方米，H 公司已施工的供热管线可满足 800 万平方米居民供热。H 公司采用了国家推广的洁净煤燃料——水煤浆。水煤浆是由精煤、水、化学添加剂混合而成，具有石油一样的流功性，便于管道输送或储存，其燃烧效率可达 99%。水煤浆具有低硫（≤0.5）、低灰（5%~7%）、湿加工制浆工艺、低温燃烧、燃烧后污染物排放低可实现泵送等特点，已被广泛应用于工业锅炉、城市集中供热、电站锅炉等代煤、代油、代气燃烧，具有良好的经济效益和社会效益。第三，从供热管网来讲，本案供热区域的供热管网系由 H 公司铺设，如通过 W 公司热源厂接入，存在很大技术障碍。经过我们咨询有关权威部门（建设部主管部门），如 W 公司热源厂接入 H 公司供热管网要受到管径、管压等多种技术限制。如重新铺设则造成国家巨大资源浪费。

为使该项原则的落实具有更扎实的基础，我们还进行了如下工作：在关注本案的全国人大代表均在外地的情况下，约请二十多位青岛市李沧区籍市、区人大代表、政协委员、供热区域的居民进行座谈，征询他们对该区供热问题的意见和建议。参会人员，特别是供热区域的居民认为，W 公司管理混乱，收费很积极，但迟迟不能供热，他们对 W 公司失去信心。H 公司接手后，如期供热，管理规范，收费合理。绝大多数参会人员愿意让 H 公司继续供热，不同意移交回 W 公司。同时我们约见青岛市主管副市长。他同意区政府和 H 公司的方案，并明确表示市政府会积极配合最高人民法院处理好这一案件。

经过多轮协商，大家趋向区政府和 H 公司提出的方案。

HOW JUDGES THINK

合法，是行政案件协调过程中必须坚持的重要原则。行政案件的处理不同于私法自治，须受司法权的监督，法院在作出准许当事人撤诉的裁定之前，应当对当事人撤诉行为的合法性进行审查，其重点就是审查当事人达成的和解协议的合法性。

《土地管理法》第 56 条规定："建设单位使用国有土地的，应当按照土地使用权出让等有偿使用合同的约定或者土地使用权划拨批准档的规定使用土地；确需改变该幅土地建设用途的，应当经有关人民政府土地行政主管部门同意，报原批准用地的人民政府批准。其中，在城市规划区内改变土地用途的，在报批前，应当先经有关城市规划行政主管部门同意。"根据上述规定，区政府和 H 公司提出的方案中所涉及的土地用途的变更，需满足三个条件：一是客观需要、有权行政机关批准、收益按规定作相应扣除。经审查，方案中土地用途的变更，并不违反国家法律法规的规定。二是当地上级政府的态度。在本案的协调过程中，我们先后两次与青岛市政府主管副市长沟通意见。据介绍，本案市政府予以了高度关注并多次进行协调，在其协调过程中也曾提出土地用途变更的协调意见，故对方案中所涉及的土地用途变更问题予以充分的理解和支持。三是土地用途的变更是否确属实际需要。本案供热由 H 公司承担，故 W 公司用于供热的土地由于面积狭小、H 公司已有厂区完全可以满足供热需求，显然对 W 公司原有土地用途进行变更具有现实的客观需要。

五、最终的处理结果

尽管协调非常艰难，但最终促使**当事人达成了和解协议**，该协议确定的主要内容是：（1）W 公司将供热权移交给 H 公司；（2）将 W 公司的厂房设备评估后作价卖给 H 公司；（3）李沧区政府协助 H 公司将 W 公司热源厂用地的性质由公用事业用地改变为商住开发用地。和解协议签署后，上诉人分别向最高人民法院递交了撤回上诉的申请，最高人民法院经审查**裁定准予其撤回上诉**。

HOW JUDGES THINK

通过本案的审理，我们认为，人民法院在审理行政案件中，对法律规定不明确，法院无论作出何种判决都难以解决实质问题时，可以采取协调的方式，促使当事人达成和解协议的方式，化解纠纷、案结事了。法院的协调，应当在查清事实，分清是非的基础上进行，全面衡量公共利益、各方当事人的利益以及所涉及的其他人的合法权益。法院经审查，协调协议不损害公共利益、他人合法权益，符合法律规定，各方当事人自愿接受的，才能裁定准许撤诉。

不信任的消除

——天津市 H 医院诉天津市卫生局医疗纠纷行政处理再审案

法官要想调解成功，首先要取得当事人的信任。若当事人不信任，调解工作很难进行下去。要取得当事人信任，就要从小事上关心或者理解他们，了解他们的困难，对他们的困难给予力所能及的帮助，并设身处地地站在他们的角度考虑问题，使他们体会到法官确实是在为他的利益考虑，法官提出的建议或者意见，才有可能被他们接受，调解工作才能顺利进行。

天津市高级人民法院于 2005 年 5 月 8 日就天津市 H 医院诉天津市卫生局医疗纠纷行政处理再审案作出（2005）津高行终字第 0010 号行政判决，本案的第三人马某真不服该判决向最高人民法院申请再审。最高人民法院经审查认为，马某真的申请符合再审立案条件，依照《行政诉讼法》第 63 条第 2 款（现行《行政诉讼法》第 92 条第 2 款）和《最高人民法院关于执行〈中华人民共和国行政诉讼法〉若干问题的解释》第 63 条第 1 款第 13 项的规定，于 2007 年 8 月 2 日作出（2007）行提字第 5 号行政裁定书，决定提审。最高人民法院指定笔者担任本案的审判长，段小京、王达为合议庭成员，段小京为承办人。

HOW JUDGES THINK

接到本案后，笔者大概看了看再审申请人提交的材料，发现本案已经历了长达十多年的诉讼，天津市第一中级人民法院与天津市高级人民法院多次判决后，当事人仍不服，向最高人民法院申请再审。笔者感觉，本案审理程序复杂，诉讼当事人之间，再审申请人与原审法院之间矛盾较为尖锐，审理的难度很大。为了妥善处理本案，笔者让段小京法官先将每次裁判情况和案件事实梳理出来后，再决定是否开庭。

一、法院的审理经过

当事人基本情况：

再审申请人（一审第三人、二审上诉人）：马某真，男，1994 年 2 月 10 日出生，回族。

法定代理人（再审申请人之父）：马某，1964 年 4 月 19 日出生，回族。

被申请人（一审原告、二审被上诉人）：天津市 H 医院。

一审被告：天津市卫生局。

天津市第一中级人民法院就天津市 H 医院诉天津市卫生局医疗纠纷行政处理一案，于 1997 年 7 月 24 日作出（1996）**一中行初字第 12 号行政判决，撤销天津市卫生局所作津卫医函（1996）556 号《关于天津市 H 医院患儿马某真医疗问题的行政处理意见》**。马某真不服，向天津市高级人民法院提起上诉，天津市高级人民法院于 1997 年 11 月 18 日作出（1997）**高行终字第 13 号行政判决，维持天津市第一中级人民法院（1996）一中行初字第 12 号行政判决**。马某真不服，向天津市高级人民法院申诉。天津市高级人民法院于 2003 年 3 月 13 日作出（2001）高行监字第 64 号行政裁定书，**决定再审**。2004 年 5 月 24 日，**天津市高级人民法院作出（2003）津高审行再终字第 1 号行政裁定书，撤销天津市第一中级人民法院（1996）一中行初字第 12 号和天津市高级人民法院（1997）高行终字第 13 号行政判决书，发回天津市第一中级人民法院重审**。2004 年 11 月 12 日，天津市第一中级人民法院作出（2004）**一中行初字第 60 号行政判决书，判决撤销天津市卫生局所作津卫医函（1996）556 号《关于天津市 H 医院患儿马某真医疗问题的行政处理意见》**。马某真不服，向天津市高级人民法院提起上诉。天津市高级人民法院于 2005 年 5 月 8 日作出（2005）**津高行终字第 0010 号行政判决，**

驳回马某真的上诉，维持原判。再审申请人马某真仍不服该判决，向最高人民法院申请再审。

二、案情的梳理

天津市高级人民法院作出的（2005）津高行终字第0010号行政判决认定的事实如下：

> 1994年2月10日马某真出生于H医院。1994年12月底至1995年2月，马某真诊断为“脑发育异常，由于产伤（宫内窒息）”。为此，马某真的法定代理人马某与H医院发生争议。天津市红桥区医疗事故鉴定委员会于1995年5月16日作出“尚不能构成医疗事故”的鉴定结论，马某真对该鉴定意见不服，申请天津市医疗事故鉴定委员会进行市级鉴定。1996年3月13日，天津市医疗事故鉴定委员会作出津医鉴字（1996）第1号医疗事故鉴定书，结论为“应定为二级技术事故”。经H医院申请，1996年9月3日，天津市卫生局作出津卫医函字（1996）第556号行政处理意见，该意见以天津市医疗事故鉴定委员会作出津医鉴字（1996）第1号医疗事故鉴定书为主要证据，根据国务院《医疗事故处理办法》第13条、第18条和《天津市医疗事故处理办法实施细则》第19条的规定，决定由天津市H医院承担患儿马某真自出生至最后鉴定结论期间的全部医疗费用1911.8元，并给予一次性经济补偿5000元。另查明，此次鉴定委员会成员叶某某曾作为患儿马某真的诊治医师及诊断证明书的出具者。在一审诉讼期间，经原告申请，天津市第一中级人民法院委托天津市医疗事故鉴定委员会对马某真医疗问题进行复议鉴定，作出了津医鉴字（1997）第5号《H医院患儿马某真医疗问题鉴定意见书》，结论为“患儿马某真医疗问题，不构成医疗事故。”

该行政判决认为：

天津市医疗事故鉴定委员会作出的津医鉴字（1996）第1号《医疗事故鉴定书》的11名鉴定专家未经共同讨论，在五名专家鉴定意见分歧较大时，又找了两组各三名专家在医患双方均未参加的情况下分别进行鉴定讨论，最后综合11名专家个人书面鉴定意见得出鉴定结论的做法，不符合《天津市医疗事故处理办法实施细则》第13条“在医疗事故鉴定工作中，鉴定委员会成员间出现重大分歧时，应在进一步核查后，再次组织鉴定。再次鉴定仍有分歧意见时，可由参加鉴定的委员会成员表决，以半数以上人的意见为鉴定结论”和卫生部“关于《医疗事故处理办法》若干问题的说明”第4条第2项第3款“在遇到定性和等级判定意见难以一致时，可以暂时不作结论，待进一步调查、观察或核实后再作鉴定结论”规定的鉴定程序，影响鉴定结论的客观性和科学性，鉴定程序严重违法。原一审法院根据H医院的申请委托复议鉴定并“主持”复议鉴定会，不存在违反诉讼程序以及法律明确规定的情形，复议鉴定程序基本合法。但复议鉴定结论不是被诉行政行为的事实依据，故其不属于本案被诉行为合法性审查的依据。综上，**驳回申诉，维持天津市第一中级人民法院1997年7月24日作出的（1996）一中行初字第12号“撤销被诉行政行为”的行政判决。**

三、争议的焦点

再审申请人马某真诉称，天津市H医院病历记录马某真出生为正常的事实是错误的；天津市高级人民法院作出（2005）津高行终字第0010号行政判决书认定津医鉴字（1996）第1号鉴定书的鉴定程序严重违法以及天津市第一中级人民法院决定并亲自主持津医鉴字（1997）第5号鉴定书缺乏法律依据。请求最高人民法院依法撤销天津高院（2005）津高行终字第10号行政判决，撤销法院主持的津医鉴字（1997）第5号鉴定书，确认津医鉴字（1996）第1号鉴定书鉴定程序合法，维持天津市卫生局所作的津卫医函字（1996）第556号行政处理意见。

被申请人天津市 H 医院坚持认为，法院主持的津医鉴字（1997）第 5 号鉴定书合法有效，天津市高级人民法院作出的（2005）津高行终字第 0010 号行政判决书正确。

一审被告天津市卫生局未作任何表态。

从诉讼当事人各方的诉讼理由来看，本案的争议焦点是：**天津市医疗事故鉴定委员会作出的津医鉴字（1996）第 1 号《医疗事故鉴定书》与天津市医疗事故鉴定委员会作出的津医鉴字（1997）第 5 号《H 医院患儿马某真医疗问题鉴定意见书》的鉴定程序是否合法。**

庭审前合议庭合议认为，

HOW JUDGES THINK

当事人对这两次鉴定程序的合法性及鉴定结论存在重大争议，决定将这两次鉴定程序的合法性及鉴定结论作为庭审的重点进行审查。

为了保障庭审的效果和效率，庭审前，合议庭将有关医疗事故鉴定相关的法规、规章及规章以下的规范性文件，整个查了一遍，按照相关的程序规定，拟定庭审提纲，以便查清这两个医疗事故鉴定是否合法，能否作为定案的依据。

四、庭审中查明的事实

在庭审质证过程中，诉讼当事人对天津市高级人民法院（2005）津高行终字第 0010 号行政判决书认定的事实过程无异议，但对两次鉴定程序的合法性及鉴定结论存在重大争议。

合议庭经审理查明的事实与原审法院查明的事实基本一致。天津市医疗事故鉴定委员会作出津医鉴字（1996）第1号医疗事故鉴定书是采取分别鉴定、最后综合意见的方式进行的。1995年11月10日，医患双方均到会，充分陈述了病历过程，接受了专家的质询等。但是，在1995年12月27日和1996年3月7日又组织的两次专家鉴定中，没有医患双方到场陈述病历等过程。**此次医疗事故鉴定委员会成员中的叶某某医师是为患儿诊治并主张是“产伤”的经治医师。**

另，卷宗证据显示，在一审诉讼期间，经原告天津市H医院申请，天津市第一中级人民法院委托天津市医疗事故鉴定委员会进行复议鉴定。天津市医疗事故鉴定委员会作出的津医鉴字（1997）第5号《H医院患儿马某真医疗问题鉴定意见书》记载：“天津市医疗事故鉴定委员会应天津市第一中级人民法院要求，并在天津市第一中级人民法院行政审判庭的主持下，在天津市第一中级人民法院内对马某真医疗问题进行了复议鉴定。”1997年3月19日《马某真医疗问题鉴定会记录》中详细记载了法官主持鉴定会的全过程。对于该事实，原审法院在判决理由中有如下叙述：“原一审法院根据H医院的申请委托复议鉴定并‘主持’复议鉴定会。”此外，该复议鉴定会议记录是由天津市卫生局工作人员兼案件代理人记录的。

从上述查明情况看，判决书中所有事实涉及两个方面的问题：一是对天津市医疗事故鉴定委员会作出的津医鉴字（1996）第1号《医疗事故鉴定书》鉴定过程认定的事实，对这个事实，与我们认定的事实基本相同。二是对天津市医疗事故鉴定委员会作出的津医鉴字（1997）第5号《H医院患儿马某真医疗问题鉴定意见书》鉴定过程认定的事实，也就是法院“主持”认定的事实。对这个事实，天津市高级人民法院在判决书中只认定有法院“主持”参加，并没有违法规定。结合卷宗中的材料看，天津市高级人民法院判决并没有认定本案中存在实质意义上的法院主持事实。与庭审中查清的事实有一定的差距。

马某真病历中诊断为脑性瘫痪。为了了解此病因何原因造成的，在庭审前，合议庭查阅了相关资料并走访了相关方面的医生。医生介绍，脑性瘫痪简称脑瘫，通常是指在出生前到出生后一个月内由各种原因引起的非进行性脑损伤或脑发育异常所导致的中枢性运动障碍。临床上以姿势与肌张力异常、肌无力、不自主运动和共济失调等为特征，常伴有感觉、认知、交流、行为等障碍和继发性骨骼肌肉异常，并可有癫痫发作。出生一个月后各种原因引起的非进行性中枢性运动障碍，有时又称为获得性脑瘫（acquired cerebral palsy），约占小儿脑性瘫痪的10%。脑性瘫痪的发病率约为1.2‰~2.5‰（每千活产儿）。**引起脑性瘫痪的原因很多，但找不到原因者可能达1/3以上。**有时一些病例也可能存在多种因素。产前因素最常见，包括**遗传和染色体疾病、先天性感染、脑发育畸形或发育不良、胎儿脑缺血缺氧致脑室周围白质软化或基底节受损等。围产因素指发生在分娩开始到生后一周内的脑损伤，包括脑水肿、新生儿休克、脑内出血、败血症或中枢神经系统感染、缺血缺氧性脑病等。围产因素可能是引起早产儿脑瘫的重要原因。**晚期新生儿以后的因素包括从1周至3或4岁间发生的中枢神经系统感染、脑血管病、头颅外伤、中毒等各种引起的非进行性脑损伤的病因。早产和宫内发育迟缓虽然不是脑瘫的直接原因，但它们是脑瘫的重要的高危因素。母亲宫内炎症或绒毛膜羊膜炎，作为一项潜在的危险因素已经越来越被引起重视。

五、两次鉴定结论能否作为定案的依据？

合议庭分别对这两次鉴定结论能否作为定案的依据问题进行了专门合议。

（一）关于（1996）第1号《医疗事故鉴定书》的合法性问题

合议庭合议后认为，（1996）第1号《医疗事故鉴定书》存在以下三个有关医疗事故鉴定程序的问题：

第一，鉴定专家在发生重大分歧时未依法进一步核实、组织再次鉴定。根据《天津市医疗事故技术鉴定程序》第14条的规定，医疗事故鉴定会分两个阶段。第一阶段为陈述质询阶段，双方当事人同时到会，并向专家陈述及回答专家提出的有关问题。鉴定会不对质、不辩论，陈述质询结束后，双方当事人退出会场。第二阶段为专家讨论阶段。专家对医疗事故或事件予以技术鉴定，并作出结论，在记录上签署姓名。此阶段应做详细记录和录音，此项工作由鉴定委员会秘书执行。《天津市医疗事故处理办法实施细则》第 13 条规定：“在医疗事故鉴定工作中，鉴定委员会成员间出现重大分歧时，应在进一步核查后，再次组织鉴定。再次鉴定仍有分歧意见时，可由参加鉴定的委员会成员表决，以半数以上人的意见为鉴定结论……”在本案中，天津市医疗事故鉴定委员会作出的津医鉴字（1996）第 1 号《医疗事故鉴定书》时，因先前的 5 名专家鉴定意见分歧较大，又找了两组各 3 名专家在医患双方均未参加的情况下分别进行鉴定讨论，11 名鉴定专家未经共同讨论，而是综合 11 名专家个人书面鉴定意见得出鉴定结论。此种做法显然不符合相关规定的要求。

第二，**部分鉴定专家未听取医患双方的陈述，未进行质询**。天津市医疗事故鉴定委员会作出津医鉴字（1996）第 1 号医疗事故鉴定书是采取分别鉴定、最后综合意见的方式进行的。1995 年 11 月 10 日，医患双方均到会，鉴定会记录采取了录音和笔录两种方式，医患双方充分陈述了病历过程，并接受了专家的质询等，这次阶段性的专家讨论，程序是合法的。但是，在 1995 年 12 月 27 日和 1996 年 3 月 7 日又组织的两次专家鉴定中，没有医患双方到场陈述病历等过程，这两次阶段性专家鉴定过程，不符合《天津市医疗事故技术鉴定程序》第 14 条和《天津市医疗事故处理办法实施细则》第 13 条规定的鉴定程序要求。

第三，**鉴定专家中存在应当回避，而未回避的问题**。《医疗事故处理办法》第 15 条明确规定，“……鉴定委员会成员中，是医疗事故或事件的当事人或者与医疗事故或事件有利害关系的，应当回避。”《天津市医疗事故技术鉴定程序》第 12 条规定：“鉴定委员的邀请必须坚持当事人回避原则。凡发生医疗事故或事件的医疗单位及参加过该病员诊治、检查、会诊的人员及病员亲友，均不得作为鉴定委员参加鉴定会。”《天津市医疗事故技术鉴定程序》第 13 条规定，鉴定委员会可邀请不少于 3 人的专家参加鉴定会。被鉴定医院的负责人、经治医师及有关人员，病人及其家属均不得旁听鉴定过程。此次医疗事故鉴定委员会成员中的叶某某医师是为患儿诊治并主张是“产伤”的医师，其作为鉴定委员会成员并出具重要的鉴定意见，违反了《医疗事故处理办法》第15条、《天津市医疗事故技术鉴定程序》第12条和第13条有关鉴定人员回避的规定。此次鉴定表决中的11名专家中，5人认为不属于医疗事故，6人认为属于医疗事故。因叶某某是为患儿诊治并主张是“产伤”的经治医师，去掉叶某某的1票，就成了5∶5，形不成多数意见。

综上，（1996）第1号《医疗事故鉴定书》在鉴定程序上存在违反有关医疗事故鉴定程序的相关规定，有可能导致鉴定结论错误，故不能作为认定被诉行政行为合法的依据。**由此可以得出被诉行政行为主要证据不足的结论。**

（二）关于（1997）第5号《H医院患儿马某真医疗问题鉴定意见书》的合法性问题

合议庭合议后对（1997）第5号《H医院患儿马某真医疗问题鉴定意见书》的合法性问题提出两点意见：

一是法院不应组织重新鉴定。《最高人民法院关于行政诉讼证据若干问题的规定》（以下简称《行政证据规定》）第29条规定：“原告或者第三人有证据或者有正当理由表明被告据以认定案件事实的鉴定结论可能有错误，在举证期限内书面申请重新鉴定的，人民法院应予准许。”根据该条的规定，如果法院在审理中发现鉴定结论确实错误的，不能作为定案的依据，被诉行政行为缺乏证据支持，属于主要证据不足的性质，法院无须组织重新鉴定，而应判决撤销被诉行政行为。撤销后行政机关可以重新组织鉴定。法院只有在被告据以认定案件事实的鉴定结论“可能”有错误的情况下，才组织重新鉴定。（1996）第1号《医疗事故鉴定书》是被诉行政行为主要证据，该证据若确实错误，不能作为定案的依据，也就意味着，被诉行政行为主要证据不足，法院应当判决撤销被诉行政行为，责令被告重新作出行政行为，而不应由法院组织重新鉴定。法院组织重新鉴定，有代行行政职权之嫌疑。

二是审理法官主持鉴定违法，不能作为定案的依据。根据该鉴定意见书记载：“天津市医疗事故鉴定委员会应天津市第一中级人民法院要求，并在天津市第一中级人民法院行政审判庭的主持下，在天津市第一中级人民法院内对马某真医疗问题进行了复议鉴定。”1997年3月19日《马某真医疗问题鉴定会记录》中亦载明鉴定会的主持人为天津市中级人民法院法官，该记录详细记载了法官主持鉴定会的全过程。因此，天津市第一中级人民法院在依法委托的复议鉴定会上主持本案医疗事故复议鉴定的事实客观存在。法院主持医疗事故鉴定，违反了《天津市医疗事故技术鉴定程序》第13条关于“受人民法院、检察院委托的鉴定，法院、检察院可派1~2人参加鉴定会，听取陈述并可向专家询问有关医疗技术问题，但一般不旁听专家讨论”的规定。另外，该鉴定会议记录是由天津市卫生局工作人员兼案件代理人执行的，亦违反了《天津市医疗事故技术鉴定程序》第14条关于“此阶段应做详细记录和录音，此项工作由鉴定委员会秘书执行”的规定。故此次医疗事故复议鉴定程序严重违法。原审认定“原一审法院根据H医院的申请委托复议鉴定并‘主持’复议鉴定会，不存在违反诉讼程序以及法律明确规定的情形，复议鉴定程序基本合法”缺乏事实和法律依据。马某真称“天津市第一中级人民法院决定并亲自主持津医鉴字（1997）第5号鉴定书缺乏法律依据”的诉讼理由成立。

合议庭还认为：根据《医疗事故处理办法》第13条的规定，鉴定委员会负责本地区医疗单位的医疗事故的技术鉴定工作。省、自治区、直辖市级鉴定委员会的鉴定为最终鉴定。该最终鉴定，为处理医疗事故的依据。根据《行政证据规定》第62条的规定，对被告在行政程序中采纳的鉴定结论，原告或者第三人提出证据证明鉴定程序严重违法的，人民法院不予采纳。天津市医疗事故鉴定委员会作出的津医鉴字（1996）第1号医疗事故鉴定书是本案被诉行政行为所依据的主要证据，对该证据是否合法的认定是对被诉行政行为进行合法性审查的基础。天津市医疗事故鉴定委员会作出的津医鉴字（1997）第5号《H医院患儿马某真医疗问题鉴定意见书》虽然不是本案被诉行政行为所依据的证据，但该鉴定意见是在法院审查被诉行政行为合法性时，在诉讼中形成的用以否认和推翻被诉行政行为所依证据的证据，且该证据在天津市高级人民法院（2005）津高行终字第0010号行政判决中不仅被明确认定为合法，而且还将在判决发生法律效力后被直接作为行政机关重新作出行政行为的依据。因此，天津市医疗事故鉴定委员会作出的津医鉴字（1997）第5号《H医院患儿马某真医疗问题鉴定意见书》的合法性亦属于本案对被诉行政行为进行合法性审查的范围。原审判决认为复议鉴定结论不是被诉行政行为的事实依据，故其不属于本案被诉行政行为合法性审查的依据是错误的。

综上，合议庭一致意见认为，天津市高级人民法院作出（2005）津高行终字第0010号行政判决书认定事实清楚；对天津市医疗事故鉴定委员会作出的津医鉴字（1996）第1号《医疗事故鉴定书》合法性审查中的适用法律正确；对天津市医疗事故鉴定委员会作出的津医鉴字（1997）第5号《H医院患儿马某真医疗问题鉴定意见书》合法性审查中认定事实不清、适用法律错误。依照《中华人民共和国行政诉讼法》第61条第1项、第2项的规定，判决：撤销天津市高级人民法院作出（2005）津高行终字第0010号行政判决，责令天津市卫生局重新作出行政处理决定。

但是，考虑到该案已诉讼十多年，判决撤销被诉行政行为，责令被告重新作出行政行为，有可能因时间久远，重新做鉴定存在一定的困难，可能使本案又在程序上空转。为了使案结事了，合议庭又翻阅了卷宗中相关的证据。马某真是在出生6个月左右诊断为脑性瘫痪。相关资料是在此次诊断后双方各自才向鉴定机构提供的。患方提供的主要是同病房孩子家长的证言称，马某真出生时，头部有青肿等，证明出生时因接生不当造成脑部损伤或者缺氧导致脑性瘫痪。医院提供的证据有病历、医护人员的陈述、病孩家长的证言证明从出生到出院一切正常。也就是说，出生时一切正常，不可能因接生不当造成脑性瘫痪。两次鉴定中都存在着重大分歧。第一次鉴定分歧意见最大，11票中有6票认为属于医疗事故；认为不属于医疗事故有5票。几乎一半对一半。第二次鉴定11票中仍有3票认为属于医疗事故。两次鉴定，几乎将北京、天津有名的专家都请到了，根据相关医学材料反映，引起脑性瘫痪的原因很多，**但找不到原因者可能达 1/3 以上**。综上，此问题在医学上还未完全认知，医学界存在分歧意见，加之此案发生的时间久远，相关证据并不够完整，已失去再次鉴定的最佳时机。因此案的真实争议是医患之间的民事权益问题，为了案结事了，实质化解纠纷、定分止争，最好还是通过调解的方式解决问题。双方当事人在第一次开庭审理后，表示愿意通过调解的方式解决纠纷。

HOW JUDGES THINK

合议庭决定先对此案进行调解，调解不成再考虑判决的问题。

合议后，段小京法官又制定了较为详细的调解方案。

六、不信任的消除，调解成功

我们到天津后的第一天，按照调解方案的步骤，先后与天津市高级人民法院、诉讼当事人进行谈话，通过谈话了解他们真正的诉求，从而促使他们之间达成调解协议。

第一步，向天津市高级人民法院通报合议庭合议的意见。通报意见的内容有三个部分：一是原审认定（1996）第 1 号《医疗事故鉴定书》违反法定程序，不能作为定案依据是正确的。因该证据是本案的主要证据，也就意味着，被诉行政行为主要证据不足。依据《行政诉讼法》第 54 条（现行《行政诉讼法》第 70 条）的规定，应当判决撤销被诉行政行为。法院组织复议鉴定，实属重新鉴定，有越权代行行政职权之嫌。二是法院委托鉴定时，不应由法院法官主持鉴定。法院主持鉴定难以排除法官有影响鉴定结果之嫌疑。为了保障鉴定结论的公正性，《天津市医疗事故技术鉴定程序》第 13 条规定："受人民法院、检察院委托的鉴定，法院、检察院可派 1~2 人参加鉴定会，听取陈述并可向专家询问有关医疗技术问题，但一般不旁听专家讨论。"因此，（1997）第 5 号《H 医院患儿马某真医疗问题鉴定意见书》存在违反法定程序的问题，亦不能作为定案的依据。三是如果将一、二审判决一撤到底，责令行政机关重新作出行政行为。在行政机关重新作出行政行为后，有可能又形成新一轮漫长的诉讼。因本案实质上是医患之间的民事权益之争，我们希望通过调解的方式处理此案。希望天津市高级人民法院予以配合。

天津市高级人民法院同意合议庭的意见，并表示愿意积极配合，共同做好调解工作。

第二步，与天津市卫生局单独谈话。天津市卫生局实际上只是对马某真与天津市 H 医院之间的民事争议的裁决者，在本案中，不涉及其实际利益。该局的第一次裁决认定为医疗事故，作为裁决者，当然不愿意法院否定自己的裁决。天津市 H 医院是受其领导的下属单位，无论在工作上，还是上下级关系上都有密切的联系，该局也不希望其下属医院出医疗事故，若认定医疗事故，其脸上也无光。所以，在一、二审阶段天津市卫生局很少发表意见，一直表示，尊重法院，法院如何判，他们就如何执行。针对他们的心理状况，我们谈话的切入点是从诉讼中争议的两次鉴定程序均违法，法院应判决撤销被诉行政行为，责令该局重新作出行政行为。这就意味着要该局很有可能要重新组织鉴定并重新作出行政行为，而且很有可能再引起新一轮的行政诉讼。讲明最终天津市卫生局无论如何是脱不了干系，最后还需由其收拾残局。为了不激化当事人之间的矛盾，妥善处理本案，希望该局配合我们做好双方当事人的协调工作，促使医患双方达成和解协议。正因为，天津市卫生局在本案中没有直接的利益关系，同时对医患双方中的任何一方都不愿意得罪，尽管口头上答应积极配合，但在整个协调中很少有所作为。

第三步，与 H 医院单独谈话。我们将合议庭审查的意见通报他们。他们对合议庭的意见没有提出异议，也未对是否属于医疗事故问题进行辩解。他们希望最好通过调解解决本案的纠纷，在调解书中不出现医疗事故的字眼。同时，还向我们提到马某真现在已上小学四年级，他们到学校看过马某真，走路有些问题，智力相对正常同学差一点，学习较差，其他都正常。他们有两点担心：一是医院的补偿款须经区政府批准，他们很难说个准确的数字，很害怕马某提出的补偿要求过高，最终无法实现；二是在原一、二审中，法院主持过调解，开始马某答应的数字，在签协议时，多次反复，最终未果。他们害怕此次调解也会出现此种情况。

HOW JUDGES THINK

从他们的谈话中，可以看出，医院方很想通过调解将此纠纷平息，但他们不愿意在法律文书出现“属于医疗事故”的字眼。因此，在谈话中特意用“补偿”，而未用“赔偿”。同时，担心马某反悔，最终案件难以了结，还需再经过漫长的诉讼。也就是说，他们对马某缺乏信任，担心调解不成功。同时笔者感到他们特别谈到马某真目前的病情，其目的是想说明马某真的病情并不是特别严重，为的是降低补偿的数额。

他们谈完后，笔者说，根据现有证据认定医疗事故或不是医疗事故，均缺乏足够的证据，对此问题若再进行鉴定仍会出现争议，因此我们会在调解书中回避是否属于医疗事故的问题，主要通过经济补偿的方式解决此纠纷。虽然马某同意调解，但我们觉得，此纠纷已拖了十多年，双方可能都存在一定的误解，也都有各自的难处，此次调解肯定是艰难的，不试一下怎能说成或不成了。我们将会尽最大的努力促成调解成功。

笔者又问他们：“你们的底线是多少？”

他们回答：“回去后，要请示区政府的领导后，才能定下来。”

HOW JUDGES THINK

北京开庭离我们这次到天津调解，已有1个月左右的时间。当时他们同意调解，在这段时间内，他们不可能不研究补偿的底线，也不可能不报区政府。从他们的回答中，可以反映出对我们还是不够信任，不想让我们现在就知道他们的底牌。

最后，与马某单独谈话。我庭书记员少，工作调剂不开，庭里决定笔者与段小京两人到天津进行调解，未带书记员，临时借天津市高级人民法院书记员，帮助记录。笔者向马某介绍参加谈话的人员，当我介绍到天津市高级人民法院书记员时，我发现他的眼睛中一种异样的神态。笔者向他通告合议庭审理意见。他没有太多的表情，因该结论既未支持他的诉请，也未支持原判决。也就是说，通过调解，他可以得到一定的经济利益，如果不进行调解，直接判决，有可能空忙一场。因此，他还是愿意接受调解的。

笔者通报后，问他有何意见。他没有回答，而是对笔者说，为什么让天津市高级人民法院的人担任记录。虽然就这一句话，笔者马上意识到，他对天津市高级人民法院的同志成见很深，可能还存在某种过结。笔者赶紧向他解释。他对此问题没有再纠缠，嘴上仍坚持认为被诉行政行为正确，第一次鉴定结论正确；不认可第二次鉴定结论。他说，因此案已拖了十多年，不想再拖，所以同意调解。好似他非常勉强接受调解，看不出他的诚意。但笔者觉得，最高人民法院审判是最终审判，一旦调解不成，可能他的诉求还要落空。笔者感觉他确实还是想通过调解实现其诉求。

笔者问他：“你要求补偿你多少？”
他想了想说：“150 万元。”
笔者紧接着问：“你的底线究竟是多少？”

他没有回答。

笔者又问：“可以看看你的孩子吗？”
他说：“让书记员出去我们单独谈。”

笔者让书记员出去后，他说：“今晚可以见，但不要在法院，怕刺激孩子，不要让天津市高级人民法院的人在场。”

HOW JUDGES THINK

笔者感觉，他真的对天津市高级人民法院的同志有敌对情绪，怕与我们的谈话让天津市高级人民法院的同志知道，从中作梗，他的目的无法实现。

笔者答应他，晚上7点，在我们下榻宾馆附近的一个小茶馆与他及孩子见面。

晚上，吃完饭，笔者特意让段小京买了两盒巧克力。大约在7点左右，马某一家打了一辆出租车到茶馆门口。他先从车上下来，而后从车里抱出马某真，紧接着他夫人从车里出来。马某和他夫人一起扶着马某真向我们走过来。大约只有40多米，走了有三四分钟。实际上是马某夫妇俩架着马某真一点一点挪过来的。也就是说，马某真不能走路。进茶馆坐下后，段小京把两盒巧克力递给马某真，马某真说了声谢谢，但未接巧克力。显然是在看马某的脸色。马某马上说：“别客气。”笔者说：“这不是给你的，是给孩子的，我让他今晚来见我，耽误他学习，还让他受这么大的累，两盒巧克力只是表示一点歉疚。”马某向马某真挥挥手，马某真收下了。

笔者问马某真：“喜欢上学吗？”

他答：“喜欢。”

笔者又问：“学习累吗？”

他说：“还好。”

笔者接着问：“你平时喜欢什么？”

他说：“喜欢听相声。每天这时间，我都听天津台播的相声。”

说完，他戴上耳机又听起来了。听到高兴处，还能听到他咯咯咯的笑声。

HOW JUDGES THINK

从他与笔者的对话和笑声中来看，智力基本正常，不属于弱智孩子。现在所看到马某真的情况似乎与H医院的同志介绍的差不多。

笔者与马某真对完话。与马某寒暄了几句，他就说起天津市两级法院当时如何刁难他等等。马某下午时的提防心态显然少了许多。

笔者突然问他："150万元是如何计算出来的？"

由于笔者问得突然，他愣了一下说："我打听过，红桥政府最高给过上访户150万元。我是按最高的标准提出的。"

笔者说："有调整余地吗？"

他说："当然有。最低不得少于五六十万元吧。"

HOW JUDGES THINK

此时，笔者心里有了底，感觉低于50万元他也能接受。

段小京紧接着问马某夫妇："马某真这种情况，你们符合要二胎的条件，考虑过再要一个么？"

马某妻子答道："我们两人中，只有马某工作，这一点工资仅够吃饭看病的。他（指马某真）总离不了人，我伺候他就累的够呛，不敢再要一个。"

马某接着说："能把马某真的问题解决了，我们才有可能考虑再要一个。现在不打算再要了。"

我们大约谈到30分钟时，马某真突然抽搐起来，口吐白沫。马某与他夫人赶忙掐马某真仁中大约有三五分钟，马某真嘴不吐白沫，稍好一点。

笔者问马某："他经常这样么？"

他说："每天都有一两次，不知啥时发作，所以学校开始不收。托了很多人才进的学校。孩他妈因此辞了工作，上课时在教室外站着，发病时，掐人中，掐后一个多小时才能缓过来。"这时他妻子打了一辆车，马某夫妇架着马某真上了出租车离去。

HOW JUDGES THINK

看到这一幕，笔者对马某夫妇确实增加不少同情心。同时，感觉看到的，并不一定就是真实的，只有全面了解才有可能接近真实。H 医院的同志到学校看到的是没有犯病时的马某真，他们向我们描述的情况是真实的，但没有反应出马某真全面的情况。由此告诉我们，审理案件亦不能只看表象，还需要倾听各方当事人所叙述的细节问题，只有全面了解后，才能最接近真相。

第二天，按照事先的计划，我们将诉讼三方当事人召集在一起，进行面对面的调解工作。当三方当事人聚在一起后，笔者感到气氛不像昨天那样紧张，稍有点放松。笔者向他们介绍昨天各方均愿意继续进行调解工作，分别问各方当事人我对他们的态度理解是否无误。各方均表示，没有理解错误。

笔者首先问马某："你要求补偿多少？"此时我特意用了"补偿"而未用"赔偿"。以便消除 H 医院的顾虑。

马某答道："150 万元。"马某已打了十多年官司，为实现自己的最大利益，即使昨天向笔者透过底，在各方当事人都在场的情况下，一开始他提出的，还是他的最高补偿要求，一点也未出笔者的意料。

笔者接着问 H 医院："你们研究后，答应补偿多少？"

H 医院的代理人，很痛快地说："30 万元。"显然他们昨天下午进行了研究，但这绝不是他们的底线，还是有一定的回旋余地的。

笔者问马某："能下调一点吗？"

马某答道："80 万元。"

笔者问 H 医院："你们能提高一点？"

H 医院代理人答道："40 万元。"

笔者问马某："40 万元可以接受？"

马某答道："最低 70 万元。"

笔者再问 H 医院："70 万元如何？"

H 医院代理人答道："我只有 40 万元的权限。如果要提高，还须请示区政府。"

这是马某显得有些不耐烦了，大声说："不提高就不谈了。"

因 H 医院代理人提出的补偿数额距离马某的底线还有 10 万元，当然他不能接受。但从 H 医院来说，此事不是一个人可以定下来的，还须区政府批准等程序。

笔者感到马某对 H 医院不信任，H 医院对马某也不信任，稍有不投机，就有可能引发争议。因此，笔者赶紧说："H 医院回去后抓紧研究，及时上报区政府，一有消息尽快告诉我们。大家都别太着急，调解就是双方不断沟通、妥协的产物，不管你们之间现在有多大差距，还是有回旋余地的。天津市卫生局有意见？"

天津是卫生局的代理人表示："只要他们达成协议，我们没有意见。"

笔者看这种情况，今天不可能会有结果，应当再给各方当事人一点时间，让他们冷静后，才有可能达成协议。于是，笔者接着说："大家没有新的意见，今天的调解就到此结束。希望你们回去后认真研究对方的意见，及时将有关意见反馈给我们。调解就是商量，双方都做些让步问题就好解决。等你们考虑成熟了，通报我们，我们再决定下次的调解时间。"

回到北京没几天，马某就打电话给我，问笔者对方有意见了么，再拖其就不同意协调了。从他的话中可以看出，他很想尽快了解本案，以不调解逼 H 医院尽快作出决定。笔者此时感到应当稍微再拖拖，这样有利于马某接受 H 医院提出的补偿数额。因此，笔者对他说，机关单位办事都有一个过程，不可能太快，笔者可以催催 H 医院，但你也不能太着急，好事多磨。马某再没说话。

过了一个星期，H 医院打来电话，他们答应给马某真补偿 50 万元左右。于是笔者决定两日后再次召集各方当事人进行协商。这次协商非常顺利，马某提出最少要给予马某真 55 万元补偿，H 医院当场答应了。**双方达成了协议**，此案圆满结案。

解除行政协议的可诉性

——张某诉石家庄市政府、平山县渔政站解除行政协议申诉案

行政机关依据行政职权单方变更或者解除行政协议的行为，行政相对人不服依法提起行政诉讼的，人民法院应当作为行政案件受理。

张某不服河北省高级人民法院于2009年12月就其诉石家庄市政府、平山县渔政站解除行政协议申诉案，向最高人民法院提出申诉。庭里指定笔者为审判长并具体承办此案。笔者翻阅了张某提交的申诉材料，反映出该案经过多次处理。最高人民法院立案庭于2007年4月13日立案，同年11月13日作出（2007）行监字第70号复查函，让该院复查。该院报来的复查结果报告，仍坚持原处理意见。我庭于2009年5月13日再次发函让该院复查。该院一直未报送复查结果，张某再次向我院申诉。从中反映出我院与河北省高院分歧较大，河北省高院一直坚持自己的意见。因此，需要对分歧意见认真研究，慎重处理。

一、案情的梳理

申诉人（一审起诉人、二审上诉人）：张某，男，汉族，农民。

2003年9月18日，平山县渔政站、灵寿县水务局渔政站、鹿泉市渔政站三方共同签订了《协议书》，由原石家庄市黄壁庄水库渔政站监督管理站直接向三县市渔政站办理委托书，由三县市渔政站组成联合执法大队共同管理。2003年12月20日平山县渔政站与张某签订了《黄壁庄水库四大家鱼开发投资意向书》（以下简称《意向书》）。

该《意向书》的主要内容有：（1）甲方同意乙方向黄壁庄水库投资开发放养四大家鱼，并按照“谁投资、谁受益、谁管理、谁承担风险”的原则，进行渔业管理，使用期限自2003年12月25日至2013年12月25日止。（2）乙方必须按期交纳甲方水面使用费（渔业资源费）第一年15.5万元，第二年20万元，第三年开始每年递增10%。付款方式为第一年合同生效10日内付给甲方10万元，所欠5.5万元于2004年元月前一次付清甲方；从第二年开始，每年交款时间元月1日前支付50%，10月1日前交清所欠50%，逾期甲方有权终止合同，由此所造成的一切损失由乙方承担。（3）由于水库周边移民村人多地少，且有多年捕鱼创收习惯，乙方取得水域养殖使用权后，应立即写出文字广告到周边移民村广播宣传，并在街道路口张贴，鼓励广大移民参与入股共同开发水库生态渔业，同时要求入股的移民，乙方必须全部吸收。（4）乙方应根据入股情况推选水库渔业管理组织，研究制定投资、养殖管理、生产捕捞等相关事项，并报经甲方批准方可实施，不得使用网包、迷魂阵、地笼、电、毒、炸等破坏渔业资源的方法进行捕捞作业。（5）乙方在水库的一切经营生产不得妨碍其他投资者的利益，不以其发生冲突，搞好养殖捕捞协作关系，如导致对方受损应负责赔偿，每年捕捞定在10月20日止。（6）为了科学管理、科学放养的原则，乙方在合同期内，经甲方批准，乙方方可实施。（7）本合同签订生效后，双方都应信守，不得违约，按照《合同法》有关规定赔偿对方损失。（8）本合同不得转让、转包，合同期满后，乙方有意继续进行，同等条件下，乙方优先使用继续合作……（13）甲方必须为乙方投资者保驾护航，保护乙方的合法权益，遇违法案件必须按照《渔业法》有关规定处理。

2003年12月28日又签订了《关于黄壁庄水库四大家鱼开发投资意向书的补充协议》（以下简称《补充协议》）并进行了公证，向张某颁发了《水域滩涂养殖使用证》。2004年10月22日，张某向平山、灵寿、鹿泉三地库区渔民发布了《共同致富倡议书》，对附近渔民捕捞作业收益作了具体承诺。2004年7月29日，平山县渔政站向张某发出《通知》，该《通知》称：“根据省市对黄壁庄水库管理工作的指示精神，我站于2003年12月30日与你签订的《意向书》和《意向书的补充协议》，从即日起终止，停止一切合同范围内的活动，否则后果自负，具体善后事宜可与我单位协商解决，或向人民法院提起诉讼。”期间，因灵寿县渔民到省政府集体上访，2004年9月27日石家庄市委、政府信访局召集三县市水务局、信访办、渔政站等部门负责同志和县、市领导参加的协调会，由石家庄市委、政府信访局对会议作出《会议纪要》。该纪要中明确提出：“平山县渔政站代表鹿泉市、灵寿县、平山县与承包人签订的承包合同无效，停止执行。”同年10月26日，平山县渔政站开始开库捕捞。张某于2005年12月6日以石家庄市政府、平山县渔政站为被告向石家庄市中级人民法院提起行政诉讼及行政赔偿诉讼，请求法院撤销石家庄市政府作出的《会议纪要》及平山县渔政站作出的《通知》，判令二被告履行《意向书》，赔偿其经济损失600万元。

2006年3月28日，石家庄市中级人民法院作出（2006）石行初字第00003号行政裁定书。

其认为，2003年12月20日平山县渔政站与张某签订了《意向书》以及2004年7月29日，平山县渔政站向张某发出终止《意向书》和《补充协议》，停止一切合同范围内活动的《通知》，属于合同法调整范畴，起诉人不同意解除合同，应当提起民事诉讼。2004年9月27日由石家庄市委、政府信访局对会议作出《会议纪要》旨在妥善解决黄壁庄水库周边村民信访问题，《会议纪要》的形成是在平山县渔政站向张某发出终止《意向书》和《补充协议》的《通知》之后，且对合同并没有进行实质性处理，对起诉人的权利和义务没有产生实际影响，故不可诉。综上，起诉人所诉事项不属于行政诉讼受案范围。**裁定：对张某的起诉，法院不予受理。**

2006年7月10日，河北省高级人民法院作出（2006）冀行终字第12号行政裁定书。

其认为，2003年12月20日平山县渔政站与张某签订了《意向书》是平等主体之间签订的民事合同，该《意向书》中对双方的权利义务作出了明确规定。2004年7月29日，平山县渔政站以通知的方式单方终止《意向书》的履行，因此而产生的争议属于合同法调整范畴，张某可依照《合同法》的规定，提起民事诉讼。虽然2004年9月27日由石家庄市委、政府信访局作出的《会议纪要》第3条中有"平山县渔政站代表平山、灵寿、鹿泉与承包人签订合同无效、停止执行"的内容，但平山县渔政站早在《会议纪要》作出近两个月之前已经终止了《意向书》的履行，由此可以认定《会议纪要》对张某的权利没有造成侵害。张某的起诉缺乏事实依据和法律依据。**裁定：驳回上诉，维持原判。**

2006年9月29日，河北省高级人民法院作出（2006）冀立行申字第33号驳回申诉通知书，**驳回张某的申诉。**

二、争议的焦点

申诉人申诉称：（1）本案是对市政府、县渔政站以行政手段停止合同履行的行政行为不服而提起的行政诉讼，而不是合同主体之间因权利义务争议引发的民事纠纷，法院以本案"属于合同法调整范围"为由裁定"不予受理"是对本案案件性质的肆意曲解。市政府发布的《会议纪要》、渔政站张贴的《通知》，针对的"特定对象"是张某，解决的"特定事项"是解除水库承包经营权，采取的具体手段是先发《通知》责令终止合同，后形成《会议纪要》宣布合同无效。该案件的"具体行政行为"性质很明显。（2）停止履行与从事《意向书》有关的一切活动，等于"责令停产停业"，属于行政诉讼受案范围。法院裁定不予受理于法无据。（3）市政府《会议纪要》载明合同无效、停止履行属于对合同性质的彻底否定，构成对合同的实质性处理，且对相对人造成巨大经济损失，符合提起行政诉讼的全部法律要件。请求对河北省高级人民法院的错误裁定予以纠正。

HOW JUDGES THINK

我院前两次所发函的内容是，被申诉人平山县渔政站是具有行政机关性质的行政主体。该站基于行政职权作出的终止《意向书》执行的《通知》，属于行政诉讼受案范围。若申诉人张某的起诉同时符合其他起诉条件，法院应当依法受理。你院作出的（2006）冀立行申字第33号驳回申诉通知书认为，《意向书》是平等主体之间签订的民事合同，以通知的方式单方终止该意向书的履行，由此而产生的争议属于合同法调整范畴，申诉人应当提起民事诉讼而不予受理此案的理由不妥。

河北省高院立案庭的同志认为，属于民事案件，应作为民事案件提起诉讼的理由是：《最高人民法院民事案件案由规定》和《关于审理涉及国有土地使用权合同纠纷适用法律问题的解释》均将最典型的行政合同——国有土地使用权出让合同，作为民事案件予以受理。[1] 此案虽具有行政协议性质，根据上述规定的原则，当事人就行政协议发生争议应提起民事诉讼，而不是行政诉讼。

也就是说，最高人民法院行政庭与河北省高院立案庭对本案的分歧点是，本案应提起行政诉讼，还是民事诉讼。

三、初步审查意见

本案的焦点问题是此案属于行政纠纷还是民事纠纷。因此需要从《意向书》《补充协议》《通知》《会议纪要》的性质等进行分析。

1 本案发生在《行政诉讼法》修改之前，当时该法未对行政协议能否提起行政诉讼的问题作出明确的规定，因此，学术界与实务界对此问题存在不同的观点。修改后的《行政诉讼法》第12条第1款第11项明确规定，人民法院受理公民、法人或者其他组织认为，行政机关不依法履行、未按照约定履行或者违法变更、解除政府特许经营协议、土地房屋征收补偿协议等协议提起的诉讼。

（一）关于两个协议的性质问题

行政合同又称行政契约，是指行政机关以实施行政管理为目的，与行政相对一方就有关事项经协商一致而达成的协议。在行政合同之中，行政主体并非以民事法人的身份而是行政主体的身份与行政相对人订立关于民事权利义务的协议，以合同的方式来达到维护与增进公共利益的目的。在其间行政主体享有行政优益权。它与民事合同相比有以下几点不同：第一，当事人不同。民事合同的当事人法律地位相同，即平等主体的自然人、法人或者其他组织；行政合同的当事人必有一方是行政主体并享有行政权力。行政主体是指具有法定行政职权的行政机关或者法律法规授权的组织。他们之间是不平等的管理者与被管理者的关系。第二，实施的目的不同。民事合同以产生、变更或终止债权债务关系为目的，各方当事人都是为了实现自身的利益；行政合同的目的是实施行政管理，行政管理的目的是维护公共利益，而不是行政主体的自身利益。第三，当事人享有的权利不同。因民事合同的当事人法律平等，故不存在优益权的问题；行政主体对于行政合同的履行享有行政优益权。具体体现为对合同履行的监督权、指挥权、单方变更权和解除权。第四，调整的法律规范不同。民事合同双方当事人因履行合同发生争议，受民事法律规范调整；行政合同双方当事人因为履行行政合同发生争议，一般受行政法律规范调整。只是在行政法律规范没有规定的情况下，可以参照适用《合同法》的有关规定。

平山县渔政站是具有行政机关性质的行政机构，即具有行政主体资格。其将国家所有的黄壁庄水库水面通过承包的形式进行管理。其目的是维护黄壁庄水库的渔业资源，防止滥捕，促进该水库的可持续发展。平山县渔政站与申诉人张某所签订的《意向书》中第 3 条约定："由于水库周边移民村人多地少，且有多年捕鱼创收习惯，乙方取得水域养殖使用权后，应立即写出文字广告到周边移民村广播宣传，并在街道路口张贴，鼓励广大移民参与入股共同开发水库生态渔业，同时要求入股的移民，乙方必须全部吸收。"第 4 条约定："乙方应根据入股情况推选水库渔业管理组织，研究制定投资、养殖管理、生产捕捞等相关事项，并报经甲方批准方可实施，不得使用网包、迷魂阵、地笼、电、毒、炸等破坏渔业资源的方法进行捕捞作业。”第6条约定：“为了遵循科学管理、科学放养的原则，乙方在合同期内，经甲方批准，乙方方可实施。”第8条约定：“本合同不得转让、转包，合同期满后，乙方有意继续进行，同等条件下，乙方优先使用继续合作。”第13条约定：“甲方必须为乙方投资者保驾护航，保护乙方的合法权益，遇违法案件必须按照《渔业法》有关规定处理。”这些约定说明两个问题：一是平山县渔政站对协议的履行享有监督权、指挥权、单方变更权和解除权等行政优益权，其与承包人张某在法律地位上的不平等，前者属于管理者，后者属于被管理者；二是超越了民事法律以外的规则。因履行合同发生纠纷须适用行政法律规范。据此，这两个协议属于行政合同的性质。

我国对行政合同是否属于行政诉讼的受案范围的问题一直存在争议，行政法的学者一般倾向将行政合同纳入行政诉讼的受案范围。民事学者一般认为，我国法律只对民事合同做了专门的立法，但有关行政合同没有专门的立法。究竟哪些属于行政合同还存在争议，一般在处理行政合同时，亦适用合同法所确定的原则，故此类案件现作为民事诉讼受理为宜。由于在民事诉讼的判决形式比行政诉讼的判决形式灵活得多，有利于争议的解决，故《最高人民法院关于审理涉及国有土地使用权合同纠纷案件适用法律问题的解释》将国有土地使用权出让、转让等典型的行政合同规定在民事诉讼的受案范围之内。但是，仍无法改变此类合同属于行政合同的性质。正因，司法解释中有此类规定，所以，我们目前还不能仅以合同的性质来判断本案是属于行政诉讼的受案范围，还是民事案件的受案范围。

（二）关于《通知》和《会议纪要》的性质问题

行政行为，是指行政机关在行使职权过程中，依法对社会事实或对象进行管理所采取的能够直接产生法律后果的行为。它包括三层含义：一是行政行为是行政机关和法律、法规授权的组织的行为。二是行政行为是行政主体依职权的行为。这里所讲的职权行为，是指行政主体执行行政管理法律规范，履行行政管理的职能中，代表国家而采取的行为。三是行政行为是行政主体采取并能产生法律后果的行为，绝大多数表现为单方面行为。行政主体是国家权力机关的执行机关，履行行政管理职能，因此，行政行为的成立绝大多数无须取得行政相对人的同意，行政行为一经作出即具有法律效力，具有国家强制力，有关当事人必须遵守和执行，如果拒不执行，国家将采取强制执行措施，强迫其执行。非经法定程序不得停止执行。

平山县渔政站是负责国家所有的黄壁庄水库渔政管理工作的行政机构，该站将黄壁庄水库水面实行承包，是实施行政管理的一种方式。其作出的《通知》虽是基于行政合同约定的特权单方面而作出的，但该行为的权力是源于其自身的职权而产生的，本质上属于行使行政职权的行为，并由此而导致两个协议无法履行。因而《通知》不是平等主体之间的民事行为，应当定性为行政行为，当事人对此行为不服，可以依据《行政诉讼法》的有关规定提起行政诉讼。

《会议纪要》是石家庄市委、政府信访局共同作出的，虽然石家庄市委属于党的机关，不属于行政机关，其不能成为行政主体资格，但石家庄市政府信访局属于石家庄政府的下属机关，属于行政主体，因石家庄市委和市政府信访局共同署名作出的《会议纪要》，该纪要具有信访局行使职权的意思表示，故《会议纪要》可以成为行政行为。《会议纪要》中明确提出："平山县渔政站代表鹿泉市、灵寿县、平山县与承包人签订的承包合同无效，停止执行"。正因为市信访局属于市政府的下属部门，其实通过纪要的形式宣布两个协议无效并停止执行，应当认定为行使行政职权的行为。据此，亦应认定《会议纪要》属于行政行为。

但是，《会议纪要》是在石家庄市委、政府信访局召集三县市水务局、信访办、渔政站等部门负责同志和县、市领导参加的内部协调会后形成的。该纪要仅仅是重申了《通知》的内容，该纪要未向张某送达，也未要求张某执行该纪要。意味着，该纪要对张某不具有任何约束力。

平山县渔政站的《通知》属于对外发生法律效力的文件，石家庄市委和信访局的《会议纪要》不属于对外发生法律效力的文件，根据《最高人民法院关于执行〈中华人民共和国行政诉讼法〉若干问题的解释》（以下简称《若干解释》）第1条第2款第6项“对公民、法人或者其他组织权利义务不产生实际影响的行为”不属于人民法院行政诉讼的受案范围的规定，张某所诉的《会议纪要》，法院不应受理。

（三）关于行政合同是否属于行政诉讼受案范围的问题

我国法学界对是否存在行政合同以及国有土地使用权出让、转让合同的问题一直存在争议，行政法学界一般倾向于存在行政合同，同时认为国有土地使用权出让、转让合同应当定性为行政合同。行政合同属于行政行为中的一种，相对人或利害关系人与行政机关就行政合同发生纠纷，应当通过行政诉讼解决。民法学者一般倾向于行政合同属于合同中的一种，虽是政府签订，但仍适用合同法的相关规定，应当通过民事诉讼程序解决。最高人民法院审委会在《关于审理涉及国有土地使用权合同纠纷适用法律问题的解释》中认为，此类合同具有行政行为的性质，因《行政诉讼法》规定的判决方式仅有维持、撤销、履行职责等形式，对行政合同不适用变更判决，民事诉讼的判决方式比行政诉讼的判决方式灵活得多，有利于争议的解决，故将此类合同定性为民事合同，通过民事诉讼程序解决。本案并不是平等主体之间的合同纠纷，而是行政机关基于单方面的优益权终止已生效正在执行的行政合同，所适用的法律是有关《渔业法》等行政法律规范。通过行政诉讼的方式更有利于问题的彻底解决。故本案应通过行政诉讼予以解决。

（四）关于是否超过起诉期限的问题

《若干解释》第41条第1款规定：“行政机关作出具体行政行为时，未告知公民、法人或者其他组织诉权或者起诉期限的，起诉期限从公民、法人或者其他组织知道或者应当知道诉权或者起诉期限之日起计算，但从知道或者应当知道具体行政行为内容之日起最长不得超过2年。”平山县渔政站于2004年7月29日向张某发出《通知》，该通知中未交代诉权和起诉期限，张某的起诉期限应为两年。即从2004年7月30日开始计算，至2006年7月30日止。张某于2005

年12月6日向石家庄市中级人民法院起诉，其起诉是在起诉期限内提出的。据此，其起诉基本符合起诉条件，法院应当予以受理。

（五）关于平山县渔政站是否具有适格被告的问题

《若干解释》第20条规定："行政机关组建并赋予行政管理职能但不具有独立承担法律责任能力的机构，以自己的名义作出具体行政行为，当事人不服提起诉讼的，应当以组建该机构的行政机关为被告。行政机关的内设机构或者派出机构在没有法律、法规或者规章授权的情况下，以自己的名义作出具体行政行为，当事人不服提起诉讼的，应当以该行政机关为被告。法律、法规或者规章授权行使行政职权的行政机关内设机构、派出机构或者其他组织，超出法定授权范围实施行政行为，当事人不服提起诉讼的，应当以实施该行为的机构或者组织为被告。"在本案的全部卷宗中没有反映出平山县渔政站是平山县渔业局或农业局的内设机构或者派出机构或者受委托的组织。有关规章对其有无特别授权亦不清楚。换言之，有关平山县渔政站是否属于本案的适格被告事实不清，还需要由原审法院进一步查清。

合议庭合议后认为，直接裁定指定石家庄市中级人民法院受理最为有效，但该案现在存在适格被告不明的问题，还需要进一步查清，裁定撤销原二审裁定，令河北省高级人民法院再审为宜。

HOW JUDGES THINK

最高人民法院在审理行政案件中，如果遇到学术界、实务界争议较大的法律问题，为避免草率作出裁判，除了是因为会影响当事人的合法权益外，还有可能误导全国各级法院对相关问题的裁判。对有争议的法律问题都要召开论证会，听取相关方面的学者、专家和相关部门的意见。同时考虑到此案河北省高院与我庭意见分歧太大，为慎重起见，还是进行专家论证后再作最终决定。

四、专家论证的情况

为了全面听取各方面专家的意见，此次论证专家论证会分别邀请了行政法和民法两个领域的专家，主要围绕《意向书》《补充协议》《通知》《会议纪要》的性质和此案应当作为行政案件还是民事案件受理两个问题进行研讨。

（一）关于《意向书》《补充协议》《通知》《会议纪要》的性质

与会专家一致认为，《意向书》《补充协议》属于行政合同。理由如下：第一，渔政管理站是基于行政管理职权和政府对水库的所有权而签订的《意向书》《补充协议》，不同于一般的民事主体签订合同，既然基于行政职权签订的《意向书》《补充协议》，就具有行政行为的性质。第二，从合同的内容来看，《意向书》《补充协议》是依据行政法律规范签订的，协议中规定渔政站享有单方面的优益权。《意向书》第 3 条、第 4 条、第 5 条中的禁止性条款，均含有《渔业法》中规定的禁止性行为，第 13 条是对违反上述行为，渔业部门依据《渔业法》的规定享有的检查、处理权。这一权力的来源是行政法律规范授予渔业部门的职权。换言之，行使这一权力的来源是行政法律规范特别授予的。第 6 条、第 7 条分别规定有关管理、养殖方式、方法以及协议生效均须经渔政站批准。也就是说，渔政站享有单方面的优益权。这些内容反映出行政合同的典型特征。

与会专家一致认为，《通知》和《会议纪要》属于行政行为。《通知》是渔政站单方面终止《意向书》《补充协议》，并不是协议双方合意的行为，这一权力是基于行政机关在行政合同中享有的优益权决定的，故属于行政行为。作出《会议纪要》的市委市政府是一个行政主体，它不是合同的一方，它所作出的《会议纪要》中宣布《意向书》《补充协议》无效，停止执行，是在行使行政职权，《会议纪要》亦属行政行为。如果《会议纪要》没有外化，对《意向书》《补充协议》的双方当事人均不产生拘束力，对张某权利义务产生实际影响的是《通知书》，故《通知书》是可诉的行政行为，《会议纪要》不具有可诉性。

（二）关于通过何种诉讼途径解决的问题

民法专家认为，《意向书》《补充协议》必须在取得养殖许可证和捕捞许可证后才能生效。张某获得两种用益物权。这两个许可证带有行政管理的性质，要解决这两个证的效力问题必须通过行政诉讼。有关违反《意向书》《补充协议》中有关民事权利的纠纷具有独立性的。这个案件的处理恐怕不是一个单纯的合同的案件，是一种行政行为和民事权利的交错，应当是行政与民事问题的合并审理。

也有民法专家认为，此类案件中有关行政方面问题应当适用行政法律规范，有关民事方面应当适用《合同法》，既可以作为民事案件提起诉讼，也可以作为行政案件提起诉讼，由当事人选择。此案当事人选择了行政诉讼，可以作为行政案件受理。

行政法专家一致认为，民事合同有效，合同的各方当事人若要改变、解除合同，需要各方当事人协商一致，或者通过仲裁、民事诉讼，才能改变、解除。行政合同在特定条件下，行政机关根据公共利益的需要，可以单方面改变、解除合同且不构成违约。改变、解除合同后，必须给予当事人充分的补偿。法国、德国有关法律中都是这样规定的，受到的损失要补偿。本案是渔政站单方面解除行政合同，故应通过行政诉讼的途径解决。

五、最终的处理结果

因专家论证的结论与合议庭初次合议意见基本一致，合议庭再次合议时，维持原意见。因渔政站是否具有被告资格的问题还有待查清。故合议庭决定，发回河北省高级人民法院重新审理。据此，最高人民法院作出（2007）行监字第70–1号行政裁定。该裁定认为，平山县渔政站是负责国家所有的黄壁庄水库渔政管理工作的行政机构，该站将水库水面实行承包，是实施行政管理的一种方式。该站2004年7月29日以《通知》形式决定终止、停止《意向书》和《补充协议》的一切活动，是基于行政职权作出的行政行为，而非民事行为。原审法院以“属于合同法调整范围”裁定不予受理，可能存在适用法律错误的情形。依照《行政诉讼法》第 63 条（现行《行政诉讼法》第 92 条）、《若干解释》第 77 条之规定，**裁定如下：（1）指令河北省高级人民法院再审本案；（2）再审期间，中止原裁定的执行。**

后　记

1987 年 6 月，笔者调入最高人民法院。当时院里正在筹建行政法研究小组，笔者很有幸成为该小组的成员。1988 年 10 月 4 日，最高人民法院成立行政审判庭，笔者又由行政法研究小组转入到行政审判庭。笔者从 1987 年 6 月至 2014 年 5 月退休的 27 年间，一直从事行政审判工作。参加了最高人民法院《关于贯彻执行〈中华人民共和国行政诉讼法〉若干问题的意见（试行）》《关于执行〈中华人民共和国行政诉讼法〉若干问题的解释》《关于行政诉讼证据若干问题的规定》《关于行政诉讼撤诉若干问题的规定》《关于行政案件管辖若干问题的规定》等有关行政诉讼重要司法解释的起草工作，审理各种类型的上诉、抗诉、申诉、再审、请示等行政案件数千件。正因为笔者长时间从事行政审判工作，经历了从《民事诉讼法（试行）》《行政诉讼法》施行及《行政诉讼法》修改全过程，对行政审判有很深的了解，在退休后，各地法院和一些法律院校经常请笔者讲授行政审判实务，笔者退休后仍可发挥余热，为中国的行政审判继续贡献一点力量。

在笔者退休不久后，时任江苏省南通市闸北区法院院长高鸿先生请笔者去该院讲课。当时，他给笔者出了个题目：《发现问题、研究问题、解决问题》。也就是说，让笔者从方法论上教会初任行政法官如何办案，提高现任行政法官的办案能力。当时笔者答应了他的要求。为了讲好这一课，笔者将自己退休前担任审判长的案件梳理一遍，按照办案的顺序将办案中发现的问题、解决问题的方法一一列出，通过对不同问题分类，按照发现问题、解决问题及如何系统化、理论化，写出了讲课稿提纲。该讲课稿提纲主要分为三部分：一是如何发现问题。主要谈程序、实体、事实、法律等问题的发现途径、方法及需要注意的问题。二是如何解决问题。主要谈了对事实、证据、法律适用的分析处理。三是如何将“法律问题”系统化并上升到理论高度。即对问题的筛选、归类，列出提纲，有计划地将有关法律问题写成文章或著作。讲课提纲稿虽然准备好了，但因最高人民法院政治部请笔者帮忙，此次讲座未能成行。此后，笔者将该提纲的内容进行了充实加工，撰写为《审判业务专家是如何炼成的》一文，在《中国法律评论》微信公号上发表。发表后，受到读者的广泛好评。法律出版社的编辑向笔者提出，能否通过撰写案例的形式，将审理案件的方法展现出来，让更多的人掌握办案的方法，提高办案水平。在编辑的启发下，笔者想通过撰写案例的方式，将笔者二十多年积累的审判经验与广大法官、律师及其他法律工作者分享。

传统撰写案例评析主要有两种方式：一是案件事实和法理分析两个部分组成；二是案件事实、法院裁判情况、法理分析三个部分组成。这两种写法主要是对案件中的法律问题进行分析论证，但难以反映出法官办案的全部过程。

法官办案并不是读完起诉状、答辩状、当事人提供的相关材料，就能完全了解案件的情况。而是通过审阅当事人提供的材料，进行梳理后大概了解案件的基本脉络及法律关系、利益争议焦点等问题，同时还会产生很多疑问。通过归纳当事人争议的焦点和法官发现的疑问，设定庭审提纲或者听证、询问提纲，在庭审、听证、询问中，对当事人进行提问，通过他们的陈述、辩解、对质、辩论，以及对相关的证据的审查等方式，解开疑团，消除疑问，从而认识案件的真相，再从法理上对当事人争议的焦点和法庭认为的审查重点等问题进行论证，最终作出裁判的一个完整的过程。这种撰写案例的方式，可称为撰写总结审判经验案例方式，它与传统的案件评析方式有很大的差别：一是反映法官审理案件从何处开始入手，如何发现问题，分析问题，如何适用法律，如何作出裁判。为审理以后类似案件积累经验。二是可以通过描述当事人的陈述、辩解、辩论、对质等了解当事人的心理活动过程，从而帮助确定法官对证据效力的内心确信以及对案件事实的认定打下一定的基础。同时，也会从中对不同心态的当事人陈述、辩解、辩论言语的真实性判断提供有益的帮助。三是审理的过程也是学习法律和其他知识的过程，从而加深对法律的理解，对有关历史、文化、经济等进一步了解，为阅读者提供有益的审判经验。

于是，笔者将先前撰写的《审判业务专家是如何炼成的》一文进行了修改，从原来的4000多字扩充到10000多字，更全面地反映审理案件发现问题、解决问题的途径及方法，如何将办理案件中发现的法律问题系统化、理论化，提高自身的素质。笔者又从亲自担任审判长进行过庭审、听证、询问、论证的案件中，挑选了12个具有典型意义的案例，采取总结审判经验案例分析的方式撰写成文，从不同的侧面反映出审理中发现问题、解决问题的全过程。所选的12个案例的编写体例一般为：（1）案情的梳理；（2）发现的问题；（3）庭审、听证、询问、论证的过程；（4）对事实、法律问题的论证；（5）调解的过程（未经调解的，不写此部分）；（6）最终的处理结果。

在写作本书的过程中，笔者又仔细地阅读了12个案例的所有庭审、听证、询问笔录，专家论证记录，合议庭合议笔录、审判长联席会讨论笔录，案件审查报告、判决书、裁定书及驳回申诉通知书，尽可能从中将能够反映出发现问题、解决问题的途径、方法、法律分析完整地反映出来，从中体会到办案人如何发现问题、解决问题的途径、方法及相关法律理论。

笔者在写作本书的过程中，段小京、李德申、耿宝建、吴景丽、金城轩、章文英、王达等法官，将他们参加审理这些案件的审查报告、判决书、裁定书、驳回申诉通知书无私地提供给笔者，为笔者写好本书打下了良好的基础，在此特别向他们表示感谢。

蔡小雪

图书在版编目(CIP)数据

审判业务专家是怎样炼成的 / 蔡小雪著. —北京：法律出版社, 2017

ISBN 978-7-5197-0879-5

Ⅰ. ①审… Ⅱ. ①蔡… Ⅲ. ①审判—工作—中国 Ⅳ. ①D925

中国版本图书馆CIP数据核字(2017)第109408号

审判业务专家是怎样炼成的
SHENPAN YEWU ZHUANJIA SHI ZENYANG LIANCHENG DE
蔡小雪 著

策划编辑 薛 晗 赵明霞
责任编辑 赵明霞
装帧设计 乔智炜

开本 710毫米×1000毫米 1/16
版本 2017年8月第1版
出版 法律出版社
总发行 中国法律图书有限公司
印刷 固安华明印业有限公司

编辑统筹 法商出版分社
印张 15.5 **字数** 194千
印次 2017年8月第1次印刷
经销 新华书店
责任印制 胡晓雅

法律出版社/北京市丰台区莲花池西里7号(100073)
网址/www.lawpress.com.cn
投稿邮箱/info@lawpress.com.cn
举报维权邮箱/jbwq@lawpress.com.cn
销售热线/010-63939792/9779
咨询电话/010-63939796

中国法律图书有限公司/北京市丰台区莲花池西里7号(100073)
全国各地中法图分、子公司电话：
统一销售客服/400-660-6393
第一法律书店/010-63939781/9782
西安分公司/029-85330678
重庆分公司/023-67453036
上海分公司/021-62071639/1636
深圳分公司/0755-83072995

书号： ISBN 978-7-5197-0879-5 **定价：** 58.00元
(如有缺页或倒装，中国法律图书有限公司负责退换)